MIDDLE EAST WAR

【圖解】

中東戰爭

■作畫　上田 信
■解說　沼田和人

楓樹林

CONTENTS

中東戰爭的歷史

以色列與巴勒斯坦之間的中東巴勒斯坦問題，時至今日依舊無從解決。以下要解說與巴勒斯坦有關的前史，以及從中東戰爭到入侵黎巴嫩的戰史。

■前史

巴勒斯坦位於地中海東岸，同為猶太教、伊斯蘭教、基督教聖地的知名聖城耶路撒冷即位於此。有史以來，猶太民族、阿拉伯民族、羅馬帝國、伊斯蘭教國家、基督教國家等族群，都為爭奪此地而不斷爭戰。

西元前1020年，猶太人在巴勒斯坦建立以色列王國（希伯來王國），後來該地歷經亞述與巴比倫統治，於西元前63年成為羅馬帝國領地。猶太人在羅馬時代曾發動兩次叛亂，但卻以失敗告終。此後大半猶太人在135年被逐出巴勒斯坦，流落世界各地。後來阿拉伯帝國於636年統治巴勒斯坦，使巴勒斯坦地區伊斯蘭化，耶路撒冷與周邊地區也成為伊斯蘭教、猶太教、基督教族群的共存區域。11世紀～13世紀，十字軍與阿拉伯帝國不斷爭戰，巴勒斯坦於1517年成為鄂圖曼帝國領地。

被羅馬帝國從巴勒斯坦趕出去後散居於世界各地的猶太人，因為宗教觀的差異等因素，長年受到歧視與迫害。19世紀後半，特別是俄羅斯的反猶太主義最為激烈，使得遭受迫害逃往外國的猶太人越來越多，1891～1910年間據稱達到大約100萬人。

對於這些迫害，由西奧多·赫茨爾等有識之士提倡回歸巴勒斯坦（以色列）建立國家的錫安主義日益活躍。1897年8月29日，「第一次錫安主義代表大會」於瑞士的巴塞爾舉辦。這場會議決定促進重返巴勒斯坦，並強化各國猶太組織與民族意識等，發表為「巴塞爾計劃」。為了實行計畫，也成立了「錫安主義組織」（後來更名為世界錫安主義組織），猶太人開始正式著手推動重回巴勒斯坦居住。

繼錫安主義之後，對巴勒斯坦造成巨大變化的則是第一次世界大戰。當時統治巴勒斯坦等中東地區的是鄂圖曼帝國，他們在戰前與德國祕密結盟，且意圖解放俄羅斯統治下的土耳其系民族，於1914年加入德國的同盟國陣營參與第一次世界大戰。

相對於此，英國為了阻止德國進入中東，以及與鄂圖曼帝國爭奪中東統治權，開始在中東地區展開軍事活動。英國在中東戰區的巴勒斯坦與西奈半島方面作戰中，對阿拉伯人意圖自鄂圖曼帝國獨立出來的民族主義運動加以利用。

1915年7月14日，英國策動麥加的哈希姆家族族長胡笙·本·阿里，讓他開始與高級專員亨利·麥克馬洪交換書信（胡笙-麥克馬洪協定）。兩人的書信交換一直持續到1916年3月，英國以支持鄂圖曼帝國統治下的阿拉伯人獨立為條件，慫恿阿拉伯人對鄂圖曼帝國發動武裝起義。依據這項協定，胡笙在英軍支援下，於1916年6月10日對鄂圖曼帝國發動起義，開始武裝作戰（阿拉伯起義）。

至於英國，在1916年5月16日與法國、俄羅斯祕密簽下賽克斯-皮科協定，內容為第一次世界大戰之後由3國瓜分統治鄂圖曼帝國領地。英國又於1917年11月2日發表貝爾福宣言，表明英國為了繼續打仗，必須取得歐美猶太裔資本家的協助，因此決定支持錫安主義，並支援猶太人回到巴勒斯坦居住。英國採行的這些政策，後來被稱為「三面外交」，是造成巴勒斯坦問題的原因之一。

在阿拉伯起義與英軍作戰之下，西奈半島與巴勒斯坦地區的鄂圖曼軍於1916年12月以降持續敗北，英國甚至在1917年12月9日占領了耶路撒冷。1918年，鄂圖曼軍在中東戰區的高加索、波斯（現伊朗）、美索不達米亞（現伊拉克）等戰線潰敗，於10月30日簽下穆茲羅斯停戰協定，鄂圖曼帝國宣告投降，結束中東地區的戰事。

■英國統治巴勒斯坦與內戰

1918年11月，第一次世界大戰結束後，英國基於賽克斯-皮科協定開始統治敘利亞南部與美索不達米亞。巴勒斯坦當初原本是規劃為英法共治區，但占領該地的英國卻於1920年4月25日開始進行託管，並在1923年9

月29日取得國際聯盟認可，讓巴勒斯坦正式成為英國託管地。該年巴勒斯坦的人口組成為阿拉伯人約61萬、猶太人約6萬。之後，除了錫安主義與貝爾福宣言之外，1933年以降德國在希特勒政權下排斥猶太人也造成影響，使巴勒斯坦的猶太人口在1936年約膨脹至40萬人。

移居巴勒斯坦的猶太人，會在都市與鄉村向阿拉伯地主購置不動產，導致失業阿拉伯人與失去耕地的佃農日益增加。此外，新來的猶太人也與地方社會格格不入，和阿拉伯人不斷發生摩擦。

阿拉伯人對猶太人的不滿最終形成暴動，雖然託管之前就很常發生暴動，但1936年4月出現的暴動卻發展成巴勒斯坦阿拉伯人大起義。這場起義反映的是阿拉伯裔居民對猶太移民的不滿與欲脫離英國尋求獨立的意圖，阿拉伯裔居民除了攻擊猶太社區和農園，也會破壞英國管理的鐵路與石油運輸管線，迫使英國投入軍隊鎮壓。這場大起義持續至1939年9月，最後以失敗告終，英國人、猶太人、阿拉伯人總計死亡約5700人。

事件過後，英國開始限制猶太人移居巴勒斯坦，第二次世界大戰的爆發也讓巴勒斯坦移民暫時減少。然而，戰爭結束後，移民卻又再次增加。為防止阿拉伯人與猶太人的對立加劇，英國再度對猶太人移民設下嚴格限制，但卻因此激起猶太人的反英活動。猶太人對英國發動的恐怖攻 越演越烈，除了破壞託管政府的設施與基礎建設，還常會對英軍發動恐攻。

阿拉伯人與猶太人不僅會相互衝突，且雙方都有反英活動，這讓英國束手無策，只能放棄統治，決定自巴勒斯坦撤收。被英國拋出的巴勒斯坦問題這個燙手山芋，就只能由聯合國出面解決。

由聯合國提出的解決方案，是把巴勒斯坦的阿拉伯人與猶太人分割為兩個國家，耶路撒冷則由國際進行管理。然而，此案卻是要把58％的領土劃給當時僅持有巴勒斯坦6％土地的猶太人，阿拉伯國只能撿剩下的43.5％。巴勒斯坦的阿拉伯人與周邊阿拉伯諸國自然無法接受，對此表達強烈抗議。然而，1947年11月29日的聯合國大會卻還是通過了這項巴勒斯坦分割案。

巴勒斯坦分割決議通過後，巴勒斯坦的阿拉伯人隨即於翌日對猶太人展開恐怖攻 。此後便不斷陷入冤冤相報，使暴動規模擴大成為內戰。決定自巴勒斯坦抽手的英國，對這場內戰毫不關心，在各種問題懸而未決的狀況下，英國於1948年5月14日逕自結束對巴勒斯坦的託管。

■第一次中東戰爭

英國託管告終的5月14日，以色列也發表獨立宣言。以色列建國之後，猶太人、阿拉伯人在巴勒斯坦的對立便從內戰升級為牽連周邊各國的戰爭。以色列發佈建國宣言後，埃及、黎巴嫩、敘利亞、伊拉克、外約旦便於同日對以色列宣戰，阿拉伯聯軍隨即於15日進攻巴勒斯坦，爆發第一次中東戰爭。

剛開戰時，是由阿拉伯聯軍占據優勢，曾一度占領耶路撒冷舊城區。休戰期間，以色列軍重新整編，站穩腳步後開始反攻，不僅奪回被占領地，還陸續拓展占領區。在聯合國調停下，以色列與埃及在1949年2月23日簽訂停戰協定，在7月之前，以色列與各參戰國也相互簽下停戰協定，結束這場戰爭。

第一次中東戰爭後，雖然巴勒斯坦的加薩走廊變成埃及領地，耶路撒冷舊城區與約旦河西岸成為外約旦領地，但以色列卻也占領了巴勒斯坦75％的土地，成功擴張領土，阿拉伯陣營算是落敗。此外，逃離以色列占領區的阿拉伯人也變成巴勒斯坦難民，就此產生新的問題。

■第二次中東戰爭

埃及軍官賈邁・阿布杜・納瑟對該國君主制度抱持不滿，率領由青年軍官組成的「自由軍官團」於1952年7月23日發起「埃及革命」政變，推翻君主制。後來納瑟就任埃及共和國總統，於1956年7月26日宣告將蘇伊士運河收歸國有，是為第二次中東戰爭的起因。

當時埃及欲脫離英國影響，且為了對抗以色列而強化軍事力量。為了避免中東戰爭再啟，英國、美國、法國停止對埃及進行軍事援助，使得埃及只能靠向蘇聯陣營。

在這種複雜的政治狀況中，埃及竟宣佈將運河收歸國有，讓英法兩國為保護運河權益而計畫對其進行軍事介入。由於以色列也希望擁有西奈半島前端蒂朗海峽

的船舶自由航行權，與英法利害關係一致，因此3國便決定實施軍事作戰。

戰鬥始於1956年10月29日，由以色列率先發起攻。以色列軍自蘇伊士運河與半島南端進攻西奈半島，英法兩軍則於11月5日進攻蘇伊士運河的塞得港與福阿德港，並且占領該地。

然而，這項軍事介入行動卻遭到國際非難。聯合國要求英法及以色列立即停戰，並自占領區撤退，再加上來自美蘇的壓力，遂於11月2日的聯合國大會通過決議。英法於11月6日接受停戰決議，以色列也於8日收手。聯合國後來對埃及派遣緊急部隊，英法軍於11月22日撤退，以色列軍則在1957年3月8日完全撤出西奈半島占領區。

■第三次中東戰爭

自第二次中東戰爭停戰至1965年期間，以色列與周邊諸國的緊張關係一直沒有降溫，在邊境地帶不斷發生小規模衝突。在這種狀況下，1964年成立的巴勒斯坦解放組織（PLO）便一直對以色列進行恐怖攻（1965年以降）。另外，埃及與敘利亞也簽下防衛協定（1966年11月），再加上蘇聯誤傳以色列軍於敘利亞邊境集結的情報，導致埃及軍決定進駐西奈半島（1967年5月15日）並封鎖蒂朗海峽（5月22日）。接在敘利亞之後，埃及又與約旦簽署防衛協定（5月30日），因為這一連串事情，使得以色列與阿拉伯陣營的軍事緊張關係更為加劇。

以色列面對阿拉伯國家這一連

串舉動，決定於1967年6月4日開戰，於5日派出空軍發動奇襲，爆發第三次中東戰爭。

以色列以空中先制攻擊摧毀埃及、敘利亞、約旦的航空基地與飛機，使阿拉伯陣營在開戰首日就失去制空權。至於地面作戰，以軍則派出裝甲、機械化旅作為主力部隊展開機動戰，於加薩走廊與西奈半島各處擊退埃及軍，在6月7日抵達蘇伊士運河東岸。以軍也同時在約旦河西岸攻擊約旦軍，於6月7日奪回第一次中東戰爭被占領的耶路撒冷舊城區。6月9日，由敘利亞軍駐守的戈蘭高地也遭以軍攻擊，並被以色列占領。

阿拉伯聯軍遭以色列軍奇襲後全面潰敗，埃及與約旦於6月8日宣佈停戰，抵抗至最後的敘利亞也在6月10日接受停戰，結束這場戰爭。第三次中東戰爭從爆發到停戰只經過6天，因此又稱「六日戰爭」。

■消耗戰爭

第三次中東戰爭停戰後，以色列與埃及之間仍不斷有零星衝突。在這樣的狀況下，阿拉伯陣營於1967年8月在蘇丹首都卡土穆召開阿拉伯高峰會。9月1日，與會各國發表對以色列持繼鬥爭，並拒絕「講和、承認、交」的卡土穆決議。

由於以色列與埃及衝突不斷，阿拉伯高峰會又發表卡土穆決議，聯合國為重新解決巴勒斯坦問題，於11月22日通過安理會第242號決議。此決議的概要為讓以色列撤出占領區，交換阿拉伯陣營承認以色列，使雙方得以

共存。然而，決議對於以色列自所有占領區撤退與巴勒斯坦難民對策方面卻仍顯得曖昧模糊。總之，以色列與阿拉伯陣營並不接受這項決議。

埃及對於這種情勢，決定持續發動零星攻擊，以取回失去的西奈半島，並促使以色列軍自西奈半島撤退。這些戰事後來稱作消耗戰爭，當初原本只是埃及、以色列兩軍隔著蘇伊士運河相互砲轟，或派突擊隊發動攻，戰鬥規模不大，但後來卻升級為空襲與海戰。1969年9月，埃及正式宣佈發動消耗戰爭，使衝突升級為準戰爭狀態，在陸海空持續交戰。後來因為美國介入調停，才於1970年8月8日停戰。

另外，在此時期，謀求解放以色列統治下的巴勒斯坦而持續鬥爭的PLO旗下的解放巴勒斯坦人民陣線（PFLP），於1970年9月6日發起劫持民航機的事件。當時PLO以約旦收容巴勒斯坦人的難民營作為活動據點，約旦政府也對其活動部份默認，但劫機事件卻使約旦國王胡笙一世擔憂PLO的勢力在約旦境內過於擴張，遂於9月15日下令掃除國內的PLO。約旦軍於翌日發動攻，與PLO展開約旦內戰。戰況由約旦軍取得優勢，敘利亞為支援PLO，於9月19日進攻約旦（9月23日撤退），雙方於9月27日合意停戰。1971年7月23日以降，PLO將活動據點轉移至黎巴嫩。

■第四次中東戰爭

約旦內戰在埃及的納瑟總統調停下告終，但納瑟卻在停戰翌日

的1970年9月28日積勞成疾心病發猝逝，由副總統穆罕默德艾爾・沙達特接任總統職位。

沙達特持續對以色列採取強硬政策，意圖奪回第三次中東戰爭失去的西奈半島，於1973年10月6日與敘利亞聯手進攻以色列，引發第四次中東戰爭。由於這場戰爭起於猶太教的贖罪節日，因此又稱「贖罪日戰爭」。

開戰前，埃及軍透過蘇聯援助，補充第三次中東戰爭損失的兵器，並重新整編部隊。埃及軍以新型戰車、飛機、防空飛彈等兵器先發制人，聯合敘利亞軍一起進攻。埃及軍於開戰當日便渡過蘇伊士運河，鞏固了東岸地區，敘利亞軍則進攻戈蘭高地，部份部隊甚至逼近至約旦河。

以色列猝然遭襲後，必須在西奈半島與戈蘭高地進行兩面作戰，一度陷入苦戰。但在美國提供兵器支援、重整態勢後，便展開反，於10月15日向蘇伊士運河西岸實施逆渡河作戰，意圖由西奈半島自背後包圍蘇伊士運河東岸的埃及軍。以色列軍在戈蘭高地也開始反擊敘利亞軍，讓形勢產生逆轉。

在這樣的戰況中，聯合國安理會於10月22日通過停戰決議，由美國國務卿季辛吉出面調停，雙方於10月23日宣告停戰。後來聯合國組成第二次國際緊急聯軍，於10月26日抵達當地，開始監視停戰工作，第四次中東戰爭結束。

在這場戰爭期間，因為阿拉伯石油輸出國組織（OAPEC）對支持以色列的國家實施石油禁運，並且提高原油價格，引發第一次石油危機，使世界經濟陷入混亂，算是其副作用。

■中東的和平之路

埃及在贖罪日戰爭中仍未能靠初戰勝利打敗以色列，因此戰後只能設法與以色列議和。

沙達特總統在第四次中東戰爭之前，便已嘗試以對埃及有利的形式與以色列和談。另一方面，為了重振因長年征戰陷入疲憊的國內經濟，創造和平實有必要，因此沙達特一改以往的親蘇路線，改採親美路線，於1977年11月19日訪問以色列。沙達特與以色列的比金總理進行會談，開啟了和平之路。

後來在美國的卡特總統調停下，於1978年9月17日在美國的大衛營舉行會談。沙達特與比金討論了12天，達成「兩國間開始交涉簽訂和平條約」、「以色列軍完全撤出西奈半島並歸還埃及」、「開始協商巴勒斯坦統治事宜」等協議。

1979年3月26日，埃及與以色列在美國的華盛頓D.C.簽訂和平條約。以色列建國與中東戰爭爆發過後31年，埃及成為首個以色列建交的阿拉伯國家。

■以色列入侵黎巴嫩

因約旦內戰而將活動據點移往黎巴嫩的PLO，自黎巴嫩南部不斷對以色列北部發動攻。這些攻原本只是以火箭彈、榴彈砲砲，但在PLO卻在1982年6月3日在倫敦引發暗殺以色列駐英大使未遂的事件，使以色列決定打擊黎巴嫩境內的PLO據點，投入地面部隊將之剷除。以色列軍將入侵黎巴嫩的作戰命名為「加利利和平行動」，於1982年6月6日著手實行。

以色列原本的目的只是壓制距離邊境40km範圍內的PLO據點，但戰事卻擴大至占領黎巴嫩首都貝魯特。6月14日，以色列包圍了貝魯特，為了避免陷入城鎮戰，開始對城鎮展開砲與空襲。這場包圍戰一直持續到以色列、黎巴嫩、PLO在美國調停下同意簽署和平協定的8月18日，為了監視PLO基於和平協定進行撤退，8月21日以降，法軍傘兵部隊、美國陸戰隊等聯合國維和部隊抵達黎巴嫩，PLO陸續移往約旦、敘利亞、突尼西亞等地。

PLO自黎巴嫩撤退後，以色列軍仍繼續進駐貝魯特，直到2005年才撤收。然而，由於後來情勢生變，以色列又於2006年7月12日再度進攻黎巴嫩，巴勒斯坦問題在21世紀的現在仍未獲得解決。

第一次世界大戰以降的巴勒斯坦/中東問題　關係年表

	絕接受決議
9月9日	以色列軍登陸埃及領地蘇赫納
10月22日	黎巴嫩政府軍與巴勒斯坦游擊隊爆發首次武力衝突
11月2日	黎巴嫩左派與PLO簽訂「開羅祕密協定」，承認PLO在黎巴嫩境內的自治權與對以色列進行武裝鬥爭的權利
1970年 7月30日	蘇軍的MiG-21與以色列軍的幽靈式戰鬥機在埃及上空發生空戰。MiG戰鬥機有5架遭到擊落
1972年 5月30日	3名日本赤軍在特拉維夫的盧德機場（現改名為本-古里安國際機場）持自動步槍掃射，導致24人死亡、78人輕重傷
9月5日	巴勒斯坦武裝組織「黑色9月」襲擊慕尼黑奧運的選手村，殺害11名以色列選手與教練人質。武裝組織在慕尼黑機場與西德警察爆發槍戰，5人死亡
8日	以色列為報復慕尼黑奧運事件，空襲敘利亞與黎巴嫩的PLO基地
16日	以色列軍地面部隊入侵黎巴嫩南部，襲擊巴勒斯坦游擊隊基地
1973年 10月6日	「第四次中東戰爭」（10月戰爭）爆發。埃及軍渡過蘇伊士運河，突破以列夫防線，敘利亞也於同時展開戰鬥
11日	以色列軍開始在敘利亞戰線反擊。跨越邊境至距離敘利亞首都大馬士革30km處，蘇聯正式考慮介入
15日	埃及戰線的以色列軍在蘇伊士運河正面展開反擊
16日	以色列軍渡過蘇伊士運河，入侵至埃及境內，埃及在西奈半島留下第3軍
22日	聯合國安理會通過第338號決議，第四次中東戰爭結束
23日	以色列軍無視聯合國安理會決議，持續攻擊埃及軍
25日	停戰生效
29日	第7次阿拉伯國家聯盟高峰會認定PLO為巴勒斯坦唯一代表
11月13日	聯合國大會邀請PLO擔任觀察成員，認可巴勒斯坦人的民族自決權與建國權

〔中東戰爭後〕

1975年 5月13日	黎巴嫩內戰爆發
7月4日	恩德培機場奇襲行動。為營救6月27日遭劫機的法航班機人質，以色列特種部隊奇襲烏干達的恩德培機場。殺死7名劫機犯與45名負責警戒的烏干達士兵後營救成功。1名人質死亡
10月21日	敘利亞軍控制貝魯特。簽訂黎巴嫩停戰協定
11月10日	阿拉法維和部隊進駐黎巴嫩全境 PLO獲准於貝魯特設置本部，並於黎巴嫩南部活動
1977年 3月11日	法塔赫游擊隊登陸以色列海岸。殺傷約100名以色列人
16日	聯合國安理會要求以色列撤兵，派出暫編聯合國部隊
4月	巴勒斯坦解放戰線（PLF=PA 1 estine Liberation Front）阿布・阿拔斯派成立
1978年 3月15日	以色列軍進攻黎巴嫩
9月15日	以色列與埃及進行「大衛營協議」（至17日）。因這項和平協議，以色列的比金總理與埃及的沙達特總統獲頒諾貝爾和平獎
1979年 3月26日	埃及與以色列簽訂和平條約
5月	西奈半島歸還埃及
1980年 1月26日	埃及與以色列建交
7月30日	以色列國會通過「耶路撒冷基本法」指定耶路撒冷為永久首都
9月	伊朗、伊拉克戰爭爆發
1981年 6月7日	「巴比倫行動」，以色列空軍機空襲伊拉克核子反應爐
7月21日	以色列與黎巴嫩的停戰協定生效
10月6日	埃及的沙達特總統遭暗殺
12月14日	以色列國會通過吞併戈蘭高地
1982年	伊斯蘭主義的政治、武裝組織真主黨於黎巴嫩成

	立，以色列軍進攻黎巴嫩。PLO撤退至突尼西亞
	加薩與約旦河西岸展開第一次巴勒斯坦大起義（至1993年9月13日）
1987年 12月8日	
1988年 11月15日	巴勒斯坦國以約旦河西岸與加薩為領土宣佈建國
1990年 8月2日	伊拉克入侵科威特。波灣戰爭爆發
1991年 1月18日	伊拉克開始用飛彈攻擊以色列
10月30日	於西班牙馬德里召開中東和平會議（至11月1日）。與會者包括美國、蘇聯、以色列、埃及、約旦、黎巴嫩、敘利亞、巴勒斯坦代表團
1993年 8月20日	以色列與PLO簽訂臨時自治政府原則宣言（奧斯陸協議）
9月13日	以色列與PLO簽訂巴勒斯坦臨時自治協議
1994年 10月26日	以色列與約旦簽署和平條約
12月10日	阿拉法特主席獲頒諾貝爾和平獎
1995年 11月4日	以色列的拉賓總理遭暗殺
1996年 2月8日	日本派遣自衛隊至戈蘭高地
2月25日	以色列軍對真主黨的恐怖攻擊發動「憤怒葡萄行動」
1997年 1月17日	依「希布倫協定」，以色列巴勒斯坦自治政府成立
2000年 9月28日	第二次巴勒斯坦大起義開始
2001年 8月27日	PFLP的穆斯塔法主席遭以色列軍火箭彈攻擊殺害
9月11日	美國發生同時多起恐怖攻擊
10月17日	為報復穆斯塔法主席遇害，PFLP暗殺以色列的雷哈瓦姆・澤維觀光部長
2002年 3月27日	阿拉伯國家聯盟高峰會通過「阿拉伯中東和平方案」
29日	以色列軍於約旦河西岸的巴勒斯坦自治區實施「防禦之盾行動」（至5月10日）
6月16日	於約旦河西岸地區開始興建分隔牆
2003年 3月20日	伊拉克戰爭爆發
2004年 11月11日	PLO主席阿拉法特過世
2005年 9月12日	以色列軍自加薩走廊撤退
2007年 11月27日	中東和平國際會議於美國的安那波利斯舉辦
2008年 12月27日	「加薩衝突」，以色列軍對加薩走廊的哈瑪斯勢力展開空襲與地面進攻（至2009年1月18日）
2009年 6月4日	開羅演說。美國總統歐巴馬於埃及的開羅大學提倡巴勒斯坦與以色列共存
2010年 12月10日	突尼西亞發生茉莉花革命。「阿拉伯之春」開始
2011年 1月25日	埃及的反政府示威加劇
2月11日	埃及穆巴拉克總統下台
15日	利比亞內戰開始（至10月23日）
3月15日	敘利亞內戰開始
27日	以色列軍為抵擋哈瑪斯與真主黨的火箭彈攻擊，開始配備「鐵穹」防空飛彈
2012年 11月14日	以色列軍於加薩走廊實施「雲柱行動」（至11月21日）
2013年 1月15日	自衛隊自戈蘭高地撤收
2014年 7月8日	以色列軍進攻加薩走廊（至8月26日）
2017年 12月6日	美國宣佈認定耶路撒冷為以色列首都
2018年 3月30日	加薩走廊的巴勒斯坦人展開要求返鄉權的「返鄉大遊行」示威
2020年 1月28日	美國總統川普與以色列的納坦雅胡總理一起發表中東和平方案
9月1日	哈瑪斯與以色列同意停戰6個月
2021年 5月7日	巴勒斯坦人與以色列警察在東耶路撒冷發生衝突。升級為哈瑪斯以火箭彈攻擊，以色列軍則以空襲報復
2022年 7月15日	美國總統拜登在伯利恆與巴勒斯坦自治政府的阿巴斯總統會談
10月11日	以色列與黎巴嫩達成海洋邊界臨時協議

《 以色列的領土 》

■ 1947年聯合國分割案的領土
■ 第一次中東戰爭（1948～1949年）獲得的領土
■ 第三次中東戰爭（1967年）占領的領土
□ 第四次中東戰爭（1973年）占領的領土

貝魯特　黎巴嫩

西頓

大馬士革

庫奈特拉

戈蘭高地　敘利亞

海法

加利利海

拿撒勒

內坦亞

約旦河

特拉維夫

耶路撒冷

安曼

伯利恆

死海

約旦

加薩

艾里斯

貝爾謝巴

塞得港

蘇伊士運河

伊斯梅利亞

大苦湖

肉蓋夫沙漠

開羅

蘇伊士

西奈半島

尼羅河

埃及

伊拉特

亞喀巴

地中海

亞喀巴灣

沙烏地阿拉伯

蒂朗海峽

沙姆沙伊赫

紅海

10

第一次/第二次 中東戰爭 地面戰

第一次/第二次中東戰爭

■第一次中東戰爭
（1948年5月～1949年7月）

以色列於1948年5月14日宣佈建國後，黎巴嫩、敘利亞、外約旦、伊拉克、埃及5國旋即對其宣戰，於5月16日向巴勒斯坦發起進攻，爆發第一次中東戰爭。

開戰時，阿拉伯聯軍的戰力包括兵力約40,000人、飛機300架、戰車270輛、野砲150門。至於以色列的兵力則有大約29,000人，且官兵不乏參與過第二次世界大戰的有經驗人員，這點較阿拉伯聯軍略勝一籌。然而，以軍卻不具備稱得上有戰力的飛機、戰車、重型火砲，而是以輕兵器為主，且數量明顯不足。

戰鬥爆發後，由於以色列軍寡不敵眾，因此不僅耶路撒冷舊城區於5月28日遭約旦軍占領，各地也都陷入苦戰。在聯合國提案下，6月11日～7月9日實施首次休戰，以色列便利用此次休戰機會重新整編部隊，於5月26日成立以色列國防軍（Israel Defense Forces＝IDF）。此外，自外國取得的戰鬥機與重型武器也於此時開始交付，強化武裝的以色列軍，開始在加利利、特拉維夫、耶路撒冷周邊等處發起反攻。

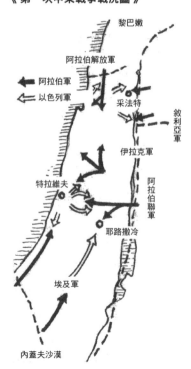

《 第二次中東戰爭前的西奈半島 》

黎巴嫩
敘利亞
戈蘭高地
加利利湖
特拉維夫
耶路撒冷
死海
以色列
塞得港
蘇伊士運河
福阿德港
西奈半島
蘇伊士
米特拉山口
埃及
約旦
亞喀巴灣
（1950年自外約旦改名）

入侵西奈半島的以色列軍，除了戰車之外，也使用M3半履帶裝甲車搭載步兵移動，施展機械化機動作戰。

經過第二次休戰（7月18日～10月15日），以色列軍持續發起反轉攻勢，不僅陸續規復遭占地區，還進一步擴大領地。1949年2月23日，以色列與埃及簽署停戰協定，在7月20日之前也和阿拉伯聯合各國簽下停戰協定，結束第一次中東戰爭。

■第二次中東戰爭
（1965年10～11月）

埃及於第一次中東戰爭敗北後，於1952年7月23日由埃及軍的自由軍官團發動軍事政變（埃及革命），推翻了君主制，1953年6月18日建立埃及共和國。首任總統賈邁・阿布杜-納瑟靠向蘇聯陣營，於1955年9月與捷克斯洛伐克簽署軍事援助協定，進口兵器以強化軍力。另外，埃及也加強禁止以色列船舶自亞喀巴灣經由蒂朗海峽進入紅海的政策。

在這樣的狀況下，納瑟於

1956年7月26日宣佈將蘇伊士運河收歸國有。英國與法國因此擔心失去運河權益，決定與希望恢復蒂朗海峽船舶航行自由的以色列聯手，對埃及進行軍事介入。

■以色列軍的進攻

第二次中東戰爭（又稱蘇伊士運河戰爭、蘇伊士運河危機）始於以色列軍在10月29日進攻西奈半島，以軍首先派出傘兵空降米特拉山口，地面部隊則派出10個旅對西奈半島北部沿岸、中部、南部亞喀巴灣方面三路進攻。

由於以色列也比照埃及增強軍備，因此打得各地埃及軍只能一昧防守，並且開始後退。進攻北部的以色列軍部隊於11月2日便推進至蘇伊士運河，進攻中部與南部的部隊也在11月5日抵達西奈半島南端。

■英軍、法軍的介入

英軍、法軍的作戰行動始於11月1日兩國海軍航艦特遣艦

隊的艦載機對埃及進行空襲，並藉由空襲掌握了制空權。英軍於11月5日派出傘兵部隊空降運河西岸的塞得港，法軍傘兵部隊則空降至東岸的福阿德港，並占領該城。傘兵空降的隔天，地面部隊也自海上登陸。

然而，在英軍與法軍展開軍事行動翌日的11月2日，聯合國大會便通過決議，要求立刻停戰並且撤軍，讓這項軍事行動飽受國際非難。在美國與蘇聯施壓下，英軍與法軍於11月7日接受聯合國決議，以色列軍也在8日妥協，同意停戰。後來英軍與法軍於12月11日全面退出埃及，以色列軍則於1957年3月8日自西奈半島全面撤退。

在塞得港與福阿德港戰役，埃及軍有派出SU-100自走砲進行巷戰防衛。

以色列軍的戰鬥車輛

《第一次中東戰爭》

第一次中東戰爭開戰當時，以色列擁有的裝甲車輛主要都是改造自載重車的裝甲車，戰車只有託管時代末期 取自英軍的M4雪曼、克倫威爾巡航戰車，總共才6輛。到了6月的休戰期，則從法國進口10輛哈奇開斯H39，編成首支戰車營。至於英造裝甲車則是自埃及軍繳獲的車輛。

漢博Mk. III

武裝吉普車
搭載MG34機槍等，相當常用。

哈奇開斯H39

M3半履帶車
配備6磅砲。

M3A1偵察車
頂蓬有經過改造，加裝槍塔，可搭載MG34等機槍。

3/4t道奇裝甲車
加上裝甲板的改造裝甲車。

通用載具

漢博Mk. IV

克倫威爾巡航戰車

M4A2雪曼戰車
以色列利用美色勾引裝甲兵，從英軍偷出來的戰車。其他還有從義大利購買廢品後重新整修運用的車體。

《第二次中東戰爭》

主力戰車為從世界各地蒐羅而來的M4雪曼，還有從法國購買AMX-13，對以軍而言是最新型的戰車。

M4雪曼
76mm砲型。

M50超級雪曼
搭載法製75mm砲。

AMX-13
第二次中東戰爭前從法國購買150輛。

M3/M5半履帶車
半履帶車是在沙漠遂行機動戰不可或缺的車輛。

M5/M5A1

M3/M3A1

M4A3 105mm榴彈砲搭載型
這輛有裝推土鏟。

雪曼排雷車
M4的地雷排除型。

阿拉伯聯軍的戰鬥車輛

《第一次中東戰爭》

阿拉伯聯軍配備的是前宗主國英國與法國製的車輛,開戰時的擁有數量勝於以色列軍。

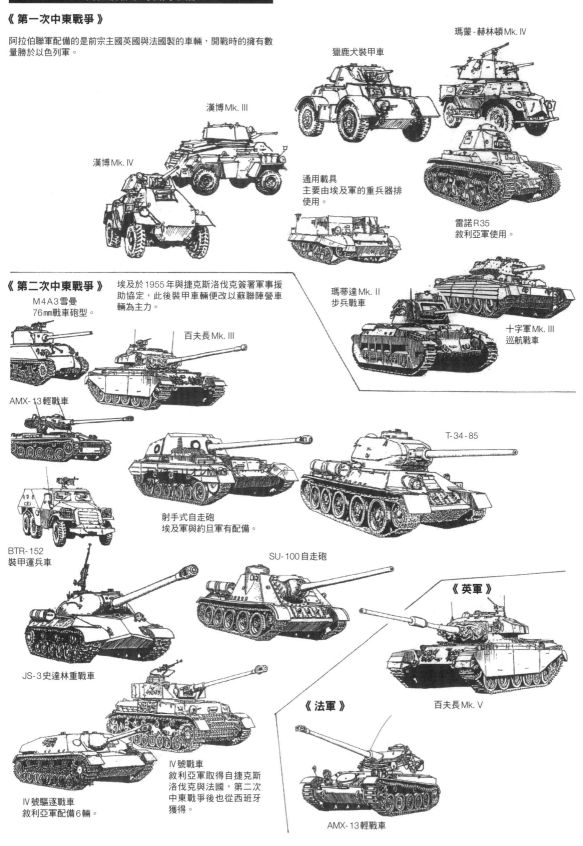

瑪蒙-赫林頓Mk.Ⅳ

獵鹿犬裝甲車

漢博Mk.Ⅲ

漢博Mk.Ⅳ

通用載具
主要由埃及軍的重兵器排使用。

雷諾R35
敘利亞軍使用。

《第二次中東戰爭》

埃及於1955年與捷克斯洛伐克簽署軍事援助協定,此後裝甲車輛便改以蘇聯陣營車輛為主力。

M4A3雪曼
76mm戰車砲型。

百夫長Mk.Ⅲ

瑪蒂達Mk.Ⅱ
步兵戰車

十字軍Mk.Ⅲ
巡航戰車

AMX-13輕戰車

T-34-85

射手式自走砲
埃及軍與約旦軍有配備。

BTR-152
裝甲運兵車

SU-100自走砲

《英軍》

JS-3史達林重戰車

百夫長Mk.Ⅴ

《法軍》

Ⅳ號驅逐戰車
敘利亞軍配備6輛。

Ⅳ號戰車
敘利亞軍取得自捷克斯洛伐克與法國,第二次中東戰爭後也從西班牙獲得。

AMX-13輕戰車

雙方陣營使用的輕兵器

以色列和阿拉伯兩陣營在戰前都受到英國的影響，因此在第一次中東戰爭中，雙方都裝備了各種英國製造的小火器。

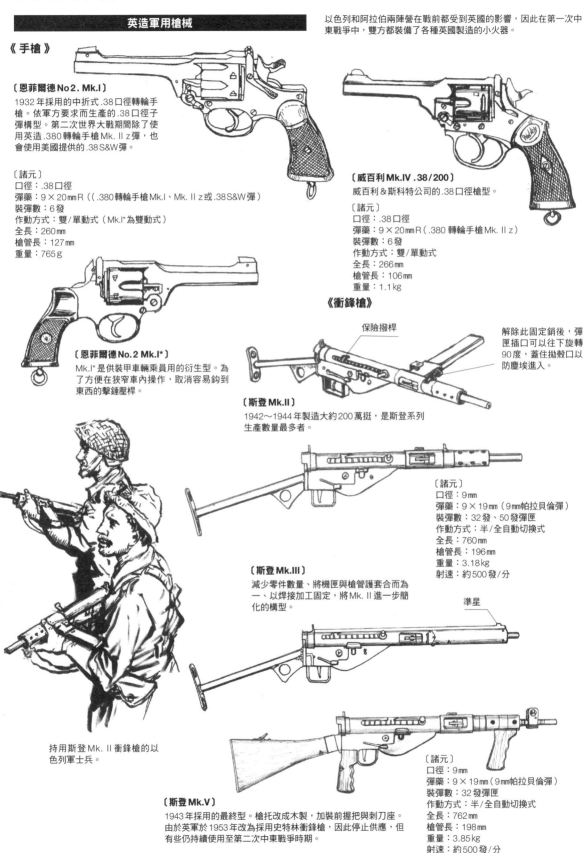

《手槍》

〔恩菲爾德No 2. Mk.I〕

1932年採用的中折式.38口徑轉輪手槍。依軍方要求而生產的.38口徑子彈構型。第二次世界大戰期間除了使用英造.380轉輪手槍Mk.II z彈，也會使用美國提供的.38 S&W彈。

〔諸元〕
口徑：.38口徑
彈藥：9×20mm R（（.380轉輪手槍Mk.I、Mk.II z或.38 S&W彈）
裝彈數：6發
作動方式：雙/單動式（Mk.I*為雙動式）
全長：260mm
槍管長：127mm
重量：765g

〔恩菲爾德No.2 Mk.I*〕

Mk.I*是供裝甲車輛乘員用的衍生型。為了方便在狹窄車內操作，取消容易鉤到東西的擊錘壓桿。

〔威百利Mk.IV .38/200〕

威百利&斯科特公司的.38口徑槍型。

〔諸元〕
口徑：.38口徑
彈藥：9×20mm R（.380轉輪手槍Mk.II z）
裝彈數：6發
作動方式：雙/單動式
全長：266mm
槍管長：106mm
重量：1.1kg

《衝鋒槍》

保險撥桿

解除此固定銷後，彈匣插口可以往下旋轉90度，蓋住拋殼口以防塵埃進入。

〔斯登Mk.II〕

1942～1944年製造大約200萬挺，是斯登系列生產數量最多者。

〔諸元〕
口徑：9mm
彈藥：9×19mm（9mm帕拉貝倫彈）
裝彈數：32發、50發彈匣
作動方式：半/全自動切換式
全長：760mm
槍管長：196mm
重量：3.18kg
射速：約500發/分

〔斯登Mk.III〕

減少零件數量、將機匣與槍管護套合而為一、以焊接加工固定，將Mk.II進一步簡化的構型。

準星

持用斯登Mk.II衝鋒槍的以色列軍士兵。

〔斯登Mk.V〕

1943年採用的最終型。槍托改成木製，加裝前握把與刺刀座。由於英軍於1953年改為採用史特林衝鋒槍，因此停止供應，但有些仍持續使用至第二次中東戰爭時期。

〔諸元〕
口徑：9mm
彈藥：9×19mm（9mm帕拉貝倫彈）
裝彈數：32發彈匣
作動方式：半/全自動切換式
全長：762mm
槍管長：198mm
重量：3.85kg
射速：約500發/分

《步槍》

埃及軍從英國統治時代就有在使用 No.1 Mk.III。

〔SMLE（短彈匣李-恩菲爾德）No.1 Mk.I〕

1902年制定的SMLE步槍系列首款槍型。

〔諸元〕
口徑：7.7mm
彈藥：7.7×56mmR（.303英式彈）
裝彈數：10發彈匣
作動方式：手動槍機式
全長：1,132mm
槍管長：640mm
重量：4.19kg

〔SMLE No.1 Mk.III〕

1907年採用的Mk.I改良型。第一次、第二次世界大戰皆大量使用，戰後的殖民地軍也持續配備。

〔諸元〕
口徑：7.7mm
彈藥：7.7×56mmR（.303英式彈）
裝彈數：10發彈匣
作動方式：手動槍機式
全長：1,119mm
槍管長：637mm
重量：3.32kg

〔步槍 No.1 Mk.V〕

將照門位置自槍管移至槍機後方的改良型。1922～1924年製造約2萬挺。

照門→

〔P14恩菲爾德〕

P13恩菲爾德7mm口徑步槍的改良型，1914年獲英軍採用。由於精準度較SMLE步槍高，因此主要當作狙擊槍使用。

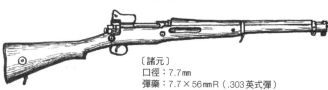

〔諸元〕
口徑：7.7mm
彈藥：7.7×56mmR（.303英式彈）
裝彈數：5發
作動方式：手動槍機式
全長：1,175mm
槍管長：660mm
重量：4.25kg

〔步槍 No.4 Mk.I〕

No.1 Mk.III的改良型。1931年採用，但要等到1941年以降才大量生產。歷經第二次世界大戰之後，在1954年採用L1A1步槍之前都是英國與大英國協、前英屬國家的主力步槍。

〔諸元〕
口徑：7.7mm
彈藥：7.7×56mmR（.303英式彈）
裝彈數：彈匣10發
作動方式：手動槍機式
全長：1,129mm
槍管長：640mm
重量：4.11kg

〔No.4 Mk.I（T）〕

No.4 Mk.III的狙擊型。槍托上裝有貼腮片，使用No.32（3倍）瞄準鏡。

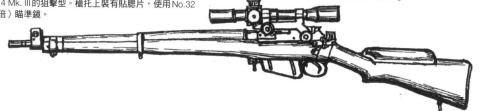

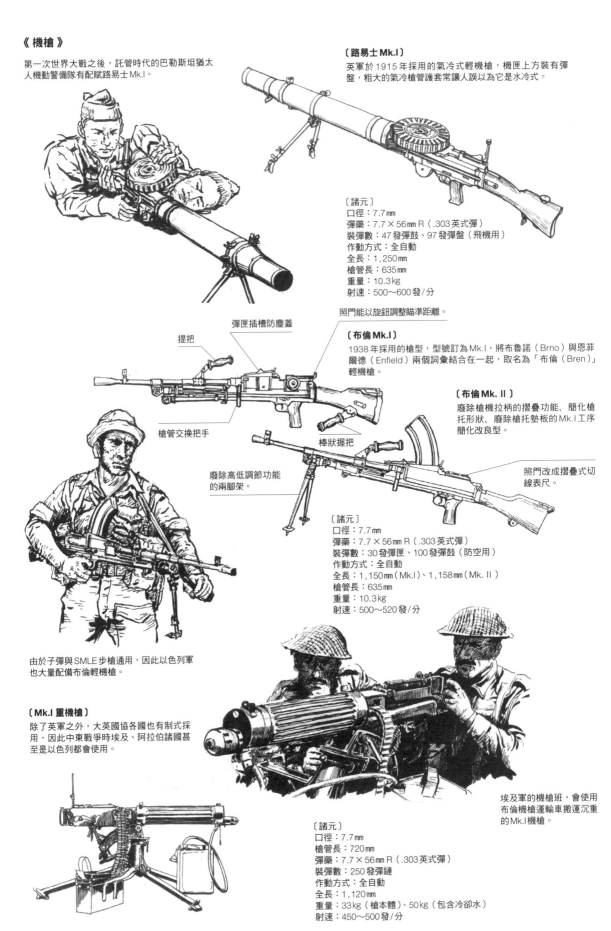

《機槍》

第一次世界大戰之後，託管時代的巴勒斯坦猶太人機動警備隊有配賦路易士 Mk.I。

〔路易士 Mk.I〕

英軍於 1915 年採用的氣冷式輕機槍，機匣上方裝有彈盤，粗大的氣冷槍管護套讓人誤以為它是水冷式。

〔諸元〕
口徑：7.7mm
彈藥：7.7×56mm R（.303 英式彈）
裝彈數：47 發彈鼓、97 發彈盤（飛機用）
作動方式：全自動
全長：1,250mm
槍管長：635mm
重量：10.3kg
射速：500～600 發/分

照門能以旋鈕調整瞄準距離。

〔布倫 Mk.I〕

1938 年採用的槍型，型號訂為 Mk.I，將布魯諾（Brno）與恩菲爾德（Enfield）兩個詞彙結合在一起，取名為「布倫（Bren）」輕機槍。

〔布倫 Mk.II〕

廢除槍機拉柄的摺疊功能、簡化槍托形狀、廢除槍托墊板的 Mk.I 工序簡化改良型。

提把
彈匣插槽防塵蓋
槍管交換把手
廢除高低調節功能的兩腳架。
棒狀握把
照門改成摺疊式切線表尺。

〔諸元〕
口徑：7.7mm
彈藥：7.7×56mm R（.303 英式彈）
裝彈數：30 發彈匣、100 發彈鼓（防空用）
作動方式：全自動
全長：1,150mm（Mk.I）、1,158mm（Mk.II）
槍管長：635mm
重量：10.3kg
射速：500～520 發/分

由於子彈與 SMLE 步槍通用，因此以色列軍也大量配備布倫輕機槍。

〔Mk.I 重機槍〕

除了英軍之外，大英國協各國也有制式採用，因此中東戰爭時時埃及、阿拉伯諸國基至是以色列都會使用。

埃及軍的機槍班，會使用布倫機槍運輸車搬運沉重的 Mk.I 機槍。

〔諸元〕
口徑：7.7mm
槍管長：720mm
彈藥：7.7×56mm R（.303 英式彈）
裝彈數：250 發彈鏈
作動方式：全自動
全長：1,120mm
重量：33kg（槍本體）、50kg（包含冷卻水）
射速：450～500 發/分

非英造輕兵器

中東戰爭的以色列、阿拉伯雙方陣營除了英造槍械之外，也會使用多款各國輕兵器。特別是以色列軍，在第一次、第二次中東戰爭時期為了彌補數量上的不足，會從歐洲等處透過各種管道取得第二次世界大戰的剩餘輕兵器。雖然以英造槍械為主流的阿拉伯陣營也會從歐洲各國購買輕兵器，但等到1955年開始接受蘇聯陣營援助後，主力輕兵器就改換成共產國家製品。

《 手槍 》

〔S&W.38/200（勝利型）〕
第二次世界大戰時期美國為英軍生產的.38-200彈規格槍型。

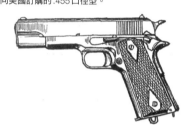

〔諸元〕
口徑：.38口徑
彈藥：9×20mmR（.380轉輪手槍Mk.Ⅱz）
裝彈數：6發
作動方式：雙/單動式
全長：261mm
槍管長：127mm
重量：900g

〔M1911.455（柯特英國型.455）〕
第一次世界大戰期間，英國向美國訂購的.455口徑型。

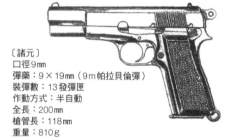

〔諸元〕
口徑：.455口徑
彈藥：11.55×19.3mmR
（.455威百利自動手槍彈）
裝彈數：7發彈匣
作動方式：半自動
全長：217mm
槍管長：128mm
重量：1.1kg

〔白朗寧 大威力M1935〕
以色列從比利時進口。

〔諸元〕
口徑9mm
彈藥：9×19mm（9m帕拉貝倫彈）
裝彈數：13發彈匣
作動方式：半自動
全長：200mm
槍管長：118mm
重量：810g

〔FN白朗寧M1922〕
M1910的軍用放大版。

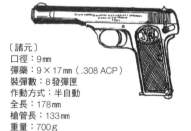

〔諸元〕
口徑：9mm
彈藥：9×17mm（.308ACP）
裝彈數：8發彈匣
作動方式：半自動
全長：178mm
槍管長：133mm
重量：700g

〔Mle1935S〕
1938年法軍採用的自動手槍。

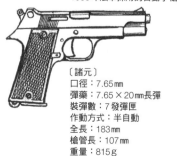

〔諸元〕
口徑：7.65mm
彈藥：7.65×20mm長彈
裝彈數：7發彈匣
作動方式：半自動
全長：183mm
槍管長：107mm
重量：815g

〔魯格P08〕
1908年德意志帝國軍採用的軍用手槍。德造手槍與步槍都是從捷克斯洛伐克進口。

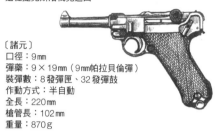

〔諸元〕
口徑：9mm
彈藥：9×19mm（9mm帕拉貝倫彈）
裝彈數：8發彈匣、32發彈鼓
作動方式：半自動
全長：220mm
槍管長：102mm
重量：870g

〔華瑟P38〕
1938年制式採用的德軍大型軍用手槍。

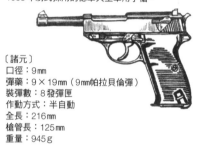

〔諸元〕
口徑：9mm
彈藥：9×19mm（9mm帕拉貝倫彈）
裝彈數：8發彈匣
作動方式：半自動
全長：216mm
槍管長：125mm
重量：945g

〔毛瑟C96（M1898）〕
毛瑟公司的大型自動手槍，以色列與埃及從捷克斯洛伐克大量購買的二次大戰剩餘兵器。

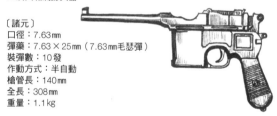

〔諸元〕
口徑：7.63mm
彈藥：7.63×25mm（7.63mm毛瑟彈）
裝彈數：10發
作動方式：半自動
槍管長：140mm
全長：308mm
重量：1.1kg

〔貝瑞塔M1934〕
二次大戰義大利軍的小型軍用手槍。

〔諸元〕
口徑：9mm
彈藥：9×17mm（.380ACP彈）
裝彈數：7發彈匣
作動方式：半自動
全長：150mm
槍管長：88mm
重量：625g

〔Vz.1927〕
捷克斯洛伐克製造的自動手槍。捷克斯洛伐克也會外銷自製兵器。

〔諸元〕
口徑：7.65mm
彈藥7.65×17mm（.32ACP彈）
裝彈數：8發彈匣
作動方式：半自動
全長：155mm
槍管長：90.5mm
重量：670g

《衝鋒槍/卡賓槍》

〔MP40〕
與斯登衝鋒槍同樣使用9mm帕拉貝倫彈的德造MP40也有配賦使用。此圖畫的是MP40的早期生產型，彈匣插槽沒有補強肋條，槍機拉柄形狀與MP38相同。

〔MP40/I〕
彈匣插槽加上補強肋條，並加裝能把槍機固定在前的前端保險，槍機拉柄形狀也隨之調整。

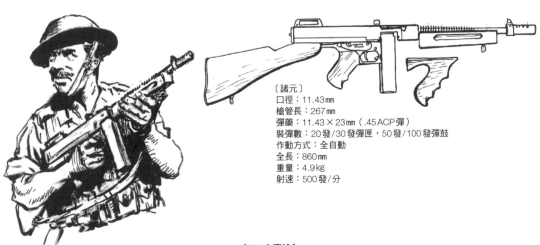

〔諸元〕
口徑：9mm
槍管長：250mm
彈藥：9×19mm（9mm帕拉貝倫彈）
裝彈數：32發彈匣
作動方式：全自動
全長：833mm、630mm（槍托摺疊時）
重量：4.027kg
射速：500發／分

〔M1928A1〕
美造湯普森衝鋒槍，埃及軍從二次大戰就開始配備，戰後仍持續使用，1950年代在埃及也有少量仿製。由於是英軍款式，因此有些也會加裝垂直型前握把。

〔諸元〕
口徑：11.43mm
槍管長：267mm
彈藥：11.43×23mm（.45ACP彈）
裝彈數：20發／30發彈匣，50發／100發彈鼓
作動方式：全自動
全長：860mm
重量：4.9kg
射速：500發／分

持用M1928A1的以色列軍士兵。

〔M1卡賓槍〕
由於尺寸較為輕巧，因此第一次中東戰爭時以色列的特種部隊曾使用。

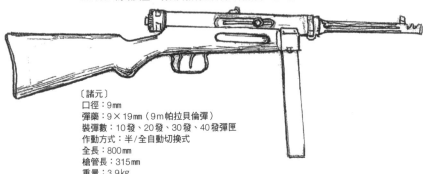

〔諸元〕
口徑：.30口徑
彈藥：7.62×33mm（.30卡賓槍彈）
裝彈數：15發彈匣
作動方式：半自動
全長：904mm
槍管長458mm
重量：2.49kg

〔貝瑞塔M1938/42〕
M1938A的改良型。埃及與敘利亞自義大利購買並制式採用。

〔諸元〕
口徑：9mm
彈藥：9×19mm（9m帕拉貝倫彈）
裝彈數：10發、20發、30發、40發彈匣
作動方式：半／全自動切換式
全長：800mm
槍管長：315mm
重量：3.9kg
射速：550發／分

《步槍》

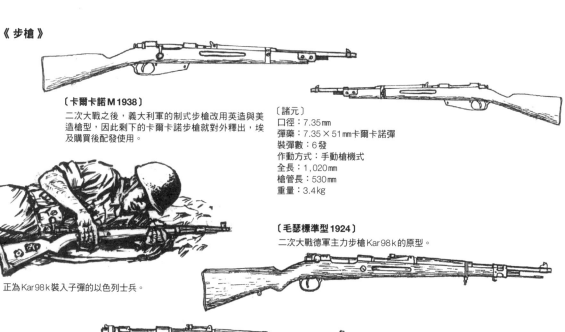

〔卡爾卡諾 M 1938〕
二次大戰之後，義大利軍的制式步槍改用英造與美造槍型，因此剩下的卡爾卡諾步槍就對外釋出，埃及購買後配發使用。

〔諸元〕
口徑：7.35mm
彈藥：7.35×51mm卡爾卡諾彈
裝彈數：6發
作動方式：手動槍機式
全長：1,020mm
槍管長：530mm
重量：3.4kg

正為Kar98k裝入子彈的以色列士兵。

〔毛瑟標準型1924〕
二次大戰德軍主力步槍Kar98k的原型。

取消護木上的握持溝槽。

〔Kar98k〕
第一次中東戰爭時期，以色列軍的主力步槍是Kar98k，進口自捷克斯洛伐克。後來採用FN FAL步槍後，為了統一彈藥，自1955年開始由比利時的FN公司進行改造，以使用7.62×51mm NATO彈。

〔諸元〕
口徑：7.92mm
彈藥：7.92×57
裝彈數：5發
作動方式：手動槍機式
全長：1,100mm
槍管長：600mm
重量：4.85kg

簡化槍口箍環

沖壓加工彈倉底板

簡化扳機護弓

〔Kar98k 量產型〕
將容易損壞的槍托底板改成金屬杯狀設計，槍托材質也從核桃木換成夾板。

沖壓加工槍口箍環

沖壓加工槍管箍環

廢除刺刀座

〔Kar98k戰爭後期生產型〕
廢除刺刀座，沖壓加工零件數量進一步增加。

〔G84/98Ⅲ上刺刀的狀態〕
刺刀全長385mm，刀身長252mm。

〔捷克斯洛伐克造Kar98k〕
二次大戰後由捷克斯洛伐克生產的槍型。為方便冬季穿戴手套直接使用，扳機護弓改成比較大。

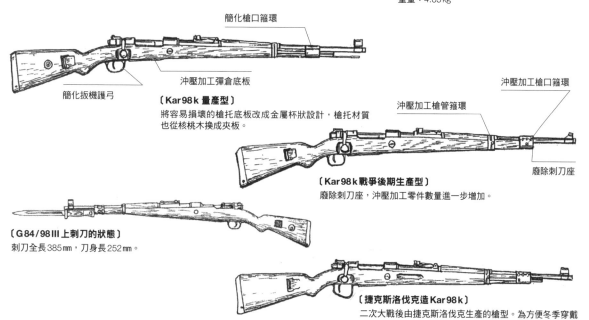

〔Vz.24〕
捷克斯洛伐克授權生產的槍型，二次大戰前已有外銷各國。以色列曾大量購買捷克斯洛伐克製品，即便採用FN FAL後也繼續由後方部隊使用，直到1970年代都還用作後備役步槍。

〔諸元〕
口徑：7.92mm
彈藥：7.92×57mm
裝彈數：5發
作動方式：手動槍機式
全長：1,100mm
槍管長：590mm
重量：4.2kg

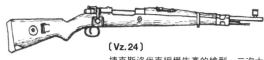

〔Vz.33〕
Vz.24的輕量版。這款步槍也是捷克斯洛伐克自德國毛瑟公司取得授權後生產的槍型，1924年成為捷克斯洛伐克軍的制式步槍，並向外銷各國。

〔諸元〕
口徑：7.92mm
彈藥：7.92×57mm
裝彈數：5發
作動方式：手動槍機式
全長：992mm
槍管長：481mm
重量：3.5kg

《機槍》

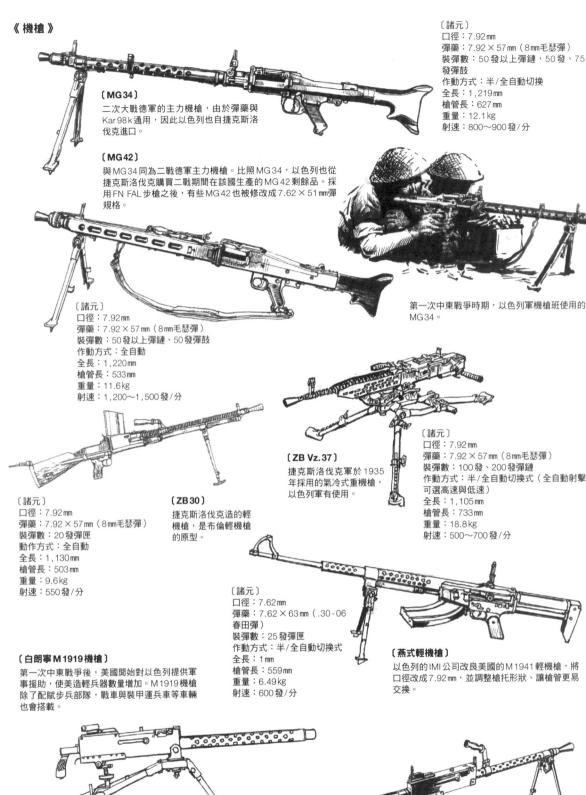

〔諸元〕
口徑：7.92mm
彈藥：7.92×57mm（8mm毛瑟彈）
裝彈數：50發以上彈鏈，50發、75發彈鼓
作動方式：半/全自動切換
全長：1,219mm
槍管長：627mm
重量：12.1kg
射速：800～900發/分

〔MG34〕
二次大戰德軍的主力機槍，由於彈藥與Kar98k通用，因此以色列也自捷克斯洛伐克進口。

〔MG42〕
與MG34同為二戰德軍主力機槍。比照MG34，以色列也從捷克斯洛伐克購買二戰期間在該國生產的MG42剩餘品。採用FN FAL步槍之後，有些MG42也被修改成7.62×51mm彈規格。

第一次中東戰爭時期，以色列軍機槍班使用的MG34。

〔諸元〕
口徑：7.92mm
彈藥：7.92×57mm（8mm毛瑟彈）
裝彈數：50發以上彈鏈、50發彈鼓
作動方式：全自動
全長：1,220mm
槍管長：533mm
重量：11.6kg
射速：1,200～1,500發/分

〔ZB Vz.37〕
捷克斯洛伐克軍於1935年採用的氣冷式重機槍，以色列軍有使用。

〔諸元〕
口徑：7.92mm
彈藥：7.92×57mm（8mm毛瑟彈）
裝彈數：100發、200發彈鏈
作動方式：半/全自動切換式（全自動射擊可選高速與低速）
全長：1,105mm
槍管長：733mm
重量：18.8kg
射速：500～700發/分

〔ZB30〕
捷克斯洛伐克造的輕機槍，是布倫輕機槍的原型。

〔諸元〕
口徑：7.92mm
彈藥：7.92×57mm（8mm毛瑟彈）
裝彈數：20發彈匣
動作方式：全自動
全長：1,130mm
槍管長：503mm
重量：9.6kg
射速：550發/分

〔諸元〕
口徑：7.62mm
彈藥：7.62×63mm（.30-06春田彈）
裝彈數：25發彈匣
作動方式：半/全自動切換式
全長：1mm
槍管長：559mm
重量：6.49kg
射速：600發/分

〔燕式輕機槍〕
以色列的IMI公司改良美國的M1941輕機槍，將口徑改成7.92mm，並調整槍托形狀，讓槍管更易交換。

〔白朗寧M1919機槍〕
第一次中東戰爭後，美國開始對以色列提供軍事援助，使美造輕兵器數量增加。M1919機槍除了配賦步兵部隊，戰車與裝甲運兵車等車輛也會搭載。

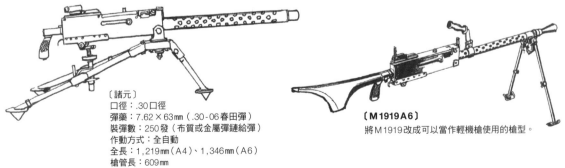

〔諸元〕
口徑：.30口徑
彈藥：7.62×63mm（.30-06春田彈）
裝彈數：250發（布質或金屬彈鏈給彈）
作動方式：全自動
全長：1,219mm（A4）、1,346mm（A6）
槍管長：609mm
重量：14kg（A4）、14.7kg（A6）
射速：400～550發/分

〔M1919A6〕
將M1919改成可以當作輕機槍使用的槍型。

第二次世界大戰後的阿拉伯各國為了對抗以色列，自捷克斯洛伐克、義大利、比利時等國進口兵器以強化軍備。

《手槍》

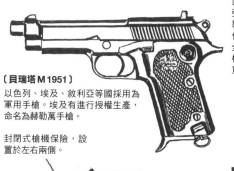

〔諸元〕
口徑：9mm
彈藥：9×19mm（9mm帕拉貝倫彈）
裝彈數：8發彈匣
作動方式：半自動
全長：204mm
槍管長：116mm
重量：935g

〔貝瑞塔M1951〕
以色列、埃及、敘利亞等國採用為軍用手槍。埃及有進行授權生產，命名為赫勒萬手槍。

封閉式槍機保險，設置於左右兩側。

分解鈕

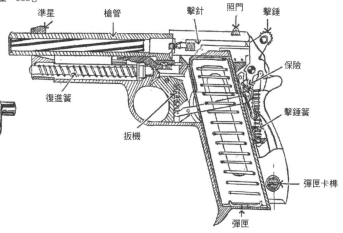

準星　槍管　擊針　照門　擊錘

復進簧

扳機

保險

擊錘簧

彈匣卡榫

彈匣

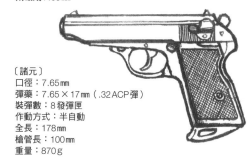

〔沃拉姆48〕
匈牙利的FÉG公司以華瑟PP為基礎設計製造的PA-63手槍，外銷埃及的版本稱為沃拉姆。PA-63的口徑為9mm，埃及規格則改成7.65mm。

〔諸元〕
口徑：7.65mm
彈藥：7.65×17mm（.32ACP彈）
裝彈數：8發彈匣
作動方式：半自動
全長：178mm
槍管長：100mm
重量：870g

〔托卡及夫58〕
〔諸元〕
口徑：9mm
彈藥：9×17mm（.380ACP彈）
裝彈數：7發彈匣
作動方式：半自動
全長：179mm
槍管長：100mm
重量：770g

埃及於1958年向匈牙利訂購的自動手槍。以托卡列夫TT-1933為藍本製成的9mm口徑槍型，名稱結合「托卡列夫」與「埃及」取為「托卡及夫（Tokagypt）」。原本是買來作為軍用手槍，但埃及軍並未採用，僅供警察使用。除埃及外，敘利亞與黎巴嫩也有使用。

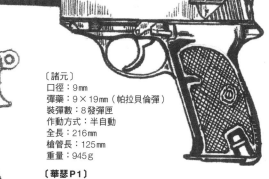

〔諸元〕
口徑：9mm
彈藥：9×19mm（帕拉貝倫彈）
裝彈數：8發彈匣
作動方式：半自動
全長：216mm
槍管長：125mm
重量：945g

〔白朗寧 大威力M1935〕
〔諸元〕
口徑：9mm
彈藥：9×19mm（帕拉貝倫彈）
裝彈數：13發彈匣
作動方式：半自動
全長：200mm
槍管長：118mm
重量：810g

〔華瑟P1〕
P1為二次大戰後西德軍採用的P38改良型。1958年黎巴嫩採購作為軍用手槍。

《步槍》

〔諸元〕
口徑：7.92mm
彈藥：7.92×57mm
（8mm毛瑟彈）
裝彈數：10發彈匣
作動方式：半自動
全長：1,116mm
槍管長：590mm
重量：4.31kg

〔FN型1949（FN-49）〕
比利時的FN公司於1947年研製的自動步槍。槍型包括口徑7mm至7.92mm，埃及軍使用的是
7.92mm口徑版。1948年購買了37,602挺。

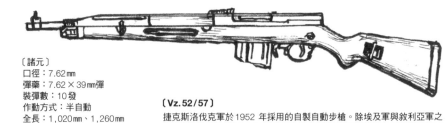

〔諸元〕
口徑：7.62mm
彈藥：7.62×39mm彈
裝彈數：10發
作動方式：半自動
全長：1,020mm、1,260mm
（刺刀展開時）
槍管長：520mm
重量：3.85kg

〔Vz.52/57〕
捷克斯洛伐克軍於1952年採用的自製自動步槍。除埃及軍與敘利亞軍之
外，以色列也有使用。為配合華沙公約組織國的步槍彈藥規格，於1957
改為使用7.62×39mm彈，型號也改稱Vz.52/57。

〔諸元〕
口徑：6.5mm
彈藥：6.5×55mm瑞典彈
裝彈數：10發彈匣
作動方式：半自動
全長：1,214mm
槍管長：622mm
重量：4.71kg

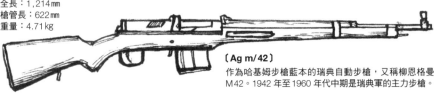

〔Ag m/42〕
作為哈基姆步槍藍本的瑞典自動步槍，又稱柳恩格曼
M42。1942年至1960年代中期是瑞典軍的主力步槍。

〔諸元〕
口徑：7.92mm
彈藥：7.92×57mm
（8mm毛瑟彈）
裝彈數：10發彈匣
作動方式：半自動
全長：1,216mm
槍管長：638mm
重量：4.75kg

〔哈基姆步槍〕
埃及購買Ag m/42的製造授權後，將口徑改成
7.92mm的授權生產版。除口徑以外，基本構造皆
與Ag m/42相同。

〔FN FAL〕
除了以色列有自製外，敘利亞也於1950年代自比利時進口，
使用過一段時期。約旦於1960年代制式採用。

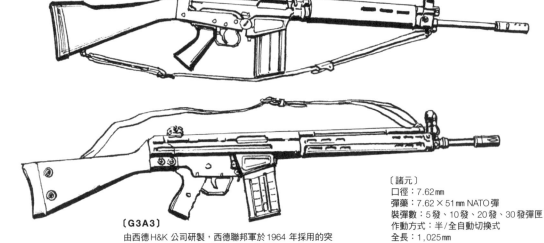

〔諸元〕
口徑：7.62mm
彈藥：7.62×51mm NATO彈
裝彈數：5發、10發、20發、30發彈匣
作動方式：半/全自動切換式
全長：1,025mm
槍管長：450mm
重量：4.75kg

〔G3A3〕
由西德H&K公司研製，西德聯邦軍於1964年採用的突
擊步槍。G3除了德國之外，也有外銷他國，約旦、黎
巴嫩、敘利亞都有配備。

《手榴彈》

〔米爾斯手榴彈〕

英軍從第一次世界大戰開始使用的手榴彈。中東戰爭爆發之前，巴勒斯坦的以色列軍、阿拉伯聯軍雙方陣營便已在暴動與恐怖攻擊中使用。

〔諸元〕
重量：765g
全長：95.2mm
直徑：61mm
炸藥：巴拉托71g

《槍榴彈》

〔No.1 Mk.I 杯式槍榴彈發射器〕

供 No.1 Mk.III * 步槍使用的杯式槍榴彈發射器，將米爾斯手榴彈的底部裝在連接器上，以空包彈發射。

槍榴彈的射擊姿勢。為了吸收發射時的後座力，槍托必須抵緊地面。須配合目標距離調整步槍角度，最大射程200m。

《迫擊砲》

以色列軍改造的槍榴彈發射器，加裝量角器，可在發射時得知步槍角度。

〔SBLM 2吋迫擊砲 Mk.VII**〕

1918年英軍採用的步兵排支援用輕型迫擊砲，一般由射手與裝填手2員運用。砲彈自砲口裝填，操作發射把手擊發，有效射程約450m。除榴彈之外，還有照明彈、煙幕彈。以色列軍、阿拉伯聯軍皆有使用。

〔5cm le Gr.W36 迫擊砲〕

德軍於1936年採用的步兵排用小型迫擊砲。據說以色列是從捷克斯洛伐克取得。

〔諸元〕
口徑：50mm
重量：14kg
砲管長：465mm
仰角：42～90°
最大射程：520m

〔8cm Gr.W34 迫擊砲〕

德軍於1934年採用的中型迫擊砲。比照5cm迫擊砲，以色列由捷克斯洛伐克取得該型迫擊砲。

〔諸元〕
口徑：81.4mm
重量：62kg（鐵製砲管）、57kg（合金砲管）
砲管長：1,140mm
仰角：10～23°
最大射程：2,400m

〔諸元〕
口徑：50mm
重量：4.8kg
砲管長：530mm
仰角：45～90°
最大射程：520m

〔2吋迫擊砲 Mk.II*/Mk.II**〕

2吋迫擊砲的通用載具搭載型。與步兵型差在加裝長方形大型座鈑。

〔ML 3吋迫擊砲〕

英造中型迫擊砲。英軍於1930年代～1960年代使用。中東戰爭時埃及軍、約旦軍有配備。

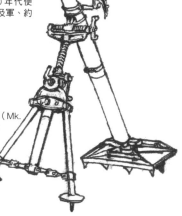

〔諸元〕
口徑：81mm
重量：50.8kg
砲管長：1,190mm
仰角：45～80°
最大射程：1463m（Mk.I）、2,560（Mk.II）

雙方陣營使用的戰鬥車輛

美造吉普車與輕型四輪傳動車

1948年5月爆發的第一次中東戰爭，以色列軍、阿拉伯聯軍皆是以第二次大戰時期的中古車輛拼湊編成部隊。到了第二次中東戰爭時，除了這些中古車輛，還有投入美國、英國、法國、蘇聯製造的新型車輛。

除此之外，兩陣營使用的車輛還包括不少獨自改造的車型。

《威利MB（1/4t載重車）》

以「吉普車」之名廣為人知的輕型四輪傳動車，二次大戰結束前製造了639,245輛。威利-奧佛蘭公司製造的稱為MB，福特公司製造的則稱GPW。由於性能佳、易維護，因此威利MB到了戰後也為世界各國廣泛使用。

《機槍搭載型》

〔M2重機槍搭載型〕

在前座之間加裝槍架，可架設12.7mm（.50）口徑的M2重機槍。

〔M2、BAR搭載型〕

助手席前方架設M2重機槍，車斗後板架設7.62mm（.30）口徑的M1918A2 BAR。

〔防空用M2重機槍搭載型〕

以較高槍架架設M2重機槍，可取得較大仰角。

〔M1919A4機槍搭載型〕

配備7.62mm（.30）口徑的M1919A4機槍。雖然火力不如M2機槍配備型，但行駛性能、射擊穩定性較佳。

〔M1919A4機槍搭載型〕

與上圖車輛不同，這款是把M1919A4機槍架設於助手席前方，並卸除擋風玻璃。

〔M1919A4機槍搭載型〕

未卸除擋風玻璃，而是在助手席外側加裝槍架，架設M1919A4機槍。

《重武裝型》

〔37mm戰防砲搭載型〕

於車斗搭載37mm戰防砲，助手席前方架設水冷式M1917A1機槍。由於搭載37mm戰防砲實在太過勉強，因此只有試製。

〔105mm無後座力砲搭載型〕

於車斗搭載105mm無後座力砲。

〔多管火箭搭載型〕

於車斗搭載12管4.5吋火箭發射器。為了抵擋發射時的尾焰，前方以鋼板覆蓋保護。

《戰後的吉普車後繼車型》

〔威利M38〕
M38是軍用吉普車的最後量產系列，M38、M38A1於1950～1952年合計生產60,344輛。

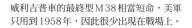
威利吉普車的最終型M38相當短命，美軍只用到1958年，因此很少出現在戰場上。

〔威利M38A1〕
1952年登場的M38改良型，又稱威利MD。

〔福特M151〕
1959年研製，用以取代M38A1。由於「吉普」是威利公司的註冊商標，因此M151改稱為「MUTT（軍用戰術車）」。

〔M151A1〕
改善後輪懸吊的改良型。1964年開始生產。

〔M825 M40 106㎜ 無後座力砲搭載型〕

〔M151A2〕
1970年登場的M151最終量產型，經過大幅改良。

M151雖然官方是稱其為「MUTT」，但美軍士兵多半會稱為「甘迺迪吉普車」。

〔M825 TOW反戰車飛彈搭載型〕

〔道奇T214WC52（3/4t4×4）〕
暱稱「大吉普」。

〔雪佛蘭MR（1 1/2t4×2）〕
二次大戰早期的主要載重車之一，由福特公司與GM公司生產。

〔雪佛蘭YPG4112（1/1/2t4×4）〕

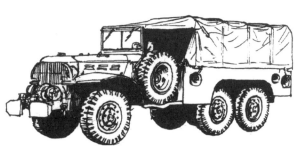

〔道奇T223WC62（1 1/2t6×6）〕
T214WC52的加長型。

〔國際牌K-7（2 1/2t4×2）〕

〔GMC CCW-353（2 1/2t6×4）〕

〔GMC CCKW-353（2 1/2t6×6）〕
CCKW-353系列是美造軍用載重車最具代表性的車型，由GMC等數家廠商合計生產超過800,000輛，暱稱「吉米」、「兩噸半」。

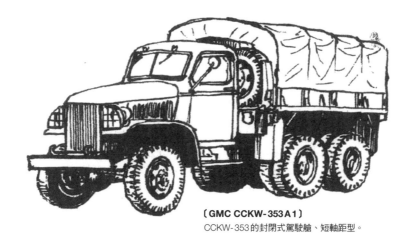

〔GMC CCKW-353A1〕
CCKW-353的封閉式駕駛艙、短軸距型。

〔斯圖貝克US-U2(2 1/2t 6×6)〕
美軍不太常使用,生產車大多外銷他國。

〔國際牌M5H6(2 1/2t 6×6)〕

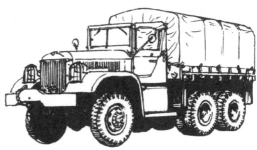

〔GMC AFKWX-353(2 1/2t 6×6)〕

〔鑽石牌T968A(4t 6×6)〕
普及性僅次於2 1/2t的軍用載重車。

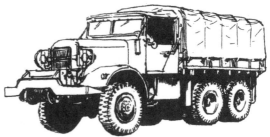

〔懷特666(6t 6×6)〕
量產型載重車的最大級。

〔麥克No.2(7 1/2t 6×6)〕
多半用於武裝載重車。

《英國/加拿大造軍用車輛》

高性能的英國荒原路華，在全世界都廣泛使用呢。

〔荒原路華Mk.I〕
1947年開始研製的英造四輪傳動車首款量產型。荒原路華系列除英軍外，許多國家也都有制式採用。

〔荒原路華Mk.IIA〕
Mk.II系列自1958年開始量產。軸距有88吋與109吋兩種。

〔荒原路華Mk.III〕
1971年開始量產。

〔路華7野戰救護車型〕
以Mk.II A的109吋型改成的救護車型。

〔百福QLD〕
英國佛賀公司生產的人員、貨物通用載重車。

〔雪佛蘭C15A〕
GM雪佛蘭加拿大公司與福特加拿大公司生產的CMP系列，是二次大戰時期英國及大英國協軍的主力載重車。

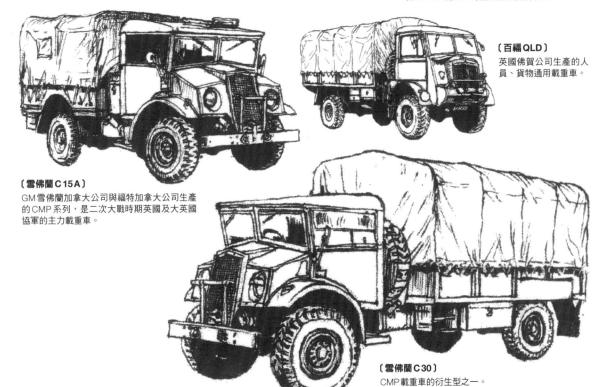

〔雪佛蘭C30〕
CMP載重車的衍生型之一。

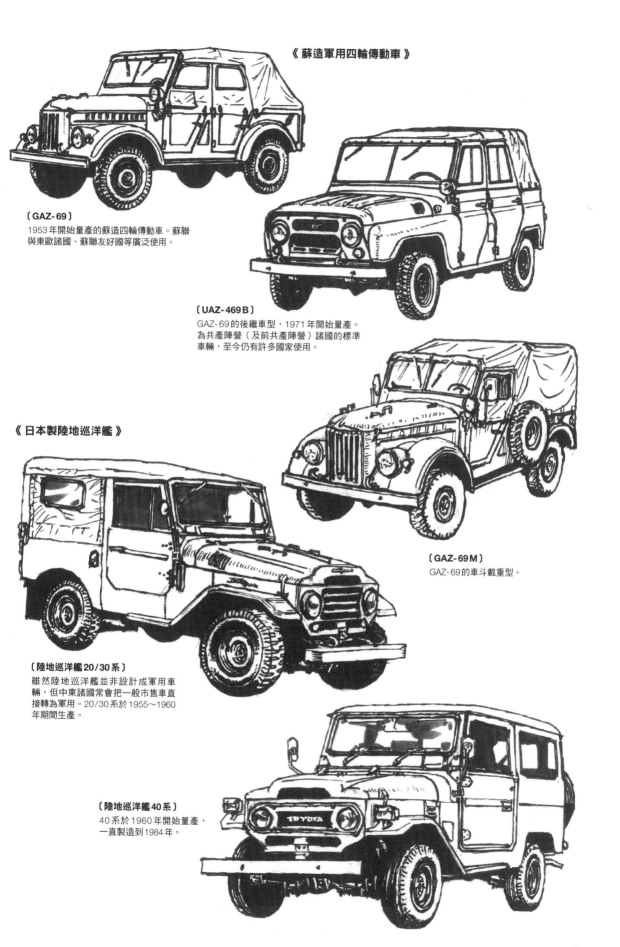

《蘇造軍用四輪傳動車》

〔GAZ-69〕
1953年開始量產的蘇造四輪傳動車。蘇聯與東歐諸國、蘇聯友好國等廣泛使用。

〔UAZ-469B〕
GAZ-69的後繼車型,1971年開始量產。為共產陣營(及前共產陣營)諸國的標準車輛,至今仍有許多國家使用。

《日本製陸地巡洋艦》

〔GAZ-69M〕
GAZ-69的車斗載重型。

〔陸地巡洋艦20/30系〕
雖然陸地巡洋艦並非設計成軍用車輛,但中東諸國常會把一般市售車直接轉為軍用。20/30系於1955~1960年期間生產。

〔陸地巡洋艦40系〕
40系於1960年開始量產,一直製造到1984年。

〔巡航戰車 Mk.Ⅷ 克倫威爾 Mk.Ⅳ〕
1943年開始量產的英國巡航戰車。Mk.Ⅳ是搭載QF 75mm戰車砲與流星引擎的克倫威爾主力型。第一次中東戰爭時期，以色列自英軍營區偷出兩輛使用。

〔諸元〕
全長：6.35m
全寬：2.91m
全高：2.49m
重量：27.9t
引擎：勞斯萊斯 流星 V型12汽缸液冷汽油引擎
裝甲厚：8～76.7mm
武裝：QF 75mm戰車砲×1、7.92mm貝莎機槍×2
乘員：5名

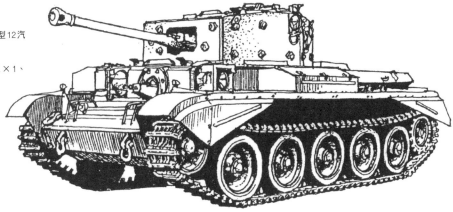

〔步兵戰車 Mk.ⅡA 瑪蒂達Ⅱ Mk.Ⅱ〕
1939年開始配賦部隊的英國步兵戰車。二次大戰時期除英軍之外，大英國協的澳大利亞軍、透過租借法案取得的蘇軍也有使用。第一次中東戰爭由阿拉伯聯軍使用。

〔諸元〕
全長：5.61m
全寬：2.59m
全高：2.52m
重量：27t
引擎：AEC V型6汽缸液冷柴油引擎×2
裝甲厚：13～78mm
武裝：2磅砲×1、7.92mm貝莎機槍×1
乘員：4名

〔巡航戰車 Mk.Ⅵ 十字軍 Mk.Ⅲ〕
英國的十字軍巡航戰車於1939年開始量產，搭載6磅砲的Mk.Ⅲ於1942年5月登場。十字軍戰車在第一次中東戰爭時期也是由阿拉伯聯軍使用。

〔諸元〕
全長：5.98m
全寬：2.64m
全高：2.24m
重量：20t
引擎：諾菲爾德 自由 V型12汽缸液冷汽油引擎
裝甲厚：7～51mm
武裝：6磅砲×1、7.62mm貝莎機槍×1
乘員：3名

〔哈奇開斯H39〕

將1936年開始生產的法軍輕戰車H35改良引擎與主砲的構型，1940年登場。以色列軍建立時以H39等編成首支戰車營（2個連）。

〔諸元〕
全長：4.22m
全寬：1.85m
全高：2.13m
重量：12t
引擎：哈奇開斯M1938直列6汽缸液冷汽油引擎
裝甲厚：12～45mm
武裝：SA38 37mm戰車砲×1、M1931 7.5mm機槍×1
乘員：2名

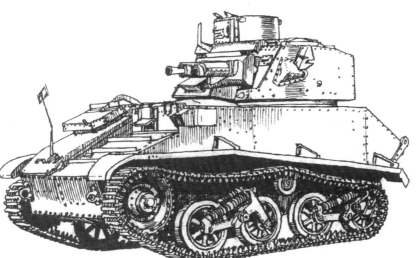

〔維克斯Mk.ⅥB輕戰車〕

1936年登場的英國維克斯公司輕戰車。

〔諸元〕
全長：4.01m
全寬：2.08m
全高：2.26m
重量：5.2t
引擎：梅多斯ESTB/A或B4直列V型6汽缸液冷汽油引擎
裝甲厚：4～15mm
武裝：12.7mm維克斯重機槍×1、7.7mm維克斯機槍×1
乘員：3名

英造輪型裝甲車

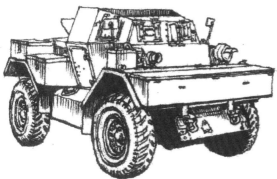

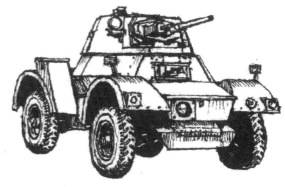

〔戴姆勒Mk.Ⅱ裝甲車〕

英國的戴姆勒公司研製的威力偵察用裝甲車。1941年4月開始量產，Mk.Ⅰ及改良型Mk.Ⅱ總共生產2,469輛。第一次中東戰爭時由以色列軍使用。

〔戴姆勒偵察車〕

暱稱「丁格犬」的偵察裝甲車。英國戴姆勒公司研製，1939年開始生產。Mk.Ⅰ/IB、Mk.Ⅱ/ⅡW/ⅡT、Mk.Ⅲ總共生產6,626輛。

〔諸元〕
全長：3.18m
全寬：1.72m
全高：1.5m
重量：2.8t
引擎：戴姆勒直列6汽缸液冷汽油引擎
裝甲厚：最大30mm
武裝：7.7mm布倫機槍×1
乘員：2名

〔諸元〕
全長：3.96m
全寬：2.44m
全高：2.24m
重量：7.5t
引擎：戴姆勒直列6汽缸液冷汽油引擎
裝甲厚：7～16mm
武裝：2磅戰車砲×1、7.92mm貝莎機槍×1
乘員：3名

M4雪曼戰車

M4雪曼中戰車是二次大戰時期盟軍的主力戰車，戰後仍為許多國家使用。第一次／第二次中東戰爭時，以色列軍四處蒐羅中古或報廢的M4作為主力戰車運用。另外，阿拉伯聯軍也將其當作主要戰鬥車輛之一。

《代表性的M4雪曼》

〔M4A3〕
M4A3是各種M4量產型當中生產數量最多者，為二次大戰後期的主力，活躍於各戰線。

〔諸元〕
全長：6.27m
全寬：2.67m
全高：2.94m
重量：31.6t
引擎：福特GAA V型8汽缸液冷汽油引擎
裝甲厚：12.7～88.9mm
武裝：M3 75mm戰車砲×1、M1919A4 7.62mm機槍×2、M2 12.7mm重機槍×1
乘員：5名

〔M4A1 76.2mm戰車砲型〕
使用鑄造車體的M4A1原本配備37.5倍徑M3短砲管75mm戰車砲，1943年1月開始生產換用52倍徑M1長砲管76.2mm戰車砲的車型。

〔諸元〕
全長：7.39m
全寬：2.67m
全高：2.97m
重量：32t
引擎：萊特R-975-C1星型9汽缸氣冷汽油引擎
裝甲厚：12.7～107.95mm
武裝：M1 76.2mm戰車砲×1、M1919A4 7.62mm機槍×2、M2 12.7mm重機槍×1
乘員：5名

〔M4A3 105mm榴彈砲搭載型〕
將M4A3的主砲換成105mm榴彈砲的火力支援型。1944年3～6月製造3,039輛。

〔諸元〕
全長：5.90m
全寬：2.61m
全高：2.74m
重量：31.7t
引擎：福特GAA V型8汽缸液冷汽油引擎
裝甲厚：12.7～107.95mm
武裝：M4 105mm榴彈砲×1、M1919A4 7.62mm機槍×2、M2 12.7mm重機槍×1
乘員：5名

《M4雪曼的車內配置》

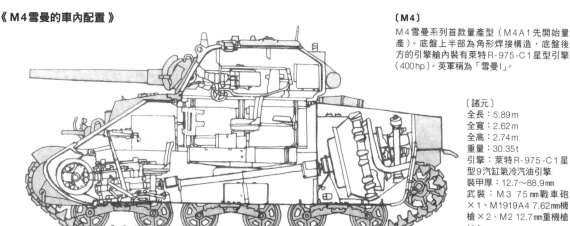

〔M4〕

M4雪曼系列首款量產型（M4A1先開始量產）。底盤上半部為角形焊接構造，底盤後方的引擎艙內裝有萊特R-975-C1星型引擎（400hp）。英軍稱為「雪曼I」。

〔諸元〕
全長：5.89m
全寬：2.62m
全高：2.74m
重量：30.35t
引擎：萊特R-975-C1星型9汽缸氣冷汽油引擎
裝甲厚：12.7～88.9mm
武裝：M3 75mm戰車砲×1、M1919A4 7.62mm機槍×2、M2 12.7mm重機槍×1
乘員：5名

〔諸元〕
全長：7.39m
全寬：2.67m
全高：2.97m
重量：32t
引擎：萊特R-975-C4星型9汽缸氣冷汽油引擎
裝甲厚：12.7～107.95mm
武裝：M1 76.2mm戰車砲×1、M1919A4 7.62mm機槍×2、M2 12.7mm重機槍×1
乘員：5名

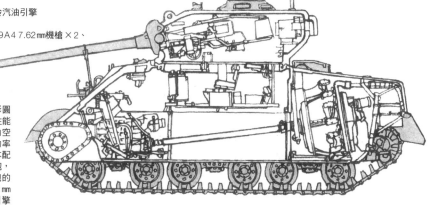

〔M4A1 76.2mm戰車砲型〕

底盤上半部並非焊接構造，而是造形圓潤的一體鑄造型。與M4相比，防彈性能較佳，防禦力變得比較強，不過車內空間卻也因此若干減少。引擎使用大功率型的R-975-C4（460hp）。當初原本配備37.5倍徑的M3短砲管75mm戰車砲，1944年1月開始生產換裝76.2mm砲的構型，並於該年7月投入實戰。76.2mm砲搭載型使用大功率型R-975-C4引擎（460hp）。另外，1944年9月開始在生產車上使用水平懸架式HVSS承載系。圖為HVSS型。英軍稱為「雪曼II」。

〔M4A4〕

為了換裝大型的克萊斯勒A57引擎，延長底盤後部。1942年6月～1943年8月生產7,499輛，大多提供給英國與蘇聯使用。英軍稱為「雪曼V」。

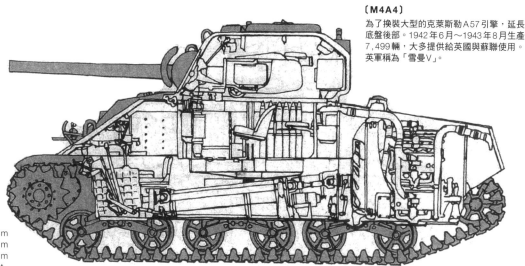

〔諸元〕
全長：6.06m
全寬：2.62m
全高：2.74m
重量：31.6t
引擎：克萊斯勒A5730汽缸液冷汽油引擎
裝甲厚：12.7～76.2mm
武裝：M3 75mm戰車砲×1、M1919A4 7.62mm機槍×2、M2 12.7mm重機槍×1
乘員：5名

《以M4改造的工兵車》

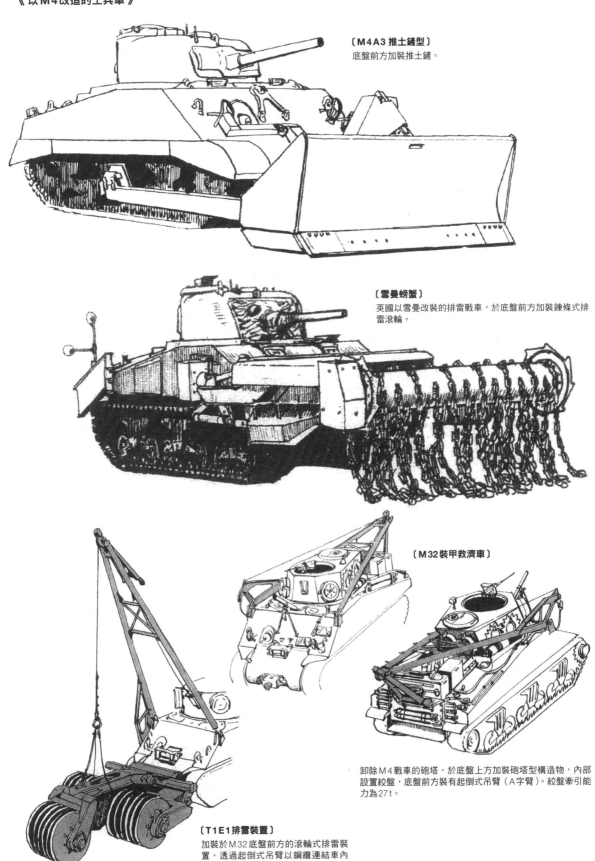

〔M4A3 推土鏟型〕
底盤前方加裝推土鏟。

〔雪曼螃蟹〕
英國以雪曼改裝的排雷戰車，於底盤前方加裝鍊條式排雷滾輪。

〔M32裝甲救濟車〕

卸除M4戰車的砲塔，於底盤上方加裝砲塔型構造物，內部設置絞盤，底盤前方裝有起倒式吊臂（A字臂）。絞盤牽引能力為27t。

〔T1E1排雷裝置〕
加裝於M32底盤前方的滾輪式排雷裝置，透過起倒式吊臂以鋼纜連結車內絞盤。

《M4的車載裝備》

M4雪曼的乘員包括車長、射手、裝填手、機槍手、駕駛手共5員。前3員位於砲塔內部，底盤前方則乘坐後2員。

① 乘員用頭盔
② 防護面具、水壺、毯子等乘員個裝
③ 潛望鏡備用玻璃
④ 潛望鏡本體
⑤ 車內工具
⑥ 備用履帶
⑦ 車外工具
⑧ 蓆子、罩布類
⑨ M1衝鋒槍
⑩ M1919A4 7.62mm機槍
⑪ M2 12.7mm重機槍
⑫ 機槍用三腳架
⑬ 作業用手套
⑭ 拖車鋼纜
⑮ 12.7mm（.50口徑）彈
⑯ 7.62mm（.30口徑）彈
⑰ 75mm穿甲彈
⑱ 75mm榴彈
⑲ 携行口糧

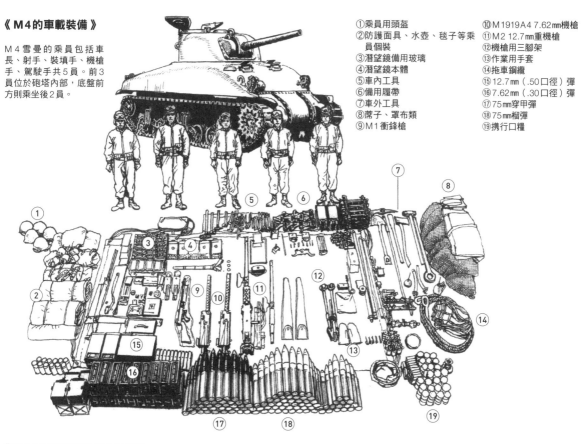

《M4A3前期型的車內構造》

① 車長席
② 無線電
③ 天線
④ 引擎
⑤ 惰輪
⑥ 油箱
⑦ 備用發電機
⑧ 無線手兼裝填手席
⑨ 砲塔旋轉用集電滑環
⑩ 砲彈供應器
⑪ 駕駛手席
⑫ 轉向把手
⑬ 變速把手
⑭ 變速箱
⑮ 轉向剎車把手
⑯ 機槍手席
⑰ 砲塔旋轉軸承
⑱ 砲門
⑲ 砲塔鎖定裝置
⑳ 旋轉裝置
㉑ 直接瞄準器
㉒ 潛望鏡
㉓ 鼓風機
㉔ 射手席
㉕ 潛望鏡
㉖ M2 12.7mm重機槍
㉗ M3 75mm戰車砲
㉘ M1919A4 7.62mm同軸機槍
㉙ M1919A4 7.62mm前方機槍

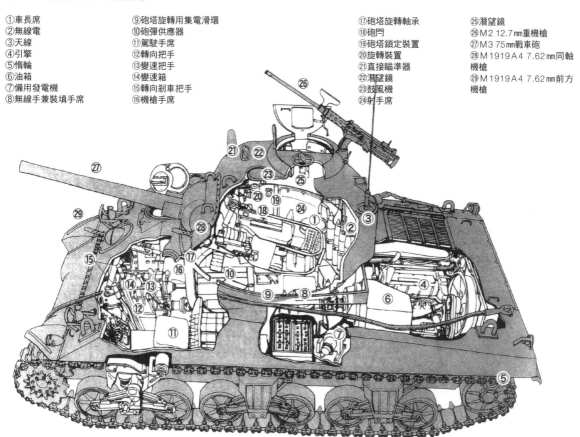

以色列軍使用的M3半履帶車

包含M5、M9在含的大量M3半履帶車系列是以色列成立軍隊時的主力裝甲車輛之一。以色列軍除了將其用作裝甲運兵車，還會加裝各種武器，自行修改為即造裝甲戰鬥車（三明治裝甲車）。以色列軍並不區分M3、M5、M9，而是全部統稱「半履帶車M3（希伯來文稱Zachlam M3）」。

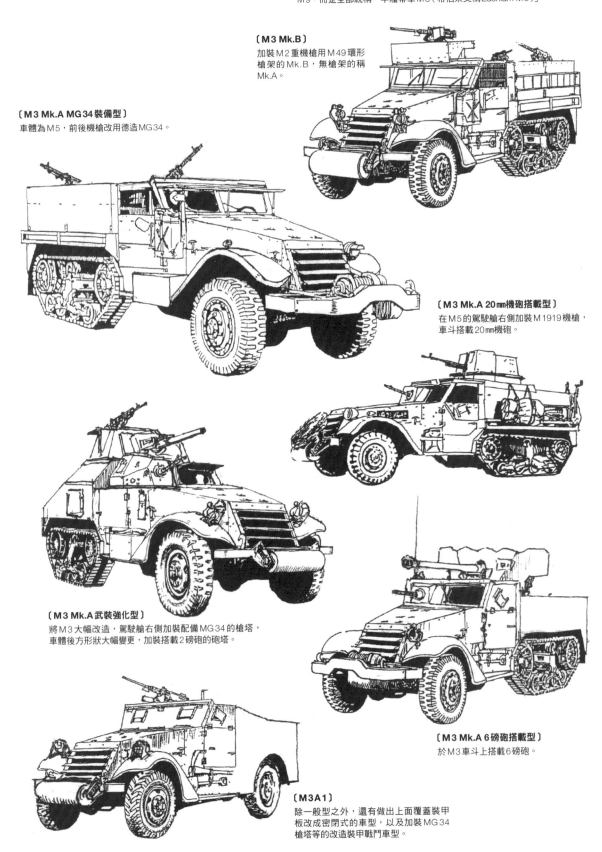

〔M3 Mk.B〕
加裝M2重機槍用M49環形槍架的Mk.B，無槍架的稱Mk.A。

〔M3 Mk.A MG34裝備型〕
車體為M5，前後機槍改用德造MG34。

〔M3 Mk.A 20mm機砲搭載型〕
在M5的駕駛艙右側加裝M1919機槍，車斗搭載20mm機砲。

〔M3 Mk.A武裝強化型〕
將M3大幅改造，駕駛艙右側加裝配備MG34的槍塔，車體後方形狀大幅變更，加裝搭載2磅砲的砲塔。

〔M3 Mk.A 6磅砲搭載型〕
於M3車斗上搭載6磅砲。

〔M3A1〕
除一般型之外，還有做出上面覆蓋裝甲板改成密閉式的車型，以及加裝MG34槍塔等的改造裝甲戰鬥車型。

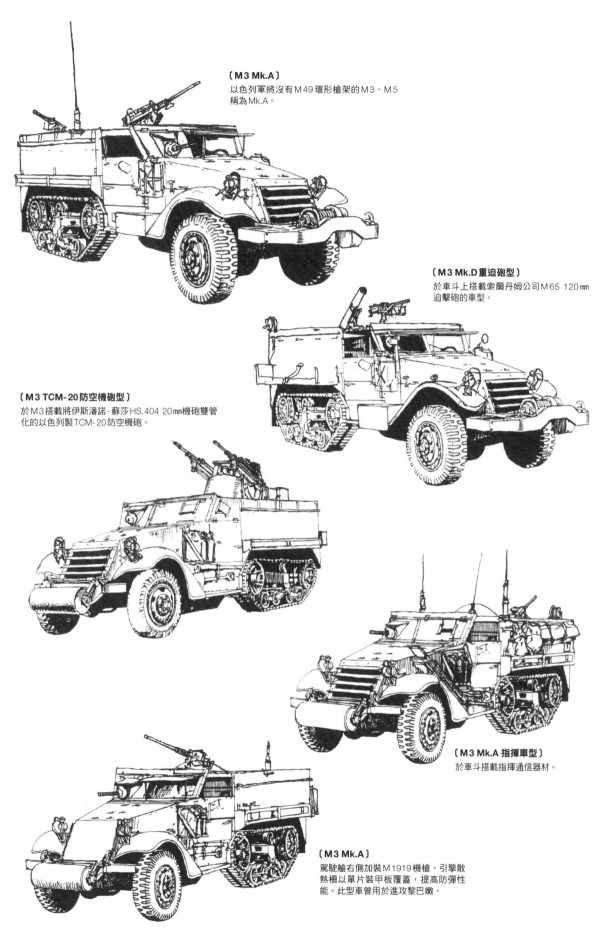

〔M3 Mk.A〕
以色列軍將沒有M49環形槍架的M3、M5稱為Mk.A。

〔M3 Mk.D 重迫砲型〕
於車斗上搭載索爾丹姆公司M65 120mm迫擊砲的車型。

〔M3 TCM-20防空機砲型〕
於M3搭載將伊斯潘諾-蘇莎HS.404 20mm機砲雙管化的以色列製TCM-20防空機砲。

〔M3 Mk.A 指揮車型〕
於車斗搭載指揮通信器材。

〔M3 Mk.A〕
駕駛艙右側加裝M1919機槍,引擎散熱柵以單片裝甲板覆蓋,提高防彈性能。此型車曾用於進攻黎巴嫩。

法造/英造戰車

《AMX-13》

〔AMX-13 Model 51（75mm戰車砲型）〕

AMX-13是法國為了能以空運方式投送至世界各處殖民地而研製的輕戰鬥車輛，1951年制式採用，1952年開始配賦法軍部隊。AMX-13除了法軍使用之外，也有外銷他國，埃及、以色列（購買150輛75mm戰車砲型）都有採購。有鑑於此，第二次中東戰爭的法軍、以色列軍、埃及軍都有使用AMX-13。

〔諸元〕
全長：6.32m
全寬：2.50m
全高：2.30m
重量：14.8t
引擎：SOFAM 8Gxb V型8汽缸液冷汽油引擎
裝甲厚：10～25mm
武裝：CN-75-50 75mm戰車砲×1、F1 7.5mm機槍×2
乘員：3名

第一次中東戰爭爆發時，以色列軍、阿拉伯聯軍軍用的都是四處蒐羅而來的二次大戰兵器。到了第二次中東戰爭時期，百夫長、AMX-13等當時最新戰車也會投入戰場。

〔FL-10砲塔的給彈機構〕

AMX-13的最大特 在於採用將主砲固定於砲塔，由整個砲塔上半部進行俯仰的FL-10搖動砲塔。砲塔內部構造也頗具特色，左右配置旋轉式彈倉，可進行自動裝填。

〔AMX-13/90〕

擴大AMX-13 Model 51搭載的CN-75-50 75mm戰車砲（線膛砲）內徑，改成90mm滑膛砲的構型。雖然車體尺寸不變，僅稍微增加重量，但火力卻獲得大幅提升。

〔諸元〕
全長：6.32m
全寬：2.50m
全高：2.30m
重量：15t
引擎：SOFAM 8Gxb V型8汽缸液冷汽油引擎
裝甲厚：10～25mm
武裝：CN-90-F3 90mm滑膛砲×1、F1 7.62mm機槍×2
乘員：3名

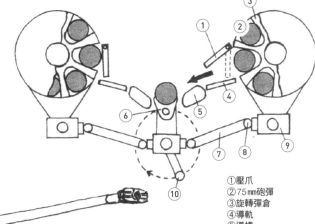

①壓爪
②75mm砲彈
③旋轉彈倉
④導軌
⑤導槽
⑥砲彈托架
⑦旋轉軸
⑧萬向接頭
⑨蝸桿傳動
⑩旋轉把手

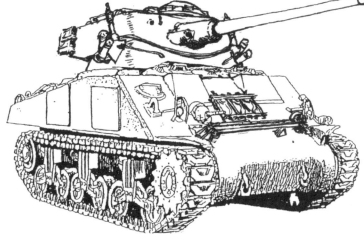

〔M4 埃及軍改造FL-10砲塔搭載型〕

於M4A4底盤搭載AMX-13的FL-10搖動砲塔的埃及改造型。埃及軍在第二次中東戰爭首次投入此型車，第三次中東戰爭也有使用。

《百夫長戰車》

英國的百夫長戰車是戰後第一代戰車的代表車型，除英國外，許多國家都有採用。中東各國也不例外，約旦於1954～1956年接收Mk.1、Mk.3、Mk.5共50輛（後來又另外取得Mk.7），伊拉克於1955年取得12輛Mk.7（1957年又多加40輛），埃及於1956年取得32輛Mk.3與

Mk.5，科威特於1961年取得25輛（型式不明）。至於以色列取得百夫長的時間則比阿拉伯諸國稍晚，要到1960年代才開始從英國與荷蘭取得剩餘的Mk.5。百夫長戰車從1956年的第二次中東戰爭開始投入實戰，英軍使用Mk.5，埃及軍則使用Mk.3。

〔諸元〕
全長：9.83m
全寬：3.38m
全高：2.94m
重量：50.8t
引擎：勞斯萊斯 流星
Mk.ⅣB V型12汽缸液
冷汽油引擎
裝甲厚：17～152mm
武裝：Mk.I 20磅砲
×1、7.92㎜貝莎機槍
×1
乘員：4名

〔百夫長Mk.3〕

二次大戰時的1943年，英國為了對抗德軍重戰車，開始著手研製A41重型巡航戰車，於1945年完成樣車，但卻沒來得及投入實戰。大戰過後，先少量生產Mk.1、Mk.2，於1948年轉為製造首款正式量產型Mk.3。第二次中東戰爭時埃及軍使用的就是Mk.3。

〔百夫長Mk.5〕

Mk.3的小改款，主砲加裝排煙器，副武裝換成M1919A4。生產結束後，又將主砲換裝為L7A1 105㎜戰車砲。第二次中東戰爭時英軍使用的是Mk.5。

〔諸元〕
全長：9.83m
全寬：3.38m
全高：2.94m
重量：50.8t
引擎：勞斯萊斯 流星
Mk.ⅣB V型12汽缸液冷汽
油引擎
裝甲厚：17～152mm
武裝：Mk.I 20磅砲×1、
M1919A4 7.62㎜機槍×1
乘員：4名

〔百夫長Mk.5的車內構造〕

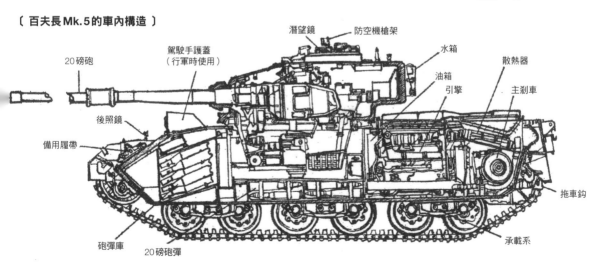

後照鏡
備用履帶
20磅砲
駕駛手護蓋（行軍時使用）
潛望鏡
防空機槍架
水箱
油箱
引擎
散熱器
主刹車
拖車鉤
承載系
砲彈庫
20磅砲彈

阿拉伯聯軍的裝甲車輛

《英國及大英國協造裝甲車輛》

二次大戰剛結束時,阿拉伯諸國因為宗主國是英國、法國的緣故,因此軍事裝備也都是使用宗祖國製品。第一次中東戰爭後,蘇聯、捷克斯洛伐克等共產陣營開始提供軍事援助,埃及軍開始換用蘇聯、東歐兵器,等到第二次中東戰爭時,除了英法兵器之外,蘇聯、東歐兵器也有大量使用。

〔亨伯輕偵察車〕
二次大戰時期研製的輕型偵察裝甲車,1940～1943年生產超過3,600輛。

〔瑪蒙-赫林頓Mk.IVF〕
1940年南非研製的偵察裝甲車。1943年開始生產的Mk.IV在調整設計的車體上搭載QF 2磅砲塔。Mk.IV F使用福特加拿大公司的CMP載重車F60L底盤。

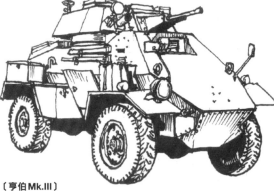

〔亨伯Mk.III〕
1941年開始生產的英造裝甲車。Mk.III擴大搭載15mm貝莎機槍的砲塔,讓無線電手也能搭乘。第一次中戰爭時期,除了埃及軍之外,以色列軍也有使用繳獲車輛。

〔Mk.VIB輕戰車〕
1936年開始量產的英國維克斯公司輕戰車。二次大戰時期所有戰區的英軍都有配備,因此大戰過後中東地區留有相當數量。

〔通用載具〕
二次大戰時期英軍及大英國協軍的主力履帶式通用運輸車,活躍於所有戰區。生產從1934年持續到1960年,製造約9萬輛。中東戰爭以阿陣營都有大量使用英軍的剩餘車輛。

〔洛伊德運輸載具〕
1939年開始生產,製造26,000輛,是英軍及大英國協軍的牽引車。與通用載具都曾用於中東戰爭。

《蘇造裝甲車輛》

〔BTR-40裝甲運兵車〕

蘇聯於1948年著手研製，1950年為蘇軍制式採用的輪型4×4裝甲運兵車。使用GAZ-63的底盤，整體配置參考二次大戰時依租借法案取得的M3偵察車。開頂式駕駛艙乘坐駕駛手與指揮官，後方士兵艙則可搭乘8員步兵。

全長：5.00m
全寬：1.90m
全高：1.83m
重量：5.3t
引擎：GAZ-40直列6汽缸液冷汽油引擎
裝甲厚：4～15mm
武裝：SGMT 7.62mm機槍×1
乘員/士兵：2名/8名

〔諸元〕
全長：6.55m
全寬：2.32m
全高：2.36m
重量：8.95t
引擎：ZIS-123直列6汽缸液冷汽油引擎
裝甲厚：4～13.5mm
武裝：SGMT 7.62mm機槍×1
乘員/士兵：2名/17名

〔BTR-152裝甲運兵車〕

蘇聯與BTR-40一起於1950年制式採用的大型6×6輪型裝甲運兵車。以ZIS-151載重車為基礎，車體設計參考自德國的Sd.Kfz.251與美國的M2/M3半履帶車。除運兵車型，還有推出多款衍生型，包括蘇聯、東歐、社會主義諸國、中東阿拉伯諸國等許多國家都有使用。

〔BTR-152S裝甲指揮車〕

以使用ZIL-157 6×6載重車底盤的改良型BTR-152V為基礎，挑高乘員/士兵艙頂部，改成完全密閉式的指揮車型。車內設置指揮通信器材，車體後方左右側加裝指揮通信天線。

第一次/第二次中東戰爭時的軍裝

以色列軍的軍裝

第一次中東戰爭開戰時，以色列還沒建立國軍，只能靠哈加拿、斯特恩幫、萊希、伊爾貢等多支準軍事組織與阿拉伯聯軍對抗。以色列在第一次休戰期間（1948年6月11日～7月9日）為了統一各武裝組織的指揮，對部隊進行整編，於5月26日建立以色列國防軍（Israel Defense Forces＝IDF）。當時不僅官兵軍裝來源會依各組織而異，且即便是同一支部隊也很難湊其必要數量，因此很難統一。

《猶太人入殖警官》

猶太人入殖警察（Jewish Supernumerary Police）也是英國為了維護治安於1936年成立的猶太人警察組織之一。以色列獨立前已有2萬2000餘人，在第一次中東戰爭時期成為哈加拿的主要部隊。

《猶太人居住區警官》

猶太人居住區警察（Jewish Settlement Police）成立於1936年，第一次中東戰爭時期在哈加拿麾下活動。

有隊徽的寬簷軟帽

卡其上衣

卡其短褲

毛織帽

路易士Mk.I輕機槍

P37彈匣袋

卡爾帕克帽

立領式卡其上衣

卡其長褲

恩菲爾德步槍

《帕拉瑪赫隊員》

帕拉瑪赫是託管時代哈加拿麾下的精銳戰鬥部隊。開戰時有3個旅（約2,000員），個人裝備使用英軍的P37。

《 以色列軍吉瓦提旅吉普車偵察部隊士兵 》

吉普車上搭載的MG34機槍進口自捷克斯洛伐克。

MG34機槍

美軍卡其服

《 持用PIAT與斯登衝鋒槍的
哈加拿隊員 》

Mk. III 頭盔

P37 戰鬥服

彈袋

美軍的
彈藥腰帶

登 Mk. III

PIAT

手槍用彈袋

槍套

英軍卡其長褲

《 以色列軍機械化旅步兵 》

步槍為以色列軍制式採用的Kar98k。

吊鐘帽

卡其上衣

P44 水壺

卡其長褲

P44 彈袋

民用長褲

美軍的M36帆布綁腿

捷克斯洛伐克製Kar98K

阿拉伯聯軍的軍裝

第一次中東戰爭時參戰的阿拉伯諸國軍隊，主力包括埃及軍2個旅、1個沙烏地阿拉伯派遣團，以及約旦軍精銳部隊阿拉伯軍團（2個機械化旅與2個獨立團）。由於兩國都跟英國關係密切，因此輕兵器與車輛大多都是英軍裝備。

SSh-M40鋼盔

Vz.52步槍

埃及軍特有沙黃色野戰服

《埃及軍 步兵下士》

套上偽裝網的Mk.I鋼盔

丹寧布連身服

《埃及軍 陸軍少將》
軍官制服與制帽型式皆比照英軍。

P1907刺刀

蘇軍防護面具袋

《埃及軍 步兵部隊士兵》

第一次中東戰爭後，埃及開始接受蘇聯等共產陣營的軍事援助，因此蘇式裝備開始增加。

未穿軍靴，而是穿涼鞋

恩菲爾德步槍

《 約旦軍 阿拉伯軍團裝甲車乘員 》

P40戰鬥服

槍套

P40戰鬥褲

《 約旦軍 阿拉伯軍團中士 》

有阿拉伯軍團帽徽的希賈布頭巾

M1928A1衝鋒槍

P40戰鬥服

P37彈袋

P37綁腿

半筒軍靴

《 約旦軍 塔拉勒國王步兵旅下士 》

配備M1步槍，因此使用美製彈藥腰帶。

M1步槍

美製彈藥腰帶

47

第三次中東戰爭
地面戰

第三次中東戰爭

■第三次中東戰爭
（1967年6月5～10日）

第二次中東戰爭結束過後11年的1967年，以色列與阿拉伯陣營又再度陷入緊張。1964年成立的巴勒斯坦解放組織（PLO）在以色列國內進行恐怖活動日益加劇，敘利亞則在前一年發生政變，由支持PLO的政府上台，使得敘利亞軍開始從戈蘭高地對以色列境內展開砲擊。為此，以色列空軍於4月派出軍機空襲敘利亞軍陣地，使該地軍事活動日益頻繁。在此同時，埃及也於5月14日派遣軍隊進駐西奈半島，要求駐紮該地的聯合國緊急部隊撤離。22日，埃及

封鎖亞喀巴灣的蒂朗海峽，禁止以色列船舶通行。埃及進一步與敘利亞、約旦簽署共同防禦條約，對以色列展現強硬姿態。

阿拉伯陣營除了有以上一連串舉動，各國也在蘇聯軍事援助下補充了第二次中東戰爭損失的兵器，並取得新型兵器，日益增強軍備，使得以色列倍感威脅。為了突破這種狀況，以色列決定先發制人，出手攻擊阿拉伯軍。1967年6月5日，以色列空軍發動奇襲，開啟第三次中東戰爭。

以色列的奇襲相當成功，令阿拉伯陣營在各戰線皆告潰敗，僅花6天便分出勝負，以色列軍獲得壓倒性勝利。

《西奈半島周邊》

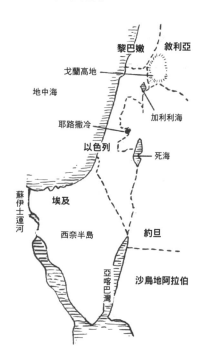

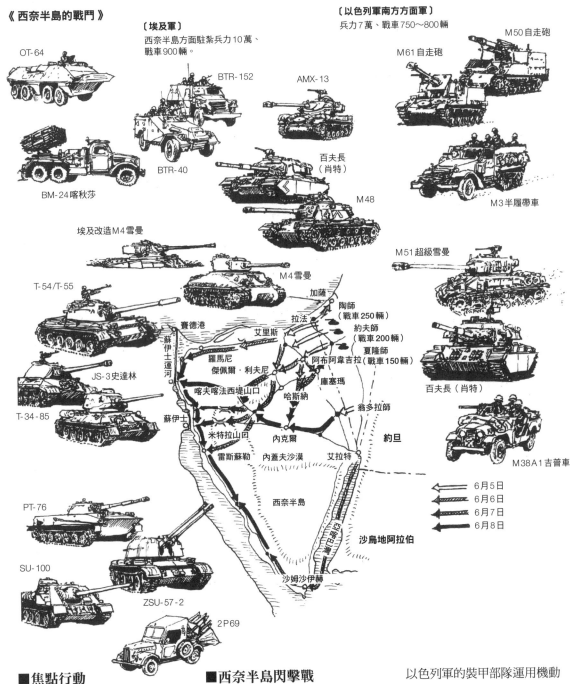

《西奈半島的戰鬥》

〔埃及軍〕
西奈半島方面駐紮兵力10萬、
戰車900輛。

〔以色列軍南方方面軍〕
兵力7萬、戰車750～800輛

OT-64

BTR-152

AMX-13

M50自走砲

M61自走砲

BM-24喀秋莎

BTR-40

百夫長
（肖特）

M48

M3半履帶車

埃及改造M4雪曼

M4雪曼

M51超級雪曼

T-54/T-55

加薩

拉法

賽德港

艾里斯

陶師
（戰車250輛）

約夫師
（戰車200輛）

夏隆師
（戰車150輛）

JS-3史達林

蘇伊士運河

羅馬尼
傑佩爾·利夫尼

阿布阿韋吉拉

庫塞瑪

百夫長（肖特）

T-34-85

喀夫喀法西堤山口

蘇伊士

哈斯納

翁多拉師

約旦

M38A1吉普車

米特拉山口

內克爾

雷斯蘇勒

內蓋夫沙漠

艾拉特

6月5日
6月6日
6月7日
6月8日

PT-76

西奈半島

沙烏地阿拉伯

SU-100

ZSU-57-2

2P69

沙姆沙伊赫

■焦點行動

6月5日拂曉，以色列空軍機避開雷達警戒網，以低空飛行空襲阿拉伯各國空軍基地，一舉摧毀敵航空基地與飛機，作戰首日便癱瘓阿拉伯陣營的空軍戰力。透過這場攻擊，以色列軍僅花1天便掌握制空權，讓空地一體作戰能有效進行。

■西奈半島閃擊戰

以色列軍地面部隊在空軍發動奇襲的同時，派出3個裝甲師作為主力，開始進攻西奈半島及加薩地區。佈署於西奈半島的埃及軍雖有5個步兵師與2個裝甲師，但在遭受攻擊後，埃及軍便於各地潰退，開始撤往蘇伊士運河方面。

以色列軍的裝甲部隊運用機動力展開追擊，先鋒部隊在開戰第4天的6月8日便開抵蘇伊士運河，以色列軍於開戰第6天成功占領整個西奈半島。

■約旦方面的作戰

與埃及簽有軍事同盟的約旦，於6月5日對耶路撒冷與特拉維夫方面的以色列軍展開攻擊，並

在耶路撒冷跨越停戰線發起戰鬥。

以色列軍在同一天對耶路撒冷舊城區展開規復作戰，投入1個空降旅與1個裝甲旅。雖然約旦軍也派出1個旅增援，但卻被以色列軍擊退，耶路撒冷舊城區於6月6日被以色列占領。以色列軍接著挺進約旦河西岸地區，約旦軍於7日傍晚撤退至東岸。

埃及與約旦在6月8日接受聯合國安理會的停戰決議，敘利亞也於10日接受停戰，第三次中東戰爭結束。

■占領戈蘭高地

敘利亞在開戰時並不十分主動，只對以色列軍展開砲擊。以色列軍也對敘利亞軍在戈蘭高地構築的「小馬奇諾線」謹慎以對，當初並未發動攻擊，要等到6月9日才開始進攻戈蘭高地。以色列軍靠著空中支援與白刃戰突破敘利亞軍防線，於6月10日占領該地。

《約旦河西岸與戈蘭高地》

〔敘利亞軍〕
兵力6萬3000、戰車750輛

〔以色列北部方面軍〕
兵力4個師、戰車200輛

〔約旦軍〕
兵力5萬5000、戰車288輛

黎巴嫩
提爾哈法姆
庫奈特拉
小馬奇諾線
AMX-13
波特米亞
IV號戰車
當作碉堡使用。
亞瑪戈
加利利海
埃爾阿爾
T-34-85
76.2mm野砲
M7牧師式
M51超級雪曼
T-54/T-55
M3半履帶車
機械化步兵的主力裝甲車。
BTR-152
AML-90
M51超級雪曼
M52自走砲
M113
約旦河
百夫長（肖特）
M48
百夫長
以色列
百夫長（肖特）
M47
特拉維夫
傑寧
奎巴提亞
納布盧斯
薩拉丁
荒原路華
拉馬拉
耶利哥
耶路撒冷
死海

51

雙方陣營的輕兵器

以色列自製的UZI衝鋒槍

第一次中東戰爭後，由IMI公司研製的以色列首款自製輕兵器。1951年為以色列軍採用，1954年開始生產，依序配賦特種部隊、車輛部隊、砲兵部隊、步兵部隊等單位。

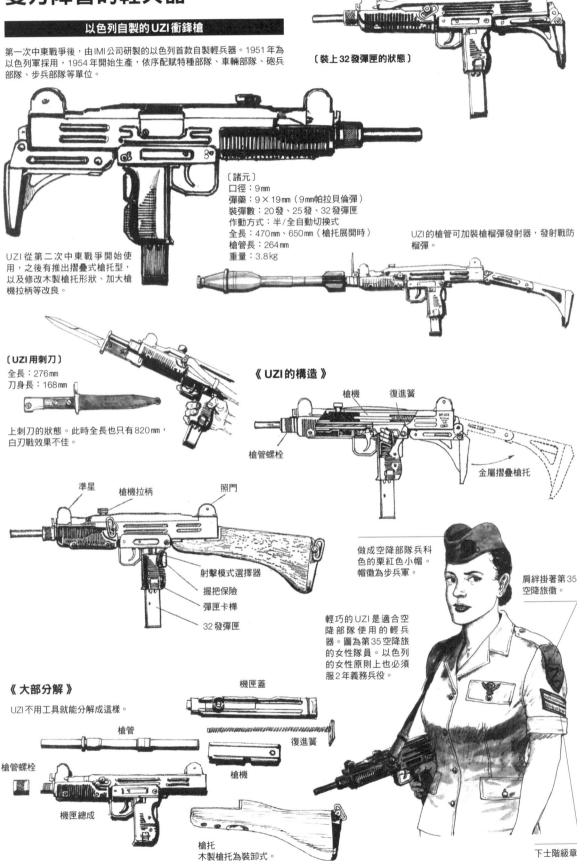

〔裝上32發彈匣的狀態〕

UZI從第二次中東戰爭開始使用，之後有推出摺疊式槍托型，以及修改木製槍托形狀、加大槍機拉柄等改良。

〔諸元〕
口徑：9mm
彈藥：9×19（9mm帕拉貝倫彈）
裝彈數：20發、25發、32發彈匣
作動方式：半/全自動切換式
全長：470mm、650mm（槍托展開時）
槍管長：264mm
重量：3.8kg

UZI的槍管可加裝槍榴彈發射器，發射戰防榴彈。

〔UZI用刺刀〕
全長：276mm
刀身長：168mm

上刺刀的狀態。此時全長也只有820mm，白刃戰效果不佳。

《UZI的構造》

槍機　復進簧

槍管螺栓

金屬摺疊槍托

準星　槍機拉柄　照門

射擊模式選擇器
握把保險
彈匣卡榫
32發彈匣

做成空降部隊兵科色的栗紅色小帽。帽徽為步兵軍。

肩絆掛著第35空降旅徽。

輕巧的UZI是適合空降部隊使用的輕兵器。圖為第35空降旅的女性隊員。以色列的女性原則上也必須服2年義務兵役。

《大部分解》

UZI不用工具就能分解成這樣。

機匣蓋

槍管

復進簧

槍管螺栓

槍機

機匣總成

槍托
木製槍托為裝卸式。

下士階級章

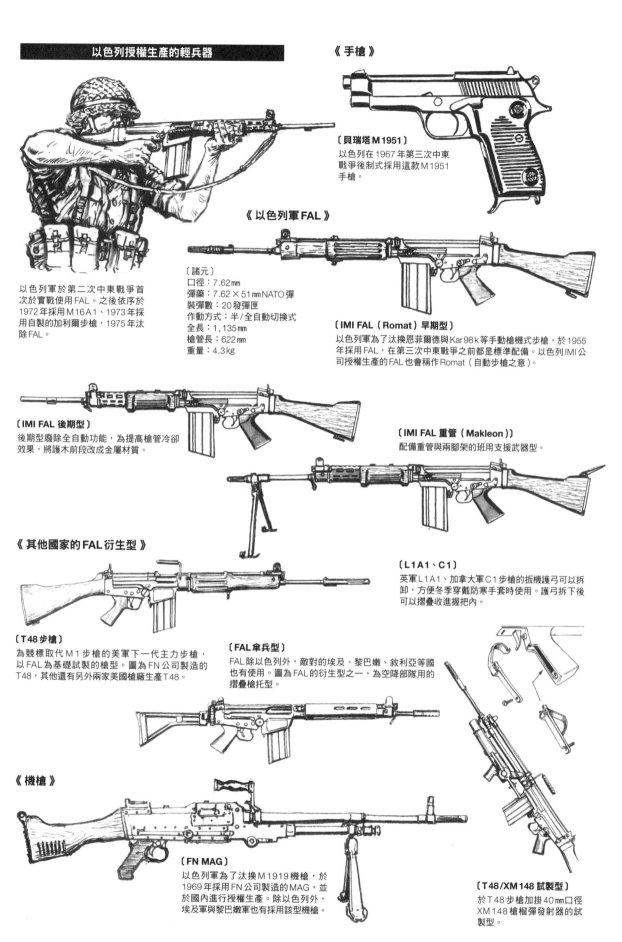

以色列授權生產的輕兵器

《手槍》

〔貝瑞塔M1951〕
以色列在1967年第三次中東戰爭後制式採用這款M1951手槍。

以色列軍於第二次中東戰爭首次於實戰使用FAL。之後依序於1972年採用M16A1、1973年採用自製的加利爾步槍，1975年汰除FAL。

《以色列軍FAL》

〔諸元〕
口徑：7.62mm
彈藥：7.62×51mm NATO彈
裝彈數：20發彈匣
作動方式：半/全自動切換式
全長：1,135mm
槍管長：622mm
重量：4.3kg

〔IMI FAL（Romat）早期型〕
以色列軍為了汰換恩菲爾德與Kar98k等手動槍機式步槍，於1955年採用FAL，在第三次中東戰爭之前都是標準配備。以色列IMI公司授權生產的FAL也會稱作Romat（自動步槍之意）。

〔IMI FAL 後期型〕
後期型廢除全自動功能，為提高槍管冷卻效果，將護木前段改成金屬材質。

〔IMI FAL 重管（Makleon）〕
配備重管與兩腳架的班用支援武器型。

《其他國家的FAL衍生型》

〔L1A1、C1〕
英軍L1A1、加拿大軍C1步槍的扳機護弓可以拆卸，方便冬季戴防寒手套時使用。護弓拆下後可以摺疊收進握把內。

〔T48步槍〕
為競標取代M1步槍的美軍下一代主力步槍，以FAL為基礎試製的槍型。圖為FN公司製造的T48，其他還有另外兩家美國槍廠生產T48。

〔FAL 傘兵型〕
FAL除以色列外，敵對的埃及、黎巴嫩、敘利亞等國也有使用。圖為FAL的衍生型之一，為空降部隊用的摺疊槍托型。

《機槍》

〔FN MAG〕
以色列軍為了汰換M1919機槍，於1969年採用FN公司製造的MAG，並於國內進行授權生產。除以色列外，埃及軍與黎巴嫩軍也有採用該型機槍。

〔T48/XM148 試製型〕
於T48步槍加掛40mm口徑XM148槍榴彈發射器的試製型。

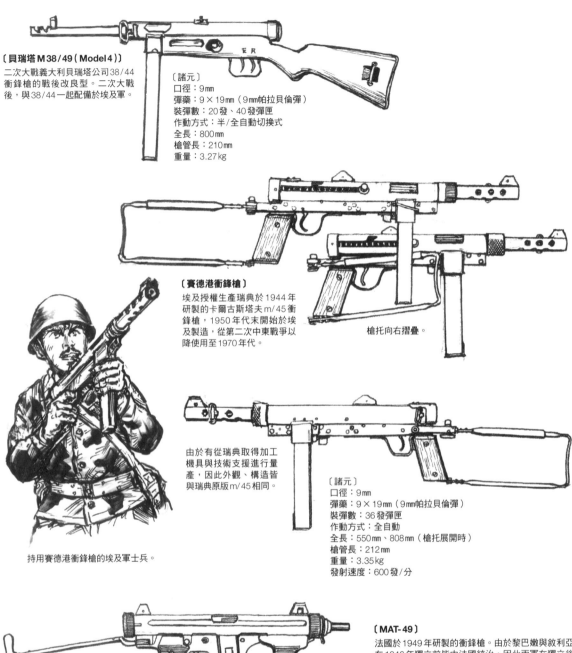

〔貝瑞塔 M 38/49（Model 4）〕
二次大戰義大利貝瑞塔公司 38/44
衝鋒槍的戰後改良型。二次大戰
後，與 38/44 一起配備於埃及軍。

〔諸元〕
口徑：9mm
彈藥：9×19mm（9mm帕拉貝倫彈）
裝彈數：20發、40發彈匣
作動方式：半/全自動切換式
全長：800mm
槍管長：210mm
重量：3.27kg

〔賽德港衝鋒槍〕
埃及授權生產瑞典於 1944 年
研製的卡爾古斯塔夫 m/45 衝
鋒槍，1950 年代末開始於埃
及製造，從第二次中東戰爭以
降使用至 1970 年代。

槍托向右摺疊。

持用賽德港衝鋒槍的埃及軍士兵。

由於有從瑞典取得加工
機具與技術支援進行量
產，因此外觀、構造皆
與瑞典原版 m/45 相同。

〔諸元〕
口徑：9mm
彈藥：9×19mm（9mm帕拉貝倫彈）
裝彈數：36發彈匣
作動方式：全自動
全長：550mm、808mm（槍托展開時）
槍管長：212mm
重量：3.35kg
發射速度：600發/分

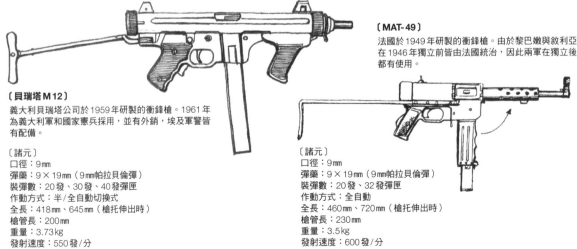

〔MAT-49〕
法國於 1949 年研製的衝鋒槍。由於黎巴嫩與敘利亞
在 1946 年獨立前皆由法國統治，因此兩軍在獨立後
都有使用。

〔貝瑞塔 M 12〕
義大利貝瑞塔公司於 1959 年研製的衝鋒槍。1961 年
為義大利軍和國家憲兵採用，並有外銷，埃及軍警皆
有配備。

〔諸元〕
口徑：9mm
彈藥：9×19mm（9mm帕拉貝倫彈）
裝彈數：20發、30發、40發彈匣
作動方式：半/全自動切換式
全長：418mm、645mm（槍托伸出時）
槍管長：200mm
重量：3.73kg
發射速度：550發/分

〔諸元〕
口徑：9mm
彈藥：9×19mm（9mm帕拉貝倫彈）
裝彈數：20發、32發彈匣
作動方式：全自動
全長：460mm、720mm（槍托伸出時）
槍管長：230mm
重量：3.5kg
發射速度：600發/分

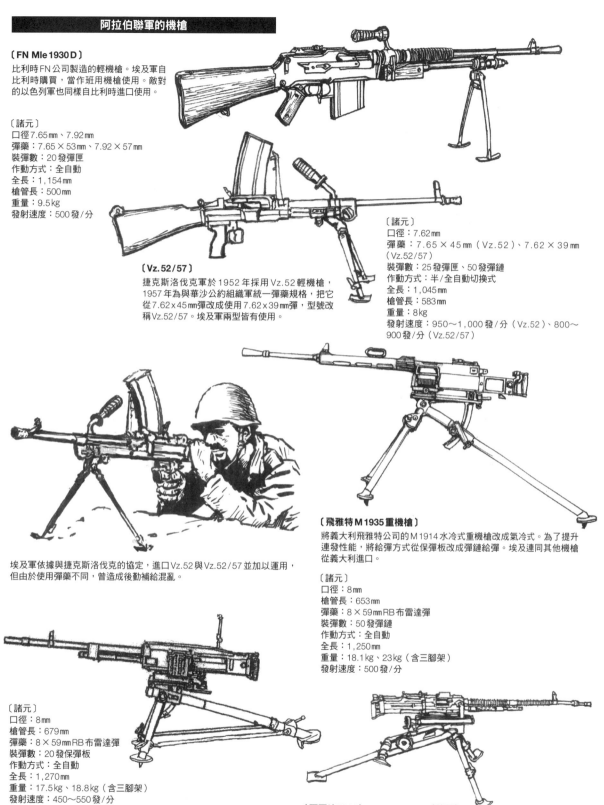

阿拉伯聯軍的機槍

〔FN Mle 1930 D〕

比利時FN公司製造的輕機槍。埃及軍自
比利時購買，當作班用機槍使用。敵對
的以色列軍也同樣自比利時進口使用。

〔諸元〕
口徑7.65mm、7.92mm
彈藥：7.65×53mm、7.92×57mm
裝彈數：20發彈匣
作動方式：全自動
全長：1,154mm
槍管長：500mm
重量：9.5kg
發射速度：500發/分

〔Vz.52/57〕

捷克斯洛伐克軍於1952年採用Vz.52輕機槍，
1957年為與華沙公約組織軍統一彈藥規格，把它
從7.62x45mm彈改成使用7.62x39mm彈，型號改
稱Vz.52/57。埃及軍兩型皆有使用。

〔諸元〕
口徑：7.62mm
彈藥：7.65×45mm（Vz.52）、7.62×39mm
（Vz.52/57）
裝彈數：25發彈匣、50發彈鏈
作動方式：半/全自動切換式
全長：1,045mm
槍管長：583mm
重量：8kg
發射速度：950～1,000發/分（Vz.52）、800～
900發/分（Vz.52/57）

埃及軍依據與捷克斯洛伐克的協定，進口Vz.52與Vz.52/57並加以運用，
但由於使用彈藥不同，曾造成後勤補給混亂。

〔飛雅特 M 1935 重機槍〕

將義大利飛雅特公司的M 1914水冷式重機槍改成氣冷式。為了提升
連發性能，將給彈方式從保彈板改成彈鏈給彈。埃及連同其他機槍
從義大利進口。

〔諸元〕
口徑：8mm
槍管長：653mm
彈藥：8×59mm RB布雷達彈
裝彈數：50發彈鏈
作動方式：全自動
全長：1,250mm
重量：18.1kg、23kg（含三腳架）
發射速度：500發/分

〔諸元〕
口徑：8mm
槍管長：679mm
彈藥：8×59mm RB布雷達彈
裝彈數：20發保彈板
作動方式：全自動
全長：1,270mm
重量：17.5kg、18.8kg（含三腳架）
發射速度：450～550發/分

〔布雷達 M 1937 重機槍〕

1937年義大利軍制式採用的8mm口徑重機槍。連發能力、威力、
耐用性等皆頗受好評。裝彈使用保彈板，子彈上膛擊發後並不會
將彈殼拋出，而是會裝回保彈板，構造頗具特色。第一次中東戰
爭時，埃及軍配備的M13/40中戰車有搭載以這款M1937為基礎
製造的M1938車載機槍。

〔阿爾法 M 44〕

1943年西班牙研製的重機
槍。1955年也有推出將彈藥
修改為7.62×51mm NATO彈
規格的M55。埃及軍於第二
次、第三次中東戰爭使用。

〔諸元〕
口徑：7.92mm
槍管長：750mm
彈藥：7.92×57mm（8mm毛瑟彈）
裝彈數：50發彈鏈
作動方式：全自動
全長：1,450mm
重量：13kg
發射速度：450～550發/分

以色列自製的IMI加利爾突擊步槍

由於當時作為主力步槍的FAL在第二次／第三次中東戰爭中顯露不少缺點，因此以色列決定研製新型主力步槍加利爾。加利爾在第四次中東戰爭剛結束的1974年開始配賦部隊運用，除了軍隊之外，邊防衛隊與警察等也有使用。2020年之前已階段性汰除，目前已換裝為M16A2、M4卡賓槍、塔沃爾TAR-21等。

〔蘇造AK-47〕

〔芬蘭造瓦梅特Rk62〕

〔以色列自製加利爾ARM〕

以色列軍之前使用的FAL在沙漠作戰時有作動不良的問題，且長度過長，不利搭乘車輛移動。相對於此，阿拉伯聯軍使用的AK-47、AKM即便在嚴酷的沙漠環境下也能作動自如，發揮優異性能。以色列軍甚至還有一些部隊會使用繳獲自阿拉伯聯軍的AK-47，取代難用的FAL。加利爾突擊步槍是以色列主力步槍自製計畫的產物，在設計上有參考AK-47與芬蘭的瓦梅特Rk62等槍型。

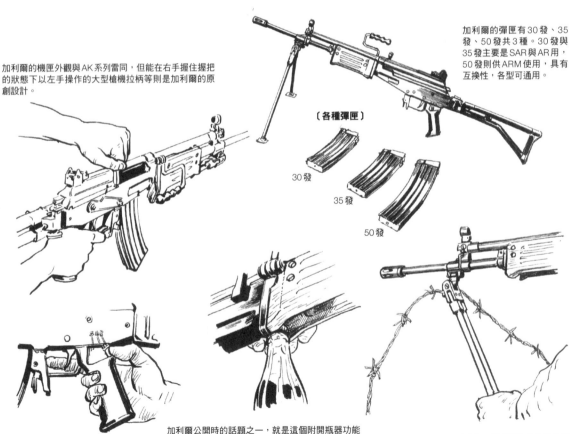

加利爾的彈匣有30發、35發、50發共3種。30發與35發主要是SAR與AR用，50發則供ARM使用，具有互換性，各型可通用。

加利爾的機匣外觀與AK系列雷同，但能在右手握住握把的狀態下以左手操作的大型槍機拉柄等則是加利爾的原創設計。

〔各種彈匣〕

30發

35發

50發

射擊模式選擇器也能在握住握把的狀態下操作。

加利爾公開時的話題之一，就是這個附開瓶器功能的護木。由於之前士兵在戰場上常會利用槍枝的某些部位開啟瓶蓋，導致槍枝零件變形，便索性加上這個設計。

兩腳架根部具有破壞剪功能，將兩腳架自收納位置轉至展開位置時可以用來剪斷鐵絲網等。

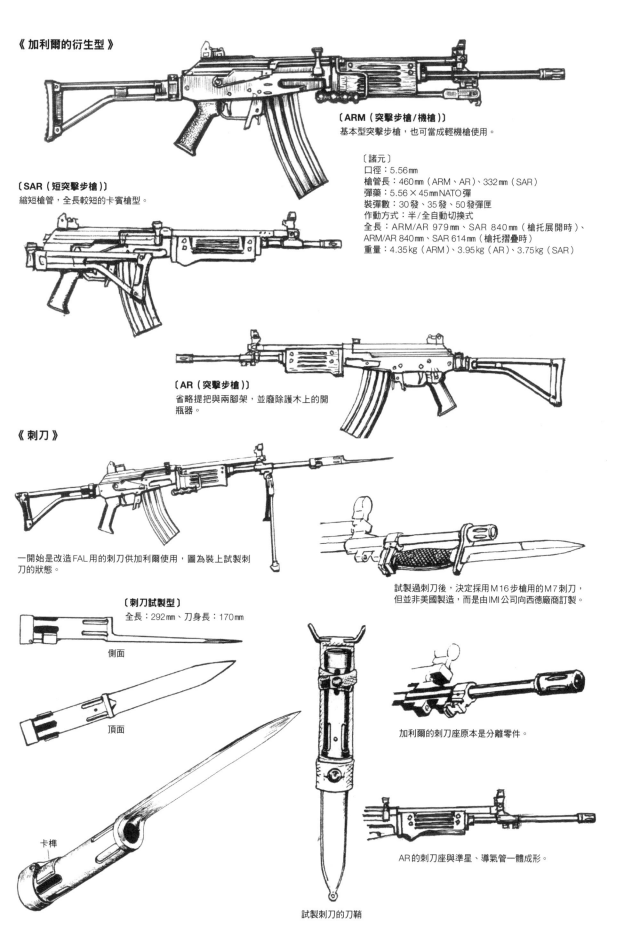

《加利爾的衍生型》

〔ARM（突擊步槍/機槍）〕
基本型突擊步槍，也可當成輕機槍使用。

〔SAR（短突擊步槍）〕
縮短槍管，全長較短的卡賓槍型。

〔諸元〕
口徑：5.56mm
槍管長：460mm（ARM、AR）、332mm（SAR）
彈藥：5.56×45mm NATO彈
裝彈數：30發、35發、50發彈匣
作動方式：半/全自動切換式
全長：ARM/AR 979mm、SAR 840mm（槍托展開時）、
ARM/AR 840mm、SAR 614mm（槍托摺疊時）
重量：4.35kg（ARM）、3.95kg（AR）、3.75kg（SAR）

〔AR（突擊步槍）〕
省略提把與兩腳架，並廢除護木上的開瓶器。

《刺刀》

一開始是改造FAL用的刺刀供加利爾使用，圖為裝上試製刺刀的狀態。

試製過刺刀後，決定採用M16步槍用的M7刺刀，但並非美國製造，而是由IMI公司向西德廠商訂製。

〔刺刀試製型〕
全長：292mm、刀身長：170mm

側面

頂面

卡榫

加利爾的刺刀座原本是分離零件。

AR的刺刀座與準星、導氣管一體成形。

試製刺刀的刀鞘

M16突擊步槍

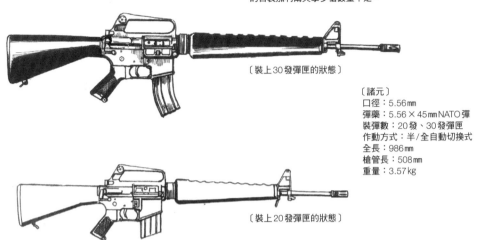

《M16A1》

以色列軍於1972年採用M16A1，並於翌年第四次中東戰爭期間開始配賦。1975年透過與美國的軍事援助協定進口6萬挺，以彌補生產速度過慢的自製加利爾突擊步槍數量不足。

〔裝上30發彈匣的狀態〕

〔裝上20發彈匣的狀態〕

〔諸元〕
口徑：5.56mm
彈藥：5.56×45mm NATO彈
裝彈數：20發、30發彈匣
作動方式：半／全自動切換式
全長：986mm
槍管長：508mm
重量：3.57kg

《大部分解》

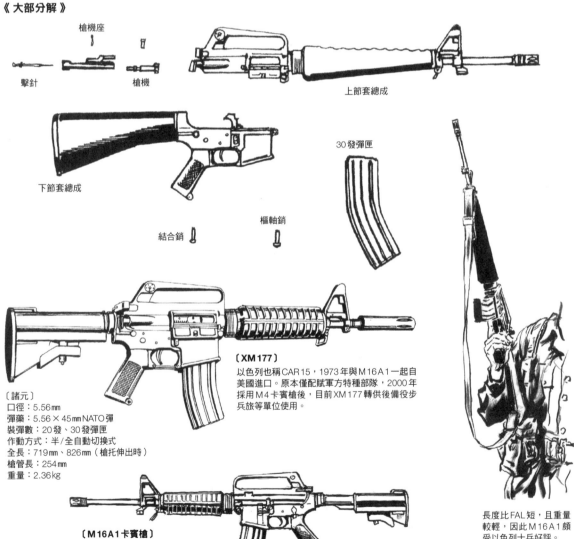

槍機座

擊針

槍機

上節套總成

下節套總成

30發彈匣

結合銷

櫃軸銷

〔XM177〕
以色列也稱CAR15，1973年與M16A1一起自美國進口。原本僅配賦軍方特種部隊，2000年採用M4卡賓槍後，目前XM177轉供後備役步兵旅等單位使用。

〔諸元〕
口徑：5.56mm
彈藥：5.56×45mm NATO彈
裝彈數：20發、30發彈匣
作動方式：半／全自動切換式
全長：719mm、826mm（槍托伸出時）
槍管長：254mm
重量：2.36kg

〔M16A1卡賓槍〕
柯特公司製造的370mm短槍管卡賓槍型M653。以色列軍於1990年代開始配備。

長度比FAL短，且重量較輕，因此M16A1頗受以色列士兵好評。

其他輕兵器

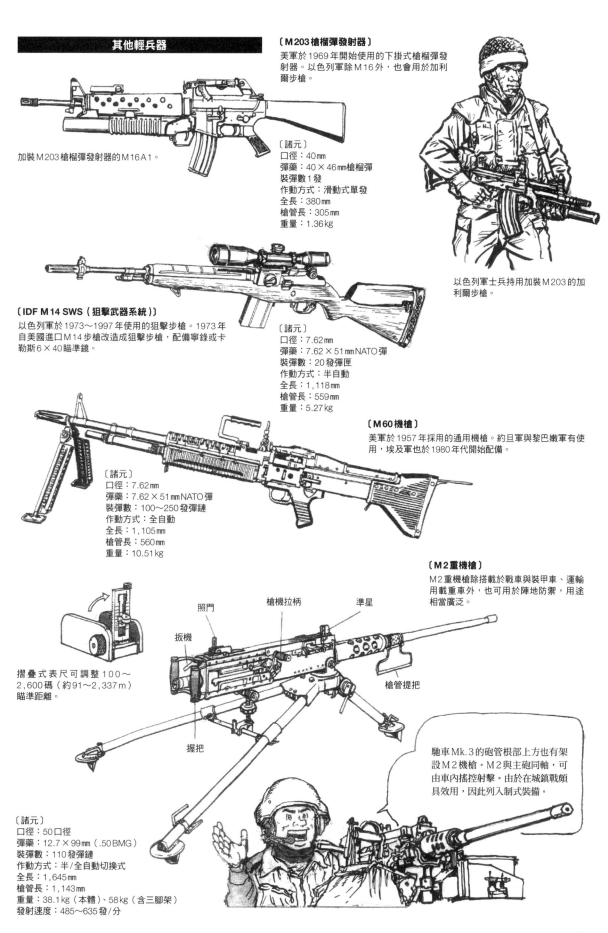

加裝M203槍榴彈發射器的M16A1。

〔M203槍榴彈發射器〕
美軍於1969年開始使用的下掛式槍榴彈發
射器。以色列軍除M16外,也會用於加利
爾步槍。

〔諸元〕
口徑:40mm
彈藥:40×46mm槍榴彈
裝彈數1發
作動方式:滑動式單發
全長:380mm
槍管長:305mm
重量:1.36kg

以色列軍士兵持用加裝M203的加
利爾步槍。

〔IDF M14 SWS(狙擊武器系統)〕
以色列軍於1973~1997年使用的狙擊步槍。1973年
自美國進口M14步槍改造成狙擊步槍,配備寧錄或卡
勒斯6×40瞄準鏡。

〔諸元〕
口徑:7.62mm
彈藥:7.62×51mm NATO彈
裝彈數:20發彈匣
作動方式:半自動
全長:1,118mm
槍管長:559mm
重量:5.27kg

〔M60機槍〕
美軍於1957年採用的通用機槍。約旦軍與黎巴嫩軍有使
用,埃及軍也於1980年代開始配備。

〔諸元〕
口徑:7.62mm
彈藥:7.62×51mm NATO彈
裝彈數:100~250發彈鏈
作動方式:全自動
全長:1,105mm
槍管長:560mm
重量:10.51kg

〔M2重機槍〕
M2重機槍除搭載於戰車與裝甲車、運輸
用載重車外,也可用於陣地防禦,用途
相當廣泛。

摺疊式表尺可調整100~
2,600碼(約91~2,337m)
瞄準距離。

照門
槍機拉柄
準星
扳機
槍管提把
握把

馳車Mk.3的砲管根部上方也有架
設M2機槍。M2與主砲同軸,可
由車內搖控射擊。由於在城鎮戰頗
具效用,因此列入制式裝備。

〔諸元〕
口徑:50口徑
彈藥:12.7×99mm(.50 BMG)
裝彈數:110發彈鏈
作動方式:半/全自動切換式
全長:1,645mm
槍管長:1,143mm
重量:38.1kg(本體)、58kg(含三腳架)
發射速度:485~635發/分

這就是
M16A1突擊
步槍。

照門
準星
避火罩
彈匣
（30發）
槍托　握把

M16使用小口徑的高速彈，是
有效射程200m的近距離戰鬥
用自動步槍，以色列軍接受美
國軍事援助，自1975年開始
配備。

《保險操作》

彈匣卡榫
槍機拉柄
藥室
射擊模式選擇器

①按下彈匣卡榫，卸下彈匣。

②將槍機拉柄向後拉，檢查藥室內有無子彈殘留。

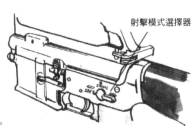

③將選擇器轉至SAFE（保險）位置。

《射擊模式選擇器》

選擇器可切換SAFE（保險）、
SEMI（半自動）、AUTO（全
自動），上膛時必須關至保險
位置。左側的槍機擋板可讓槍
機固定在後退位置，按下槍機
擋板上半部，則可送上槍機完
成閉鎖。將槍機拉柄向後拉，
使槍機與槍機座後退。

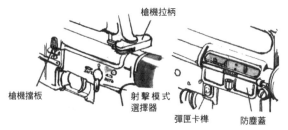

槍機拉柄

槍機擋板
射擊模式
選擇器
彈匣卡榫　防塵蓋

《防塵蓋》

按下扳機上方的彈匣卡榫，就
能卸下彈匣。拋殼口有防塵
蓋，可防止異物入侵。防塵蓋
在槍機後退時會自動開啟。

《扳機護弓》

為方便穿戴防寒手套時扣引扳機，按下前方
按鈕可打開扳機護弓。

《照門》

L型覘孔可切換0～300m與
300～500m（有L刻印）。
左右能以旋鈕調整。

《準星》

準星可調整高低。朝UP箭頭
方向按下按鈕後旋轉調整。
100m為2.8cm、200m為
5.6cm，可調整著彈點。

《槍機助進器》

若槍機閉鎖不完全，
可按下槍機助進器進
行強制閉鎖。

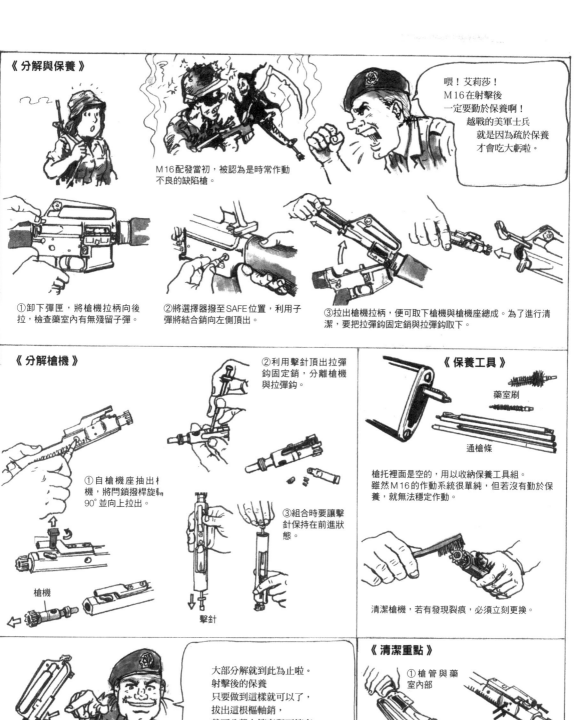

《分解與保養》

喂！艾莉莎！
M16在射擊後
一定要勤於保養啊！
越戰的美軍士兵
就是因為疏於保養
才會吃大虧啦。

M16配發當初，被認為是時常作動
不良的缺陷槍。

①卸下彈匣，將槍機拉柄向後拉，檢查藥室內有無殘留子彈。

②將選擇器撥至SAFE位置，利用子彈將結合銷向左側頂出。

③拉出槍機拉柄，便可取下槍機與槍機座總成。為了進行清潔，要把拉彈鉤固定銷與拉彈鉤取下。

《分解槍機》

①自槍機座抽出撞機，將閂鎖撥桿旋轉90°並向上拉出。

②利用擊針頂出拉彈鉤固定銷，分離槍機與拉彈鉤。

③組合時要讓擊針保持在前進狀態。

槍機

擊針

《保養工具》

藥室刷

通槍條

槍托裡面是空的，用以收納保養工具組。
雖然M16的作動系統很單純，但若沒有勤於保養，就無法穩定作動。

清潔槍機，若有發現裂痕，必須立刻更換。

大部分解就到此為止啦。
射擊後的保養
只要做到這樣就可以了，
拔出這根樞軸銷，
就可分離上節套與下節套。
如何？珊蒂，
要試試看全部分解嗎？

哎呦～～～
報告班長～～～
拜託這次只要拆到
這樣就好了啦～～

《清潔重點》

①槍管與藥室內部

④槍機座上油

②槍機氣室

③清潔氣體缸管

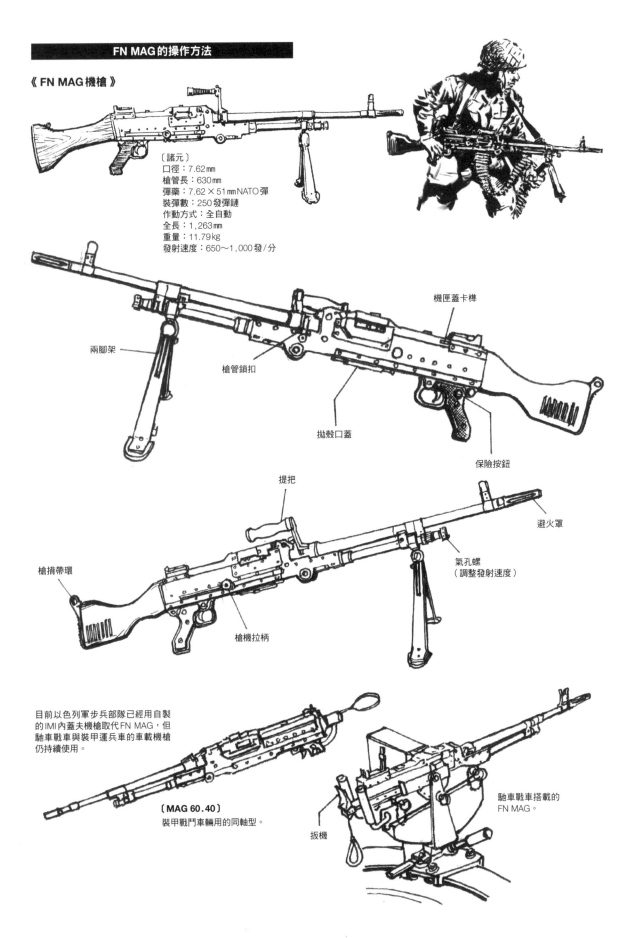

FN MAG 的操作方法

《 FN MAG 機槍 》

〔諸元〕
口徑：7.62mm
槍管長：630mm
彈藥：7.62×51mm NATO彈
裝彈數：250發彈鏈
作動方式：全自動
全長：1,263mm
重量：11.79kg
發射速度：650～1,000發／分

機匣蓋卡榫

兩腳架

槍管鎖扣

拋殼口蓋

保險按鈕

提把

避火罩

槍揹帶環

氣孔螺
（調整發射速度）

槍機拉柄

目前以色列軍步兵部隊已經用自製
的IMI內蓋夫機槍取代 FN MAG，但
馳車戰車與裝甲運兵車的車載機槍
仍持續使用。

〔MAG 60.40〕
裝甲戰鬥車輛用的同軸型。

馳車戰車搭載的
FN MAG。

扳機

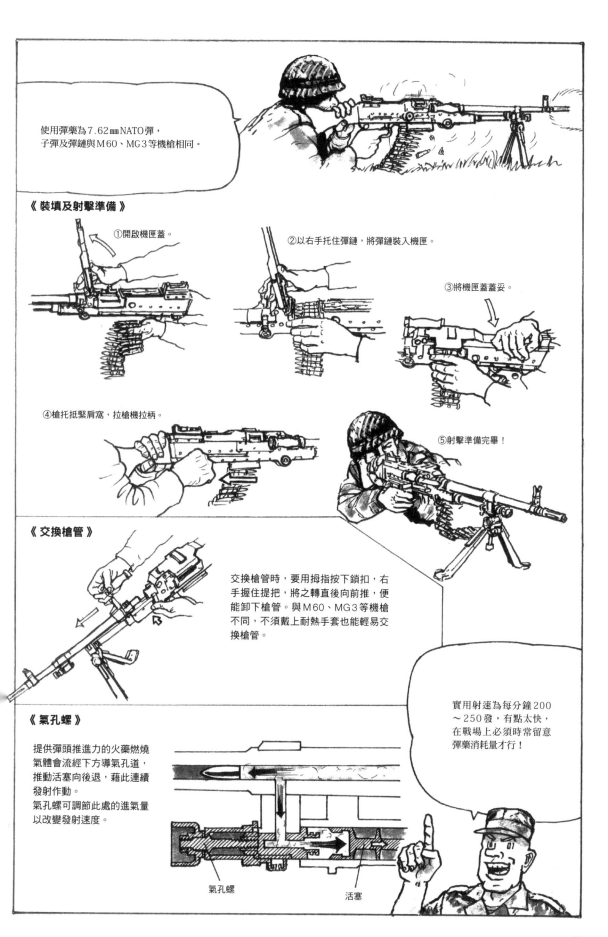

使用彈藥為7.62㎜NATO彈，
子彈及彈鏈與M60、MG3等機槍相同。

《裝填及射擊準備》

①開啟機匣蓋。

②以右手托住彈鏈，將彈鏈裝入機匣。

③將機匣蓋蓋妥。

④槍托抵緊肩窩，拉槍機拉柄。

⑤射擊準備完畢！

《交換槍管》

交換槍管時，要用拇指按下鎖扣，右手握住提把，將之轉直後向前推，便能卸下槍管。與M60、MG3等機槍不同，不須戴上耐熱手套也能輕易交換槍管。

實用射速為每分鐘200～250發，有點太快，在戰場上必須時常留意彈藥消耗量才行！

《氣孔螺》

提供彈頭推進力的火藥燃燒氣體會流經下方導氣孔道，推動活塞向後退，藉此連續發射作動。
氣孔螺可調節此處的進氣量以改變發射速度。

氣孔螺

活塞

以色列軍的戰鬥車輛

以色列軍百夫長戰車

以色列於1960年代初期向英國購買60輛中古的百夫長Mk.5，並陸續自各運用國大量蒐購剩餘車輛，使百夫長與M4火力強化型的M50/M51超級雪曼一起成為以色列裝甲部隊的主力戰車。然而，1964年在戈蘭高地與敘利亞軍的戰鬥卻讓百夫長戰車顯露火力不足、機動性差、動力包件可靠度欠佳等缺點。有鑑於此，以色列軍便決定將百夫長的主砲換成L7A1 105㎜戰車砲，藉此提升火力。之後還有將引擎及變速箱換成美造柴油引擎與變速箱，最後甚至還掛上ERA以強化防禦能力，依序進行性能提升。以色列軍將配備原版20磅砲及L7A1 105㎜戰車砲的百夫長稱為「肖特」，換裝動力包件並大幅變更引擎艙配置的改良型則稱為「肖特卡爾」。

《 第3次中東戰爭時的百夫長 》

〔肖特〕

依據1964年戈蘭高地戰役的教訓，將主砲從20磅砲換裝成L7A1 105㎜戰車砲，藉此強化火力。然而，有問題的引擎及變速箱等動力包件卻仍維持原樣。

〔諸元〕
全長：9.85m
全寬：3.39m
全高：2.94m
重量：51.8t
引擎：勞斯萊斯 流星 Mk.ⅣB V型12汽缸液冷汽油引擎
裝甲厚：17～152㎜
武裝：L7A1 105㎜戰車砲×1、M1919A4 7.62㎜機槍×1
乘員：4名

〔諸元〕
全長：9.85m
全寬：3.39m
全高：3.01m
重量：53.82t
引擎：大陸集團AVDS-1790-2A V型12汽缸氣冷柴油引擎
裝甲厚：17～152㎜
武裝：L7A1 105㎜戰車砲×1、M1919A4 7.62㎜機槍×1、M2 12.7㎜重機槍×1
乘員：4名

《 第4次中東戰爭時的百夫長 》

〔肖特卡爾〕

為提升機動性能及動力包件可靠度，將原本的勞斯萊斯流星汽油引擎換成美國大陸集團的AVDS-1790-2A柴油引擎，梅利特布朗Z51R手動變速箱也換成美國艾利森的CD-850-6自動變速箱。為配合更換引擎與變速箱，底盤後方引擎艙的形狀、配置也隨之大幅變更。以色列軍的制式名稱為「肖特卡爾」，但有時也會私下稱其為「本-古里昂」。

以色列軍的超級雪曼

M4雪曼從最早的中東戰爭開始便是以色列軍的主力戰車,但是到了1950年代中期,以埃及軍為首的阿拉伯聯軍卻開始取得T-34-85等威力強大的蘇聯、東歐製戰鬥車輛。以色列軍為了與之對抗,除了引進M4 76.2mm戰車砲型(軍稱為M1超級雪曼),也著手研製M4的火力強化型M50、M51超級雪曼。

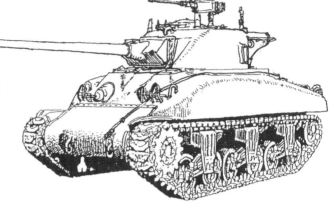

〔M50 Mk.I 超級雪曼〕

為M4換裝AMX-13用法造CN-75-50 75mm戰車砲的火力提升型,自第二次中東戰爭開始投入戰場。為換裝CN-75-50,砲塔前方加裝外突鑄造砲耳蓋,砲塔後方則有擴大,焊接上兼具配重功能的鑄造置物箱。M50 Mk.I基本上是使用大陸集團的汽油引擎,配備VVSS承載系。圖為A1底盤,也有使用A2、A3、A4(此型最多)底盤或混合底盤的車型。

〔諸元〕
重量:34t
引擎:大陸集團R-975-C4星型9汽缸氣冷汽油引擎
武裝:CN-75-50 75mm戰車砲×1、M1919A4 7.62mm機槍×1、M2 12.7mm重機槍×1
乘員:4~5名

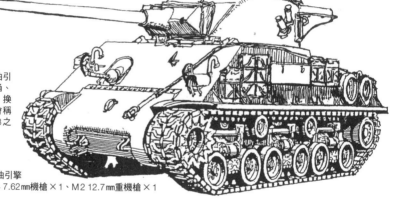

〔M50 Mk.II 超級雪曼〕

進入1960年代後,超級雪曼會換裝康明斯柴油引擎與HVSS承載系,並於底盤側面加掛汽油桶、工具箱、備用承載輪、備用履帶等車外裝備。換裝康明斯柴油引擎與HVSS承載系的後期型會稱為M50 Mk.II以資區別,底盤除了圖中畫的A3之外,M4全型底盤都有使用。

〔諸元〕
重量:34t
引擎:康明斯VT-8-460-B1 V型8汽缸液冷柴油引擎
武裝:CN-75-50 75mm戰車砲×1、M1919A4 7.62mm機槍×1、M2 12.7mm重機槍×1
乘員:4~5名

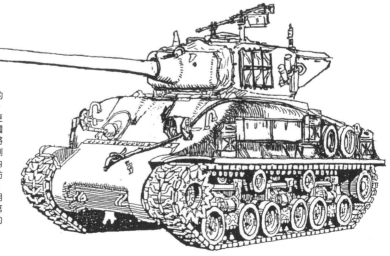

〔M51 超級雪曼〕

到了1960年代,阿拉伯聯軍大量取得火力強大的蘇造JS-3史達林重戰車與最新型的T-54/T-55。以色列軍為了與之對抗,著手研製火力比M50更為強化的M51超級雪曼。戰車砲使用的是以法國AMX-30用CN-105-F1 105mm戰車砲為基礎,將砲管長度從56倍徑縮短為44倍徑,並加裝砲口制退器以抑制後座力的改良型D1505。砲塔使用內部容積較大的76.2mm戰車砲搭載型T23砲塔,防盾配合主砲進行修改,後方置物箱也加大尺寸,兼具配重功能。M51大多使用A1底盤,配備康明斯柴油引擎、HVSS承載系。M51投入第三次/第四次中東戰爭,展現不遜於肖特、馬戈其戰車的活躍。

美造 M48 巴頓戰車系列

《M48系列（馬戈其1～5）》

以色列為了替換M50/M51超級雪曼，選擇百夫長與美國的M48巴頓戰車作為新型主力戰車。以色列於1960年代前期～1970年代自西德與美國取得M48，並且配賦部隊，第3次中東戰爭時M48已經與百夫長並列為以色列軍的主力戰車展現活躍。另外，敵對的約旦軍也有使用M48，以色列軍在該場戰爭中繳獲約旦軍數十輛M48，列入自軍裝備使用。到了第四次中東戰爭時期，所有M48都升級為105mm戰車砲型。

以色列軍原本稱M48為E-48，對其進行獨自修改後又重新命名為「馬戈其」。M48A1的修改型稱為馬戈其1，M48A2的修改型稱為馬戈其2，M48、M48A1/A2/A3換裝105mm戰車砲的車型則稱為馬戈其3，M48A5稱為馬戈其5。

〔M48〕
1953年美軍制式採用的首款M48量產型。主砲使用M41 90mm戰車砲，車長展望塔為較低矮的舊型。

〔諸元〕
全長：8.81m
全寬：3.63m
全高：3.24m
重量：44.9t
引擎：大陸集團AV-1790-5B/7B/7C V型12汽缸氣冷汽油引擎
裝甲厚：25.4～177.8mm
武裝：M41 90mm戰車砲×1、M1919A4E1 7.62mm機槍×1、M2 12.7mm重機槍×1
乘員：4名

M1展望塔

〔M48A3〕
繼M48A1、M48A2之後，於1963年9月制式採用。車長展望塔換裝自A1開始採用的槍塔型M1，動力包件與油壓砲塔控制系統也換成改良型。

〔諸元〕
全長：8.68m
全寬：3.63m
全高：3.28m
重量：48.54t
引擎：大陸集團AVDS-1790-2A V型12汽缸氣冷渦輪增壓柴油引擎
裝甲厚：25.4～177.8mm
武裝：M41 90mm戰車砲×1、M73 7.62mm機槍×1、M2 12.7mm重機槍×1
乘員：4名

〔M48A5〕
M48系列最終型的A5並非全新生產，而是改造自既有的A1～A3。A5修改作業始自1975年10月，最後有2,500輛M48修改成M48A5。主砲換裝M68 105mm戰車砲，車長展望塔換裝成以色列設計的烏爾丹展望塔。

〔諸元〕
全長：9.30m
全寬：3.63m
全高：3.06m
重量：49t
引擎：大陸集團AVDS-1790-2D V型12汽缸氣冷渦輪增壓柴油引擎
裝甲厚：25.4～177.8mm
武裝：M68 105mm戰車砲×1、M60D 7.62mm機槍×2

《M48A1的車內構造》

①M2 12.7mm重機槍
②射手用潛望鏡
③測距儀
④M1919A4E 7.62mm同軸機槍
⑤無線電
⑥M41 90mm戰車砲
⑦射手席
⑧90mm砲彈架（砲塔下方）
⑨90mm砲彈架（底盤內）
⑩駕駛手席
⑪滅火器
⑫機槍彈藥箱
⑬空氣濾淨器
⑭扭力桿
⑮引擎
⑯轉向變速箱
⑰牽引器具
⑱車外電話箱
⑲排氣管消音器
⑳潛望鏡
㉑紅外線潛望鏡
㉒化油器

阿拉伯聯軍的戰鬥車輛

1950年代中期以降，阿拉伯諸國自蘇聯與東歐等國取得大量兵器，因此第三次中東戰爭時期裝甲戰力可說是相當充實。

埃及軍的戰鬥車輛

《 T-34-85中戰車 》

T-34-85是二次大戰後期的蘇軍主力戰車，大戰結束後，蘇聯與東歐諸國仍大量運用，並廣泛提供給第三世界國家。戰後，波蘭與捷克斯洛伐克都有進行授權生產，捷克斯洛伐克製造的T-34-85外銷埃及約820～830輛。第二次中東戰爭、第三次中東戰爭時，T-34-85是埃及軍的主力戰車之一。

〔諸元〕
全長：8.10m
全寬：3.00m
全高：2.72m
重量：32t
引擎：V-2-34 V型12汽缸液冷柴油引擎
裝甲厚：16～90mm
武裝：ZiS-S-53 85mm戰車砲×1、DT 7.62mm機槍×2
乘員：5名

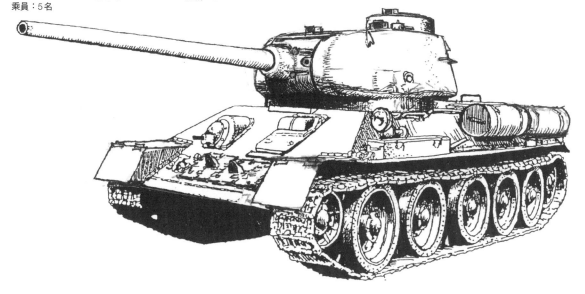

《JS-3史達林重戰車》

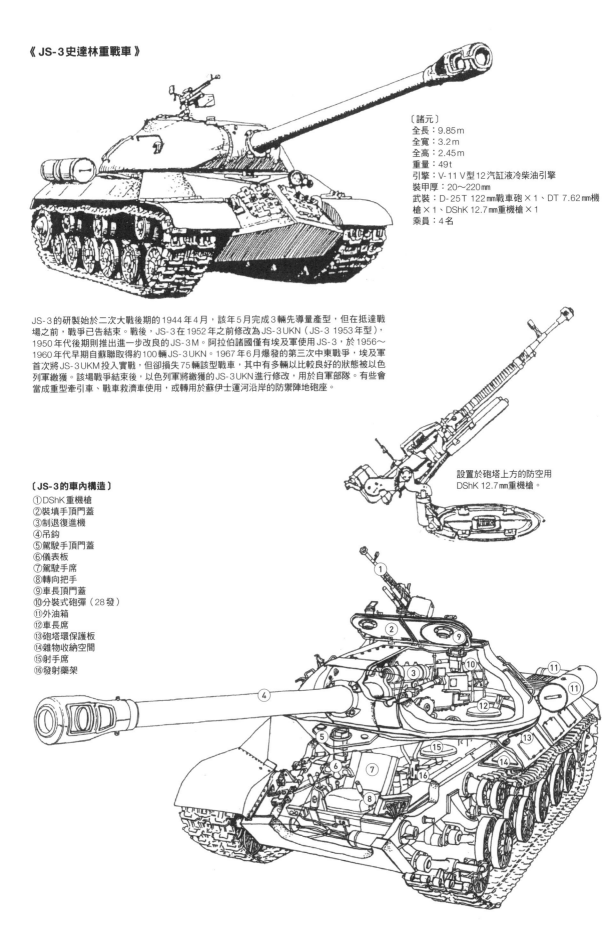

〔諸元〕
全長：9.85m
全寬：3.2m
全高：2.45m
重量：49t
引擎：V-11 V型12汽缸液冷柴油引擎
裝甲厚：20～220mm
武裝：D-25T 122mm戰車砲×1、DT 7.62mm機
槍×1、DShK 12.7mm重機槍×1
乘員：4名

JS-3的研製始於二次大戰後期的1944年4月，該年5月完成3輛先導量產型，但在抵達戰場之前，戰爭已告結束。戰後，JS-3在1952年之前修改為JS-3UKN（JS-3 1953年型），1950年代後期則推出進一步改良的JS-3M。阿拉伯諸國僅有埃及軍使用JS-3，於1956～1960年代早期自蘇聯取得約100輛JS-3UKN。1967年6月爆發的第三次中東戰爭，埃及軍首次將JS-3UKM投入實戰，但卻損失75輛該型戰車，其中有多輛以比較良好的狀態被以色列軍繳獲。該場戰爭結束後，以色列軍將繳獲的JS-3UKN進行改修，用於自軍部隊。有些會當成重型牽引車、戰車救濟車使用，或轉用於蘇伊士運河沿岸的防禦陣地砲座。

設置於砲塔上方的防空用
DShK 12.7mm重機槍。

〔JS-3的車內構造〕
①DShK 重機槍
②裝填手頂門蓋
③制退復進機
④吊鈎
⑤駕駛手頂門蓋
⑥儀表板
⑦駕駛手席
⑧轉向把手
⑨車長頂門蓋
⑩分裝式砲彈（28發）
⑪外油箱
⑫車長席
⑬砲塔環保護板
⑭雜物收納空間
⑮射手席
⑯發射藥架

〔SU-100驅逐戰車〕

二次大戰時期，蘇軍為推出一款能夠擊毀德軍虎式、豹式戰車的車輛，以T-34為基礎，換裝D-5S 85㎜戰防砲，於1943年夏季完成SU-85自走砲。1944年又著手研製沿襲SU-85設計，換用威力更強D-10S 100㎜戰防砲的SU-100，於1944年9月開始生產。SU-100在戰後仍持續量產，1946年之前造出1,675輛，1950年代也在捷克斯洛伐克進行授權生產，而該國製造的車輛大半都出口至埃及。

由於SU-100搭載的D-10S火力相當於蘇聯戰後第一代主力戰車T-54/T-55，因此即便屬於舊型車輛，在反戰車戰鬥中依舊是款有效兵器，埃及軍在第二次～第四次中東戰爭都有使用。圖為蘇軍的SU-100，捷克斯洛伐克製造的會稱為SU-100M，戰鬥艙右側有加裝大型置物箱。

〔諸元〕
全長：9.45m
全寬：3.00m
全高：2.25m
重量：31.6t
引擎：V-2-34 V型12汽缸液冷柴油引擎
裝甲厚：18～45mm
武裝：D-10S 100㎜戰防砲×1
乘員：4名

〔JSU-152重自走砲〕

JSU-152是二次大戰時期蘇軍最強的重型自走砲，它以JS-1/JS-2為基礎，配備152.4㎜榴彈砲ML-20S，火力非常強大，於1943年11月～1947年製造2,825輛。JSU-152在二次大戰後期活躍於對德軍的追擊戰，戰後仍持續運用，在1950年代有進行升級修改，推出JSU-152K與JSU-152M兩種改良型。埃及軍自蘇聯取得約60～65輛JSU-152M，用於第三次中東戰爭與第四次中東戰爭。圖為修改前的JSU-152。

〔諸元〕
全長：9.18m
全寬：3.07m
全高：2.48m
重量：46t
引擎：V-2-IS V型12汽缸液冷柴油引擎
裝甲厚：20～90mm
武裝：ML-20S 152.4㎜榴彈砲×1、DShK 12.7㎜重機槍×1
乘員：5名

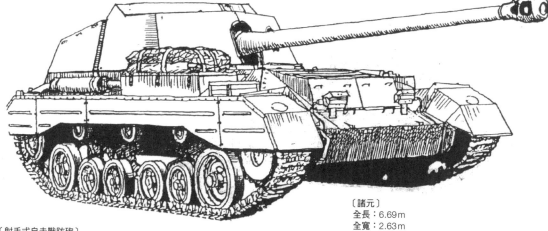

〔射手式自走戰防砲〕

二次大戰時期，英國於1943年中期開始生產，1944年10月配賦英軍部隊。射手式自走戰防砲以瓦倫丁步兵戰車為基礎，底盤前方設置開頂式戰鬥艙，配備朝向後方的17磅戰防砲。二次大戰之後，駐紮中東地區的英軍及大英國協軍將手上的射手式自走戰防砲提供200輛給埃及軍，36輛給約旦軍。

〔諸元〕
全長：6.69m
全寬：2.63m
全高：2.25m
重量：16.765t
引擎：GM6-71 Model 6004直列6汽缸液冷柴油引擎
裝甲厚：8～20mm
武裝：17磅戰防砲×1、7.7㎜布倫機槍×1
乘員：4名

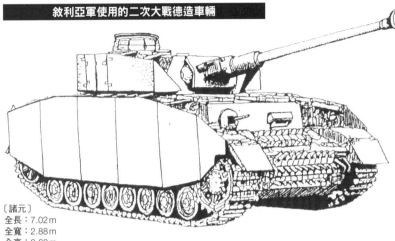

〔IV號戰車J型〕

二次大戰過後，德造裝甲車輛有部份仍在歐洲各國繼續使用。1950年代，為了對抗以色列而強化軍備的敘利亞軍，自捷克斯洛伐克、西班牙、法國等國取得中古二次大戰德國車輛，並且形成戰力，其中之一就是IV號戰車（已知有使用J型，但似乎也有其他型）。敘利亞軍在車長展望塔加裝防空用DShK 12.7mm重機槍，擋泥板上加裝置物箱。配置於戈蘭高地陣地的IV號戰車，曾與以色列軍的M4雪曼和百夫長（肖特）交戰，並留下擊毀M4的記錄。

〔諸元〕
全長：7.02m
全寬：2.88m
全高：2.68m
重量：25t
引擎：邁巴赫HL120TRM112 V型12汽缸液冷汽油引擎
裝甲厚：10～80mm
武裝：KwK40 7.5cm戰車砲×1、MG34 7.92mm機槍×2、DShK 12.7mm重機槍×1
乘員：5名

〔IV號驅逐戰車L/48〕

1950年代，與以色列對峙的敘利亞軍為了強化戰力，自歐洲各國蒐購剩餘兵器。由於大戰才剛結束不久，因此取得兵器也包含許多大戰時期的德造車輛。IV號驅逐戰車是從南斯拉夫取得，據說有6輛。敘利亞軍在第3次中東戰爭的戈蘭高地戰役曾將IV號驅逐戰車配置於陣地當作固定砲台使用。

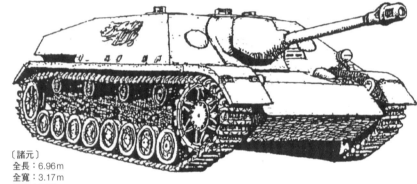

〔諸元〕
全長：6.96m
全寬：3.17m
全高：1.96m
重量：24t
引擎：邁巴赫HL120TRM V型12汽缸液冷汽油引擎
裝甲厚：10～80mm
武裝：PaK39 7.5cm戰防砲×1、M42 7.92mm機槍×1、M85 12.7mm重機槍×1
乘員：4名

〔諸元〕
全長：6.77m
全寬：2.95m
全高：1.85m
重量：23.9t
引擎：邁巴赫HL120TRM V型12汽缸液冷汽油引擎
裝甲厚：11～80mm
武裝：StuK40 75mm突擊砲×1、
MG34 7.92mm機槍×1、DShK 12.7mm重機槍×1
乘員：4名

〔III號突擊砲G型〕

1950年代敘利亞取得的德造車輛也包含III號突擊砲G型，據說這些III號突擊砲是從捷克斯洛伐克與法國取得。敘利亞軍運用時，會在防盾上加裝防禦板、擋泥板上加裝置物箱、車長展望塔加裝防空用DShK 12.7mm重機槍。敘利亞軍於第三次中東戰爭使用後，將其配置於戈蘭高地陣地當作固定砲台使用。

《 T-55戰車 》

〔諸元T-55A〕
全長：9.00m
全寬：3.27m
全高：2.40m
重量：36.5t
引擎：V-55V V型12汽缸液冷柴油引擎
裝甲厚：20～200mm
武裝：D-10T2S 100mm戰車砲×1、PKT 7.62mm機槍×1、
DShKM 12.7mm重機槍×1
乘員：4名

T-55是蘇聯的戰後第一代主力戰車，1950年代後期開始配賦部隊運用，除蘇軍及華沙公約組織軍之外，其他社會主義國家和受蘇聯影響的各國皆有使用。除蘇聯外，捷克斯洛伐克、波蘭也有授權生產，光是這3國就生產了3萬7,000輛T-55及改良型的T-55A。在中東、埃及軍與敘利亞軍有使用T-55。埃及軍於1964～1966年自蘇聯取得150輛T-55，第三次中東戰爭至少損失82輛。為此，埃及軍在該場戰爭結束後又向蘇聯、捷克斯洛伐克、波蘭加購550輛，於1969～1973年接

收。第四次中東戰爭時，T-55與T-62皆為埃及、敘利亞兩軍的主力戰車。另外，第四次中東戰爭時的以色列軍也有運用T-55。以色列軍於第三次中東戰爭大量繳獲埃及軍的T-55，為彌補自軍部隊戰車數量不足，設法將其有效運用。以軍在繳獲車輛的砲塔上方加裝機槍，並加裝各種置物架、置物箱等，配合自軍部隊習慣進型修改，稱為蒂朗5戰車，配賦部隊使用。第四次中東戰爭時，以色列軍再次大量繳獲T-55，這些戰車也修改成蒂朗5構型加以運用。

《 T-55A的車內構 》

①D-10T2S 100mm戰車砲
②瞄準器
③射手用潛望鏡
④車長席
⑤100mm砲彈架
⑥引擎
⑦外油箱
⑧變速箱
⑨裝填手席
⑩射手席
⑪砲彈架
⑫駕駛手席

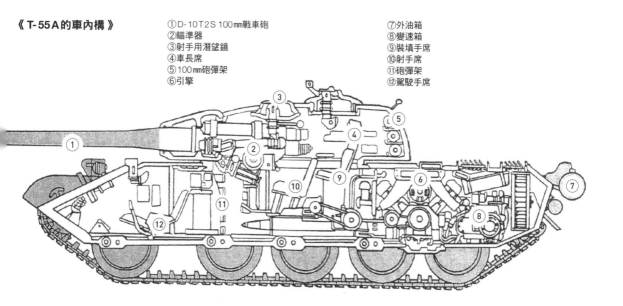

〔諸元〕
全長：7.63m
全寬：3.14m
全高：2.20m
重量：14t
引擎：V-6 V型6汽缸液冷柴油引擎
裝甲厚：6～15mm
武裝：D-56T 76.2mm戰車砲×1、
SGMT 7.62mm機槍×1
乘員：3名

〔PT-76兩棲輕戰車〕
二次大戰後蘇軍推出的第2款兩棲輕戰車，1949年著手研製，1951年開始量產，1969年之前製造約7,000輛。主砲為改良自T-34中戰車F-34 76.2mm戰車砲的D-56T，火力強，機動性能也佳，除蘇聯外約有30個國家採用。在中東有埃及軍、敘利亞軍、伊拉克軍運用，以色列軍也會使用繳獲車輛。

〔BTR-50PK兩棲裝甲運兵車〕
1954年以PT-76為基礎研製而成的兩棲裝甲運兵車。擴大PT-76的戰鬥艙部分，前半部為駕駛手與車長，後半部的人員艙可搭乘20名步兵。當初人員艙原本是做成開頂式，但從1958年開始量產的BTR-50PK則改成密閉式，以應對NBC防禦。BTR-50系列除蘇聯外，也有外銷至東歐與親蘇國家，第三次/第四次中東戰爭時埃及軍與敘利亞軍都有使用BTR-50。特別是第四次中東戰爭，埃及軍的突擊部隊使用BTR-50成功執行蘇伊士運河渡河作戰。以色列軍也有使用自戰場繳獲的車輛。

〔諸元〕
全長：7.08m
全寬：3.14m
全高：1.97m
重量：14.2t
引擎：V-6 V型6汽缸液冷柴油引擎
裝甲厚：6～10mm
武裝：SGMB 7.62mm機槍×1
乘員/士兵：2名/20名

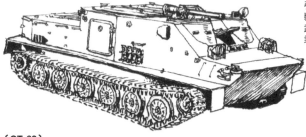

〔OT-62〕
捷克斯洛伐克與波蘭共同研製的BTR-50改良型，1958年開始研製，1962～1972年量產。它與BTR-50的外觀差異在於車體正面左右兩側都有同款外突構造，左右都有出入頂門。此外，它也換裝功率大於BTR-50的引擎，速度性能較佳。OT-62除研製國捷克斯洛伐克、波蘭之外，也外銷至中東與非洲諸國。中東有埃及、敘利亞、伊朗、伊拉克購買，第三次/第四次中東戰爭由埃及軍與敘利亞軍投入戰場。以色列軍在第三次中東戰爭也有少量繳獲OT-62，並用於第四次中東戰爭。圖為搭載T-21 81mm無後座力的OT-62。

〔諸元〕
全長：7.1m
全寬：3.14m
全高：2.1m
重量：13t
引擎：PV-6 V型6汽缸液冷柴油引擎
乘員/士兵：2名/16名

〔MT-LB裝甲運兵車/牽引車〕
兼具運兵車與中型野砲牽引車功能的裝甲車輛，使用PT-76及BTR-50的部件，車內前方左側為駕駛手、右方為車長，車體中央至後方左側配置引擎艙，右側可搭乘11名士兵或火砲操作員與砲彈等。引擎使用YaMZ-238V 4行程V型8汽缸液冷柴油引擎，最大速度61.5km/h，並具備浮航能力。1964年開始量產，持續製造至1970年代。比照其他蘇造車輛，MT-LB也外銷至許多國家，在中東有伊拉克軍運用。

〔諸元〕
全長：6.45m
全寬：2.75m
全高：1.92m
重量：12.2t
引擎：YaMZ-238V V型8汽缸液冷柴油引擎
裝甲厚：8～10mm
武裝：PKT 7.62mm機槍×1
乘員/士兵：2名/11名

〔BRDM-2〕

1962年開始研製的蘇造4輪裝甲車，車體上方裝有配備KPV 14.5mm重機槍的密閉式槍塔。主車輪間備有升降式輔助輪，藉此提高越野性能，並具備水噴射推進器，可以在水上浮航。衍生型相當多，採用國家也很多，超過50國。中東有埃及、敘利亞、伊拉克運用，以色列軍也會使用自戰場繳獲的車輛。

〔諸元〕
全長：5.75m
全寬：2.35m
全高：2.31m
重量：7t
引擎：GAZ-41 V型8汽缸液冷汽油引擎
裝甲厚：5～14mm
武裝：KPVT 14.5mm機槍×1、PKT 7.62mm機槍×1
乘員：4名

〔2P26自走反戰車飛彈〕

蘇造4×4輕型軍用車的GAZ-69反戰車型。於後方車斗搭載3M6熊蜂（北約代號AT-1笛鯛）反戰車飛彈4聯裝發射器。

〔9P122〕

BRDM-2的衍生型之一，搭載9M14M嬰兒式（北約代號AT-3火泥箱）反戰車飛彈的構型。移除槍塔與戰鬥艙頂面板，車內配置攜帶6枚9M14M反戰車飛彈的升降式發射器。發射器上方有裝甲護蓋，不使用飛彈時可降下蓋住戰鬥艙。

〔BTR-60PB〕

1960年代最具代表性的輪型裝甲運兵車，圖為1966年開始生產的BTR-60系列第三款次型。車體頂部改成完全密閉式，搭載配備KPVT 14.5mm重機槍與PKT 7.62mm機槍的槍塔。BTR-60系列於1960～1976年製造25,000輛，除蘇聯外，東歐、非洲、中東等多個國家都有採用。在中東有埃及、敘利亞、伊朗、葉門使用BTR-60。

〔諸元〕
全長：7.56m
全寬：2.83m
全高：2.31m
重量：10.3t
引擎：GAZ-49B直列6汽缸液冷汽油引擎×2
裝甲厚：5～9mm
武裝：KPVT 14.5mm重機槍×1、PKT 7.62mm機槍×1
乘員/士兵：3名/8名

〔BTR-60P〕

1960年開始生產的BTR-60系列首款量產型。車體為開頂式，最前方配備PKT 7.62mm機槍或DShK 12.7mm重機槍。圖為浮航中的DShK重機槍搭載型。

1960 年代以降的軍裝

《 1960 年代步兵 》

到了 1960 年代，以色列軍的裝備除了外國製品，也開始採用自製野戰個人裝備等。

美造 M1 鋼盔

自製野戰個人裝備

IMI FAL 步槍

M76 傘兵盔

防護背心

《 傘兵 》

1955 年，第 890 空降營與第 101 突擊部隊整編為第 35 空降旅。部隊成立後，隨即於 1955 年對埃及軍發動 4 次攻擊。翌年的第二次中東戰爭則於進攻西奈半島時對米特拉山口實施空降作戰，成功占領該地。之後在各場戰爭也都有出擊，持續展現身手。目前除第 35 空降旅外，還有常設 4 個預備役空降旅。

傘徽

持用 UZI 的傘兵。比起較長的 FAL，UZI 比較適合空降部隊使用。

英軍的 Mk. II 傘兵盔。後來換成改造自美軍 M1 鋼盔的傘兵盔。

加利爾 ARM

配備槍榴彈的加利爾步槍。

《 1970 年代後半的傘兵 》

《 1980 年代步兵 》

1980 年代開始使用自製傘兵盔與防護背心。

《裝甲兵》

中東戰爭的地面戰鬥時常伴隨戰車對戰，其中有些戰役以色列軍的戰車部隊雖然屈居劣勢，但在優秀裝甲兵的奮戰下，最終仍能戰勝阿拉伯軍。

裝甲部隊帽徽

〔1948年〕
此時期裝甲兵的服裝並不統一，有些會穿英軍、美軍的放出品。

蘇聯戰車帽

美軍放出的M41野戰夾克，仍留著美軍隊徽。

英軍毛織帽

帶著美軍部隊徽章。

〔1967年〕
重新漆成沙黃色的美軍M1938戰車盔。

槍套裝著毛瑟C96手槍。

美軍T56-6CVC頭盔

〔1973年〕

自製602CVC頭盔

〔1985年〕

加利爾SAR

為提高裝甲兵的生存率，會穿上防護背心。

護身用UZI衝鋒槍。

裝甲兵的扁帽是黑色。

以耐火布料製成的連身服。

阿拉伯聯軍的軍裝

當初原本帶有強烈英軍色彩,但1960年代以降則改為使用各國獨有制服與蘇式裝備。

《埃及軍步兵》

使用蘇製個人裝備。

《埃及軍傘兵》

埃及陸軍空降部隊的歷史始於1955年成立的第75空降營,1961年編成第25空降旅。

套上迷彩盔布的頭盔

賽德港衝鋒槍

SSh-M40頭盔

背包

AK-47

鏟子

水壺

AK-47彈匣袋

《 敘利亞軍 步兵下士 》　身穿以英軍DPM迷彩為基礎自製的迷彩服。

套上迷彩盔布的SSh-40頭盔。

階級章

AK-47

《 約旦軍裝甲兵 》

T56-6CVC頭盔

OG-107野戰操作服上衣

OG-107野戰操作服長褲

約旦軍的裝備與制服為美製品。

《 敘利亞軍裝甲兵 》

蘇聯戰車帽

卡其棉質連身服。

〔陸軍〕

	少尉	中尉	上尉	少校	中校	上校	准將	少將	中將	上將	參謀長
以色列	SEGEN-MISHNEH	SEGEN	SEREN	RAV-SEREN	SGAN-ALUF	ALUF-MISHNEH	TAT-ALUF	ALUF	RAV-ALUF		
埃及	MULAZIM	MULAZIM AWWAL	NAQIB	RA'ID	MUQADDAM	'AQID	'AMID	LIWA	FARIQ	FARIQ AWWAL	MUSHIR
敘利亞	MULAZIM	MULAZIM AWWAL	NAQIB	RA'ID	MUQADDAM	'AQID	'AMID	LIWA	'IMAD	FARIQ AWWAL	
伊拉克	MULAZIM	MULAZIM AWWAL	NAQIB	RA'ID	MUQADDAM	'AQAI	'AMID	LIWA	FARIQ	FARIQ AWWAL	MUSHIR
黎巴嫩	MULAZIM	MULAZIM AWWAL	RA'IS	RA'ID	MUQADDAM	'AQID	'AMID	LIWA		'IMAD	
約旦	MULAZIM	MULAZIM AWWAL	NAQIB	RA'ID	MUQADDAM	'AQID	'AMID	LIWA'	FARIQ	FARIQ AWWAL	MUSHIR
沙烏地阿拉伯	MULAZIM THANI	MULAZIM AWWAL	NAQIB	RA'ID	MUQADDAM	'AQID	'AMID	LIWA	FARIQ	FARIQ AWWAL	MUSHIR

〔空軍〕

	少尉	中尉	上尉	少校	中校	上校	准將	少將	中將	上將	參謀長
以色列	SEGEN-MISHNEH	SEGEN	SEREN	RAV-SEREN	SGAN-ALUF	ALUF-MISHNEH	TAT-ALUF	ALUF	RAV-ALUF		
埃及	MULAZIM	MULAZIM AWWAL	NAQIB	RA'ID	MUQADDAM	'AQID	'AMID	LIWA	FARIQ	FARIQ AWWAL	MUSHIR
敘利亞	MULAZIM	MULAZIM AWWAL	NAQIB	RA'ID	MUQADDAM	'AQID	'AMID	LIWA'	'IMAD	FARIQ AWWAL	
伊拉克	MULAZIM	MULAZIM AWWAL	NAQIB	RA'ID	MUQADDAM	'AQID	'AMID	LIWA	FARIQ	FARIQ AWWAL	MUSHIR
黎巴嫩	MULAZIM	MULAZIM AWWAL	RA'IS	RA'ID	MUQADDAM	'AQID	'AMID	LIWA'		'IMAD	
約旦	MULAZIM	MULAZIM AWWAL	NAQIB	RA'ID	MUQADDAM	'AQID	'AMID	LIWA'	FARIQ	FARIQ AWWAL	MUSHIR
沙烏地阿拉伯	MULAZIM THANI	MULAZIM AWWAL	NAQIB	RA'ID	MUQADDAM	'AQID	'AMID	LIWA	FARIQ	FARIQ AWWAL	MUSHIR

〔海軍〕

	少尉	中尉	上尉	少校	中校	上校	准將	少將	中將	上將	參謀長
以色列	SEGEN-MISHNEH	SEGEN	SEREN	RAV-SEREN	SGAN-ALUF	ALUF-MISHNEH	TAT-ALUF	ALUF			
埃及	MULAZIM	MULAZIM AWWAL	NAQIB	RA'ID	MUQADDAM	'AQID	'AMID	LIWA	FARIQ	FARIQ AWWAL	MUSHIR
敘利亞	MULAZIM	MULAZIM AWWAL	NAQIB	RA'ID	MUQADDAM	'AQID					

繳獲兵器 AK突擊步槍

〔以色列軍教官〕

AK突擊步槍是敵對的阿拉伯聯軍主力兵器，讓我們來仔細研究一番吧。

AK的構造簡單牢靠，最為人所知的就是即便把它浸入泥水當中，拿出來也能立刻使用。

AK是由前蘇聯陸軍裝甲兵米哈伊爾‧卡拉希尼可夫設計的槍械。

在越戰也驗證它的優秀性

AK在多濕的越南叢林中也能確實作動。
且它操作簡便、粗勇耐操，就算非屬正規軍的游擊隊員也能輕易上手。

越戰時期，美軍士兵在滲透進入敵區進行祕密行動時會偏好使用AK。
它的可靠度、命中精度、耐用性等都優於M16，且敵人聽到槍聲也難以分辨敵我。美軍士兵在越南戰場上會稱AK為「消毒水」。

AK在設計上只需要進行最低限度保養與維護即可。

〔越戰的美國特種部隊〕

由於全自動射擊時精準度會大幅下降，因此多半只以半自動射擊。
半自動射擊的彈道相當準確。
改良自AK的AKM有加裝槍口制退器，使全自動射擊精準度大幅提升。

AK也是有缺點的喔！

一直吹捧敵方槍械也不是辦法，AK也是有缺點的。
①全自動射擊時槍口會大幅上揚，除第一發外很難命中。
②照門沒有護框，很容易損壞。
③槍機沒有固定在後的功能，因此交換彈匣後必須再拉一次槍機拉柄。
④射擊模式選擇器位於右側，操作性不佳，且操作聲響頗大。
⑤槍聲很大，長彈匣在臥射時會形成阻礙。

至於以色列軍也有使用的AK對手槍型M16則會比較怕髒，必須勤於清潔保養，且塑膠槍托在格鬥時也容易撞壞。
除此之外，5.56㎜小口徑彈在橫風較強時難以命中200m外的目標。
相對於此，AK一般在350m以內彈著都不易受橫風影響。

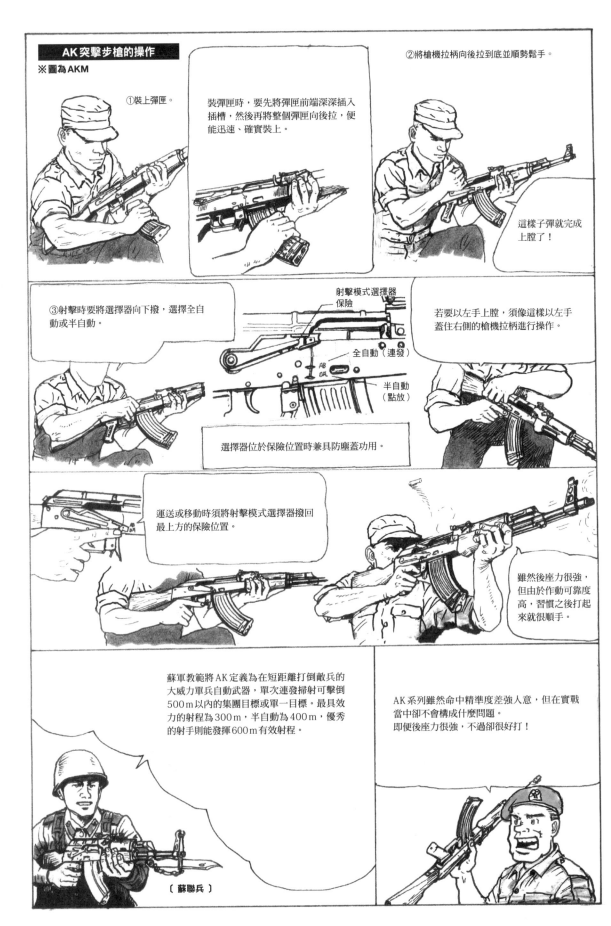

AK突擊步槍的操作

※圖為AKM

①裝上彈匣。

裝彈匣時，要先將彈匣前端深深插入插槽，然後再將整個彈匣向後拉，便能迅速、確實裝上。

②將槍機拉柄向後拉到底並順勢鬆手。

這樣子彈就完成上膛了！

③射擊時要將選擇器向下撥，選擇全自動或半自動。

射擊模式選擇器
保險
全自動（連發）
半自動（點放）

選擇器位於保險位置時兼具防塵蓋功用。

若要以左手上膛，須像這樣以左手蓋住右側的槍機拉柄進行操作。

運送或移動時須將射擊模式選擇器撥回最上方的保險位置。

雖然後座力很強，但由於作動可靠度高，習慣之後打起來就很順手。

蘇軍教範將AK定義為在短距離打倒敵兵的大威力單兵自動武器，單次連發掃射可擊倒500m以內的集團目標或單一目標。最具效力的射程為300m，半自動為400m，優秀的射手則能發揮600m有效射程。

AK系列雖然命中精準度差強人意，但在實戰當中卻不會構成什麼問題。
即便後座力很強，不過卻很好打！

〔蘇聯兵〕

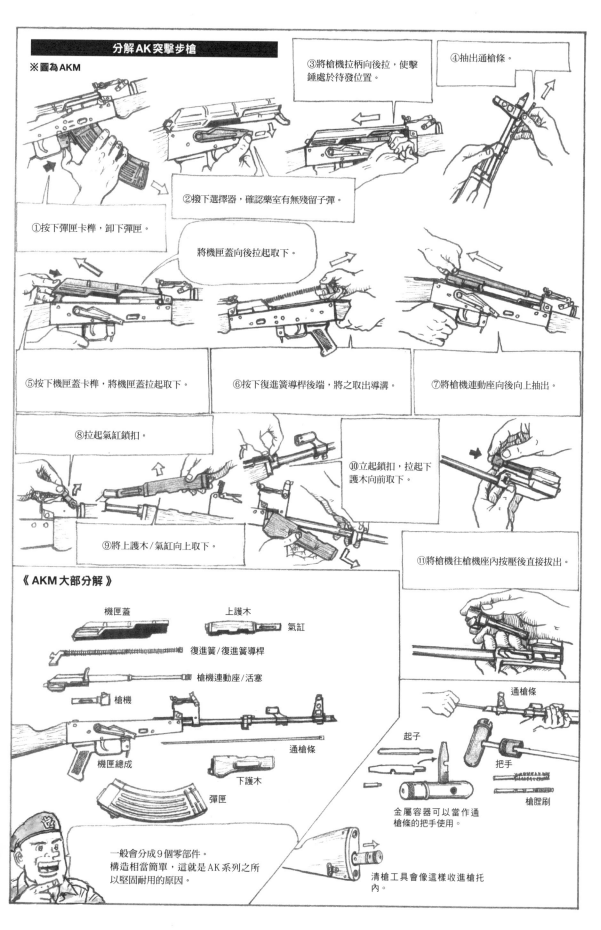

分解AK突擊步槍

※圖為 AKM

①按下彈匣卡榫，卸下彈匣。

②撥下選擇器，確認藥室有無殘留子彈。

③將槍機拉柄向後拉，使擊錘處於待發位置。

④抽出通槍條。

將機匣蓋向後拉起取下。

⑤按下機匣蓋卡榫，將機匣蓋拉起取下。

⑥按下復進簧導桿後端，將之取出導溝。

⑦將槍機連動座向後向上抽出。

⑧拉起氣缸鎖扣。

⑨將上護木／氣缸向上取下。

⑩立起鎖扣，拉起下護木向前取下。

⑪將槍機往槍機座內按壓後直接拔出。

《AKM 大部分解》

機匣蓋

上護木

氣缸

復進簧／復進簧導桿

槍機連動座／活塞

槍機

機匣總成

通槍條

下護木

彈匣

起子

把手

通槍條

槍腔刷

金屬容器可以當作通槍條的把手使用。

一般會分成9個零部件。構造相當簡單，這就是AK系列之所以堅固耐用的原因。

清槍工具會像這樣收進槍托內。

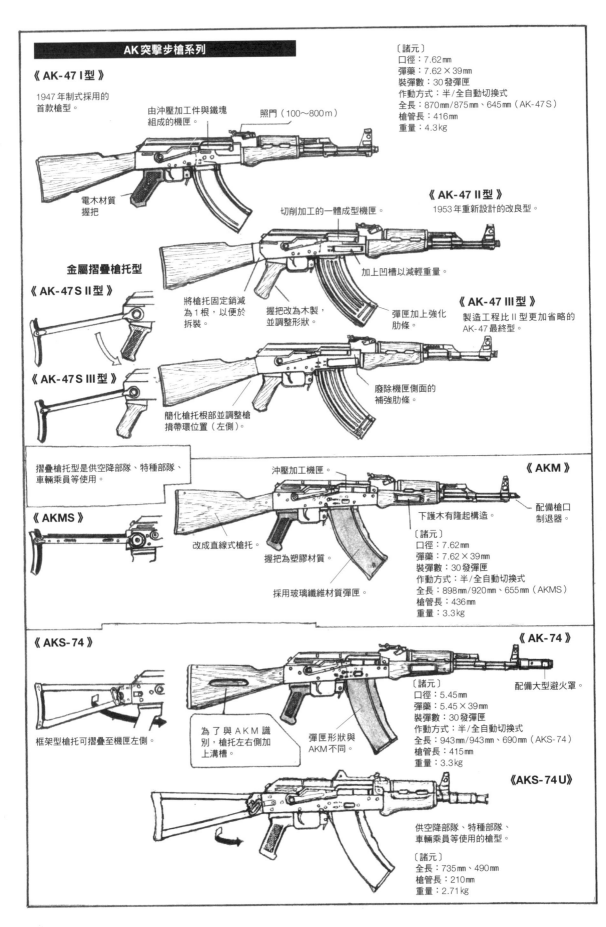

AK突擊步槍系列

〔諸元〕
口徑：7.62mm
彈藥：7.62×39mm
裝彈數：30發彈匣
作動方式：半/全自動切換式
全長：870mm/875mm、645mm（AK-47S）
槍管長：416mm
重量：4.3kg

《AK-47 I型》

1947年制式採用的首款槍型。

照門（100～800m）

由沖壓加工件與鐵塊組成的機匣。

電木材質握把

《AK-47 II型》

1953年重新設計的改良型。

切削加工的一體成型機匣。

加上凹槽以減輕重量。

金屬摺疊槍托型

《AK-47S II型》

將槍托固定銷減為1根，以便於拆裝。

握把改為木製，並調整形狀。

《AK-47S III型》

簡化槍托根部並調整槍揹帶環位置（左側）。

《AK-47 III型》

製造工程比II型更加省略的AK-47最終型。

彈匣加上強化肋條。

廢除機匣側面的補強肋條。

摺疊槍托型是供空降部隊、特種部隊、車輛乘員等使用。

《AKMS》

改成直線式槍托。

握把為塑膠材質。

採用玻璃纖維材質彈匣。

《AKM》

沖壓加工機匣。

下護木有隆起構造。

配備槍口制退器。

〔諸元〕
口徑：7.62mm
彈藥：7.62×39mm
裝彈數：30發彈匣
作動方式：半/全自動切換式
全長：898mm/920mm、655mm（AKMS）
槍管長：436mm
重量：3.3kg

《AKS-74》

框架型槍托可摺疊至機匣左側。

為了與AKM識別，槍托左右側加上溝槽。

彈匣形狀與AKM不同。

《AK-74》

配備大型避火罩

〔諸元〕
口徑：5.45mm
彈藥：5.45×39mm
裝彈數：30發彈匣
作動方式：半/全自動切換式
全長：943mm/943mm、690mm（AKS-74）
槍管長：415mm
重量：3.3kg

《AKS-74U》

供空降部隊、特種部隊、車輛乘員等使用的槍型。

〔諸元〕
全長：735mm、490mm
槍管長：210mm
重量：2.71kg

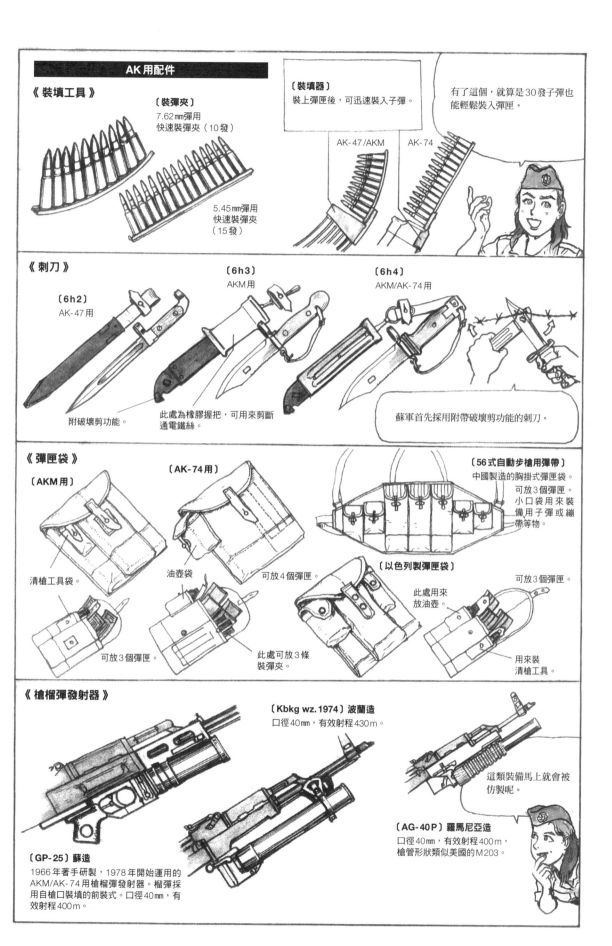

AK 用配件

《裝填工具》

〔裝彈夾〕
7.62mm彈用
快速裝彈夾（10發）

5.45mm彈用
快速裝彈夾
（15發）

〔裝填器〕
裝上彈匣後，可迅速裝入子彈。

有了這個，就算是30發子彈也
能輕鬆裝入彈匣。

AK-47／AKM　　AK-74

《刺刀》

〔6h2〕
AK-47用

〔6h3〕
AKM用

〔6h4〕
AKM/AK-74用

附破壞剪功能。

此處為橡膠握把，可用來剪斷
通電鐵絲。

蘇軍首先採用附帶破壞剪功能的刺刀。

《彈匣袋》

〔AKM用〕

〔AK-74用〕

〔56式自動步槍用彈帶〕
中國製造的胸掛式彈匣袋。
可放3個彈匣。
小口袋用來裝
備用子彈或繃
帶等物。

清槍工具袋。

油壺袋

可放4個彈匣。

〔以色列製彈匣袋〕

可放3個彈匣。

此處用來
放油壺

可放3個彈匣。

此處可放3條
裝彈夾。

用來裝
清槍工具。

《槍榴彈發射器》

〔Kbkg wz. 1974〕波蘭造
口徑40mm，有效射程430m。

〔GP-25〕蘇造
1966年著手研製，1978年開始運用的
AKM/AK-74用槍榴彈發射器。榴彈採
用自槍口裝填的前裝式。口徑40mm，有
效射程400m。

這類裝備馬上就會被
仿製呢。

〔AG-40P〕羅馬尼亞造
口徑40mm，有效射程400m，
槍管形狀類似美國的M203。

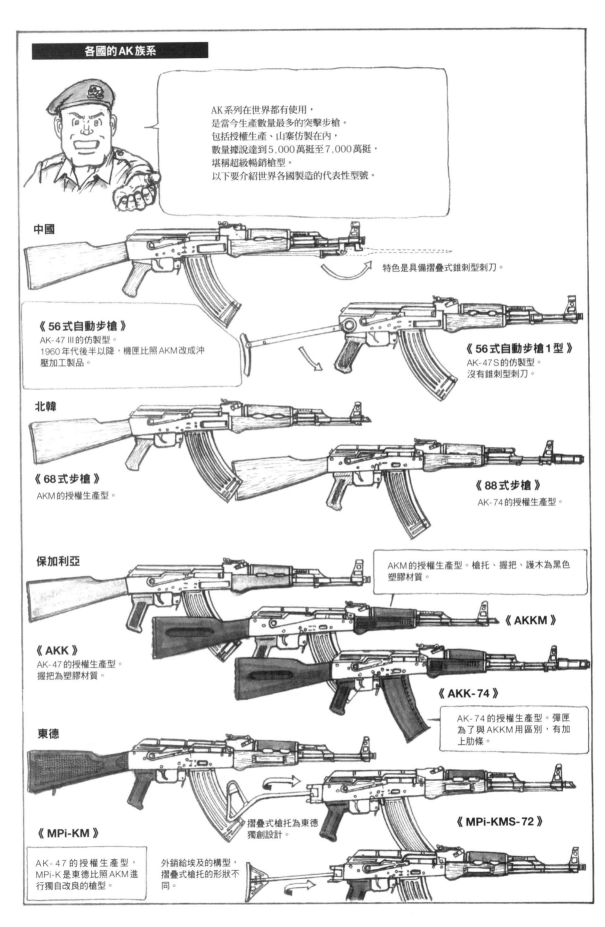

各國的AK族系

AK系列在世界都有使用，
是當今生產數量最多的突擊步槍。
包括授權生產、山寨仿製在內，
數量據說達到5,000萬挺至7,000萬挺，
堪稱超級暢銷槍型。
以下要介紹世界各國製造的代表性型號。

中國

特色是具備摺疊式錐刺型刺刀。

《56式自動步槍》
AK-47 III 的仿製型。
1960年代後半以降，機匣比照AKM改成沖壓加工製品。

《56式自動步槍1型》
AK-47S的仿製型。
沒有錐刺型刺刀。

北韓

《68式步槍》
AKM的授權生產型。

《88式步槍》
AK-74的授權生產型。

保加利亞

AKM的授權生產型。槍托、握把、護木為黑色塑膠材質。

《AKK》
AK-47的授權生產型。
握把為塑膠材質。

《AKKM》

《AKK-74》

AK-74的授權生產型。彈匣為了與AKKM用區別，有加上肋條。

東德

《MPi-KM》

AK-47的授權生產型，MPi-K是東德比照AKM進行獨自改良的槍型。

摺疊式槍托為東德獨創設計。

外銷給埃及的構型，摺疊式槍托的形狀不同。

《MPi-KMS-72》

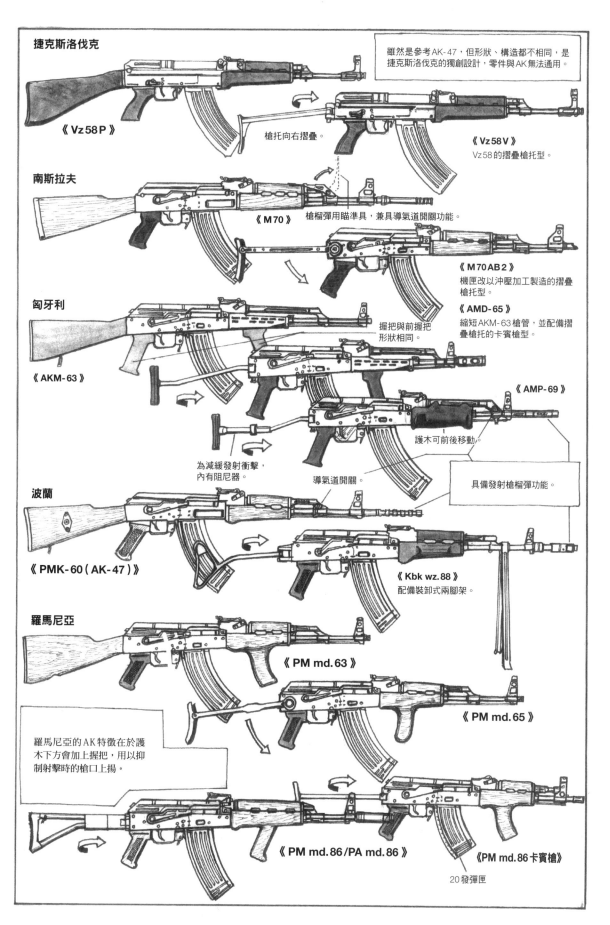

捷克斯洛伐克

雖然是參考AK-47，但形狀、構造都不相同，是捷克斯洛伐克的獨創設計，零件與AK無法通用。

《Vz 58 P》

槍托向右摺疊。

《Vz 58 V》
Vz 58的摺疊槍托型。

南斯拉夫

《M 70》
槍榴彈用瞄準具，兼具導氣道開關功能。

《M 70 AB 2》
機匣改以沖壓加工製造的摺疊槍托型。

《AMD-65》
縮短AKM-63槍管，並配備摺疊槍托的卡賓槍型。

匈牙利

《AKM-63》
握把與前握把形狀相同。

《AMP-69》
護木可前後移動。

為減緩發射衝擊，內有阻尼器。

導氣道開關。

具備發射槍榴彈功能。

波蘭

《PMK-60（AK-47）》

《Kbk wz. 88》
配備裝卸式兩腳架。

羅馬尼亞

《PM md. 63》

《PM md. 65》

羅馬尼亞的AK特徵在於護木下方會加上握把，用以抑制射擊時的槍口上揚。

《PM md. 86／PA md. 86》

《PM md. 86卡賓槍》
20發彈匣

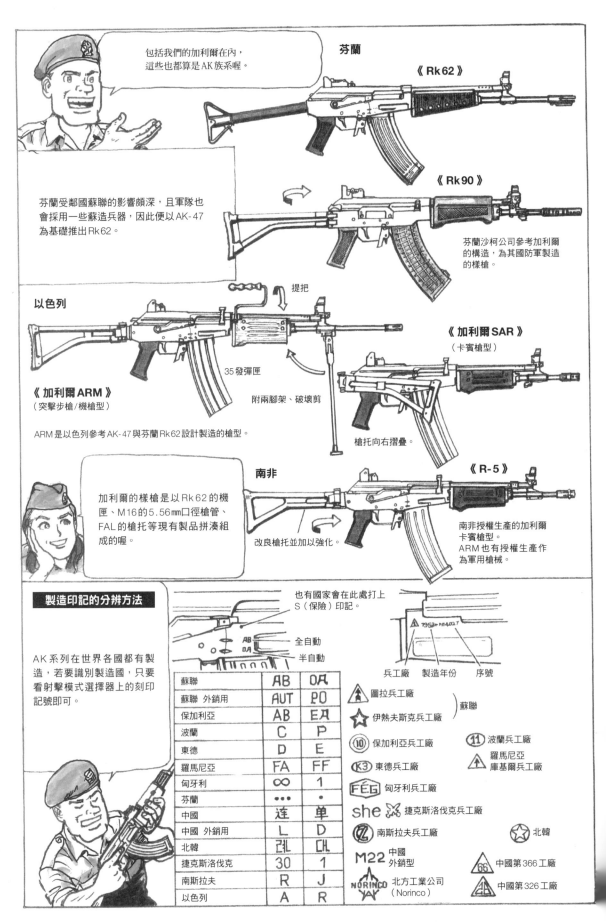

包括我們的加利爾在內，
這些也都算是AK族系喔。

芬蘭

《Rk 62》

芬蘭受鄰國蘇聯的影響頗深，且軍隊也
會採用一些蘇造兵器，因此便以AK-47
為基礎推出Rk62。

《Rk 90》

芬蘭沙柯公司參考加利爾
的構造，為其國防軍製造
的樣槍。

以色列

提把

《加利爾SAR》

（卡賓槍型）

35發彈匣

附兩腳架、破壞剪

《加利爾ARM》

（突擊步槍／機槍型）

ARM是以色列參考AK-47與芬蘭Rk62設計製造的槍型。

槍托向右摺疊。

加利爾的樣槍是以Rk62的機
匣、M16的5.56mm口徑槍管、
FAL的槍托等現有製品拼湊組
成的喔。

南非

《R-5》

改良槍托並加以強化。

南非授權生產的加利爾
卡賓槍型。
ARM也有授權生產作
為軍用槍械。

製造印記的分辨方法

AK系列在世界各國都有製
造，若要識別製造國，只要
看射擊模式選擇器上的刻印
記號即可。

也有國家會在此處打上
S（保險）印記。

全自動
半自動

兵工廠　製造年份　序號

	全自動	半自動
蘇聯	AB	ОД
蘇聯 外銷用	AUT	PO
保加利亞	AB	EA
波蘭	C	P
東德	D	E
羅馬尼亞	FA	FF
匈牙利	∞	1
芬蘭	•••	•
中國	連	单
中國 外銷用	L	D
北韓	돼	대
捷克斯洛伐克	30	1
南斯拉夫	R	J
以色列	A	R

圖拉兵工廠
伊熱夫斯克兵工廠
）蘇聯

保加利亞兵工廠

東德兵工廠

FÉG 匈牙利兵工廠

she 捷克斯洛伐克兵工廠

南斯拉夫兵工廠

M22 中國外銷型

NORINCO 北方工業公司（Norinco）

波蘭兵工廠

羅馬尼亞
庫基爾兵工廠

北韓

中國第366工廠

中國第326工廠

繳獲兵器 其他兵器

自動步槍

《SKS卡賓槍》

1945年蘇軍採用的自動卡賓槍。雖然在AK-47登場後便退出蘇軍第一線部隊,但還是有外銷至包含中東在內的各個國家,並於他國進行授權生產或仿製。

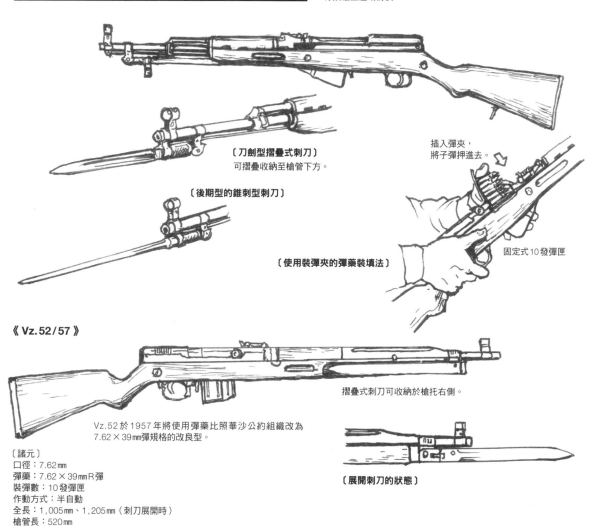

〔刀劍型摺疊式刺刀〕
可摺疊收納至槍管下方。

〔後期型的錐刺型型刺刀〕

插入彈夾,
將子彈押進去。

固定式10發彈匣

〔使用裝彈夾的彈藥裝填法〕

《Vz.52/57》

摺疊式刺刀可收納於槍托右側。

Vz.52於1957年將使用彈藥比照華沙公約組織改為
7.62×39mm彈規格的改良型。

〔展開刺刀的狀態〕

〔諸元〕
口徑:7.62mm
彈藥:7.62×39mmR彈
裝彈數:10發彈匣
作動方式:半自動
全長:1,005mm、1,205mm(刺刀展開時)
槍管長:520mm
重量:4.3kg

重機槍

〔SG-43〕

〔諸元〕
口徑:7.62mm
彈藥:7.62×39mmR彈
裝彈數:250發彈鏈
作動方式:全自動
全長:1,150mm
槍管長:720mm
重量:13.8kg、41kg(車輪附槍架含む)
發射速度:600發/分

蘇聯於1943年研製的重機槍,二次大戰後
的改良型將型號改為SMG。該型機槍於戰
後與SMG一起外銷至其他國家,於捷克斯
洛伐克、埃及也有進行授權生產。

《DShK38》

改良自1930年研製的DK重機槍,於1938年完成的蘇
軍主力重機槍。二次大戰後的1946年開始生產改良型的
DShK38/46。除供步兵部隊運用,也會搭載於戰車等車輛
供防空使用。

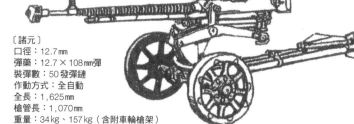

〔諸元〕
口徑:12.7mm
彈藥:12.7×108mm彈
裝彈數:50發彈鏈
作動方式:全自動
全長:1,625mm
槍管長:1,070mm
重量:34kg、157kg(含附車輪槍架)
發射速度:600發/分

RPG-7

RPG-7從蘇聯時代一直用到現在,很多國家都有生產,是最普及的單兵反裝甲武器!即便是新兵也很快就能上手。

敵人不只會用RPG對付戰車與APC,就連直升機都會拿這個來打,真是太可怕了。
如今已是世界上最廣泛使用的武器之一了呢。

就連對兵器特別挑剔的我們以色列軍也都有制式採用喔。

《 RPG-7的構造 》

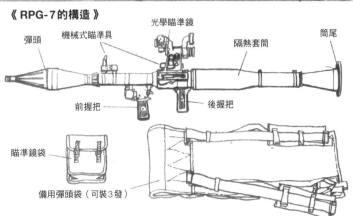

- 彈頭
- 機械式瞄準具
- 光學瞄準鏡
- 隔熱套筒
- 筒尾
- 前握把
- 後握把
- 瞄準鏡袋
- 備用彈頭袋(可裝3發)

《 RPG-7携行姿態 》

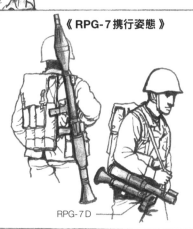

RPG-7D

《 RPG-7的射擊姿勢 》

RPG就算是左撇子射擊,也一定要扛在右肩上發射。

立射

跪射

城鎮戰或陣地戰的基本姿勢。

臥射

持用時須注意不要被發射時的筒後噴火燒到。

中國製的69式附有兩腳架,有利臥射與依託射擊。

《 PGO-7光學瞄準鏡 》

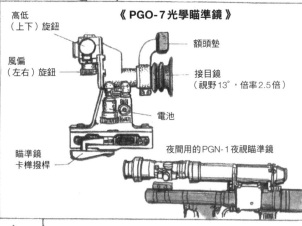

- 高低(上下)旋鈕
- 風偏(左右)旋鈕
- 額頭墊
- 接目鏡(視野13°,倍率2.5倍)
- 電池
- 瞄準鏡卡榫撥桿

夜間用的PGN-1夜視瞄準鏡

《 RPG的防禦對策 》

網子是有效防禦對策之一,越戰靠網子能讓50%的RPG變不發彈。

由於彈頭引信沒有撞擊目標就不會引爆,因此用網子攔住彈頭便能防止其爆炸。

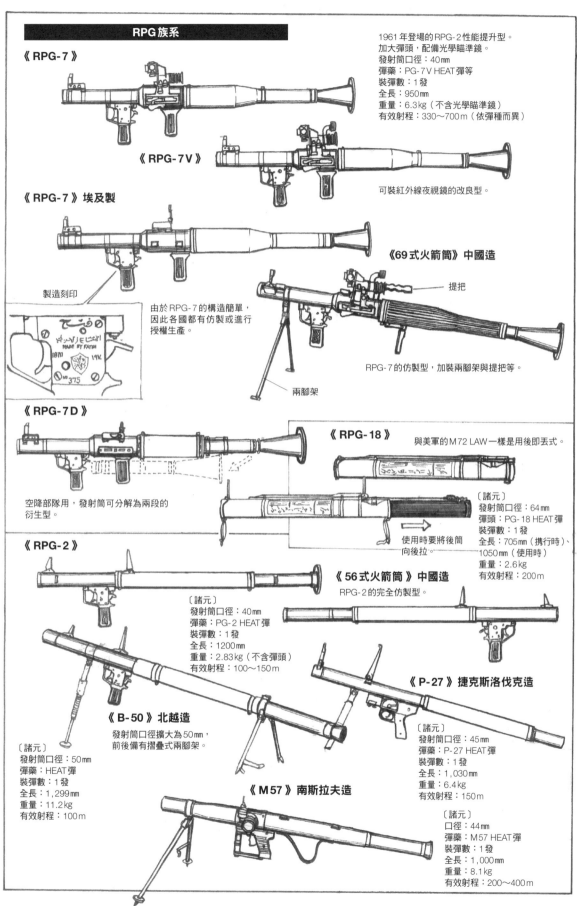

RPG 族系

《RPG-7》

1961年登場的RPG-2性能提升型。
加大彈頭，配備光學瞄準鏡。
發射筒口徑：40mm
彈藥：PG-7V HEAT彈等
裝彈數：1發
全長：950mm
重量：6.3kg（不含光學瞄準鏡）
有效射程：330～700m（依彈種而異）

《RPG-7V》

可裝紅外線夜視鏡的改良型。

《RPG-7》埃及製

製造刻印

由於RPG-7的構造簡單，
因此各國都有仿製或進行
授權生產。

《69式火箭筒》中國造

提把

兩腳架

RPG-7的仿製型，加裝兩腳架與提把等。

《RPG-7D》

空降部隊用，發射筒可分解為兩段的
衍生型。

《RPG-18》

與美軍的M72 LAW一樣是用後即丟式。

使用時要將後筒
向後拉。

〔諸元〕
發射筒口徑：64mm
彈頭：PG-18 HEAT彈
裝彈數：1發
全長：705mm（携行時）、
1050mm（使用時）
重量：2.6kg
有效射程：200m

《RPG-2》

〔諸元〕
發射筒口徑：40mm
彈藥：PG-2 HEAT彈
裝彈數：1發
全長：1200mm
重量：2.83kg（不含彈頭）
有效射程：100～150m

《56式火箭筒》中國造
RPG-2的完全仿製型。

《P-27》捷克斯洛伐克造

《B-50》北越造
發射筒口徑擴大為50mm，
前後備有摺疊式兩腳架。

〔諸元〕
發射筒口徑：50mm
彈藥：HEAT彈
裝彈數：1發
全長：1,299mm
重量：11.2kg
有效射程：100m

〔諸元〕
發射筒口徑：45mm
彈藥：P-27 HEAT彈
裝彈數：1發
全長：1,030mm
重量：6.4kg
有效射程：150m

《M57》南斯拉夫造

〔諸元〕
口徑：44mm
彈藥：M57 HEAT彈
裝彈數：1發
全長：1,000mm
重量：8.1kg
有效射程：200～400m

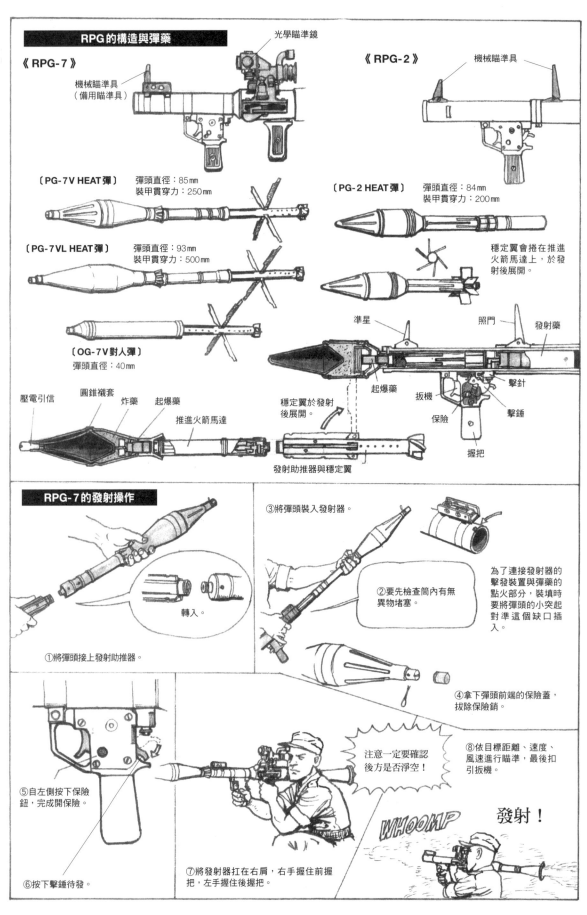

RPG的構造與彈藥

《RPG-7》

光學瞄準鏡

機械瞄準具
（備用瞄準具）

〔PG-7V HEAT彈〕 彈頭直徑：85mm
裝甲貫穿力：250mm

〔PG-7VL HEAT彈〕 彈頭直徑：93mm
裝甲貫穿力：500mm

〔OG-7V對人彈〕
彈頭直徑：40mm

壓電引信　圓錐襯套　炸藥　起爆藥
推進火箭馬達

《RPG-2》

機械瞄準具

〔PG-2 HEAT彈〕 彈頭直徑：84mm
裝甲貫穿力：200mm

穩定翼會捲在推進
火箭馬達上，於發
射後展開。

準星　照門　發射藥

穩定翼於發射
後展開。

起爆藥　擊針

扳機　擊錘

保險

握把

發射助推器與穩定翼

RPG-7的發射操作

③將彈頭裝入發射器。

②要先檢查筒內有無
異物堵塞。

轉入。

①將彈頭接上發射助推器。

為了連接發射器的
擊發裝置與彈藥的
點火部分，裝填時
要將彈頭的小突起
對準這個缺口插
入。

④拿下彈頭前端的保險蓋，
拔除保險銷。

⑤自左側按下保險
鈕，完成開保險。

⑥按下擊錘待發。

⑦將發射器扛在右肩，右手握住前握
把，左手握住後握把。

注意一定要確認
後方是否淨空！

⑧依目標距離、速度、
風速進行瞄準，最後扣
引扳機。

WHOOMP

發射！

發射時的要點及瞄準

若想確實命中，發射時距離目標越近越好。

由於發射後穩定翼會展開，因此必須離地超過25cm。

若射程超過200m，在有較強橫風的狀況下，命中率會降至50%。

RPG通常由2員運用，彈藥手負責掩護射手。

一定要確認後方有無友軍！

〔筒後噴火〕
後方左右45°、距離30m屬於危險範圍。至少得確認後方2m範圍內有無物體擋住筒後噴火。

《 RPG-7的機械瞄準具 》

中國製的69式附有風偏修正表尺。

①利用測距表尺概略推測射程距離。
②得知距離後，將射程刻度中心對準目標。
③若橫風是由射手右側吹向左側，須以橫尺進行修正。若為距離300m、風速15m，就要將目標對準縱刻度3、橫刻度1.5的交叉點，如此便能命中。

《 PGO-7瞄準鏡的使用法 》

〔縱〕
射程（100m單位）
射口標記
〔橫〕
前置量修正橫尺（10密位單位）
測距表尺（100m單位）

以1密位等於風速1m/時來計算

此時距離為300m。

觀看下方水平線與戰車砲塔。

目標測距是以車高2.7m的NATO軍戰車作為想定，有效射程為300m以下。

RPG的彈尾穩定翼會大幅受到橫風影響，彈道有偏向上風處的傾向。

彈道偏差

橫風

瞄準線

最好是要能在目標剛進入300m時便立刻發射。如此一來就還有空檔可以發射第2發喔！

唉～超麻煩！
若要對付移動目標，計算修正值將會更為繁瑣，且最大缺點是碰到車高不是2.7m的目標就無法正確瞄準！
因為這樣的關係，大多數士兵都偏好使用機械瞄準具。300m以內最能確實瞄準！

飛行距離（m）	50	100	200	300	400	500	600	700	800	900
時間（秒）	(0.3)	(0.6)	(0.9)	(1.3)	(1.8)	(2.3)	(2.9)	(3.5)	(4.2)	(5.0)

助推器發射

火箭點火

此時也會產生強烈閃光與發射煙霧。

彈頭若裝有定時引信，飛行經過一定時間就會自毀。

須注意的是發射聲響很大，且筒後噴火會揚起沙塵，因此在500m以內會暴露位置讓敵軍知曉！

在訓練時可以於15秒內射擊下一發，但為了避免遭敵反擊，發射首彈後盡量還是得轉移射擊位置。

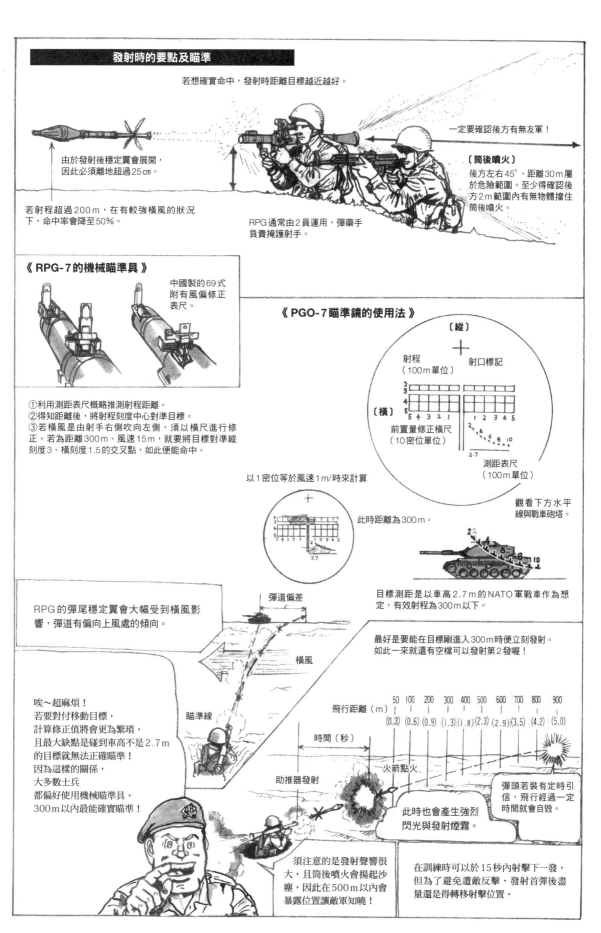

SVD德拉古諾夫狙擊槍

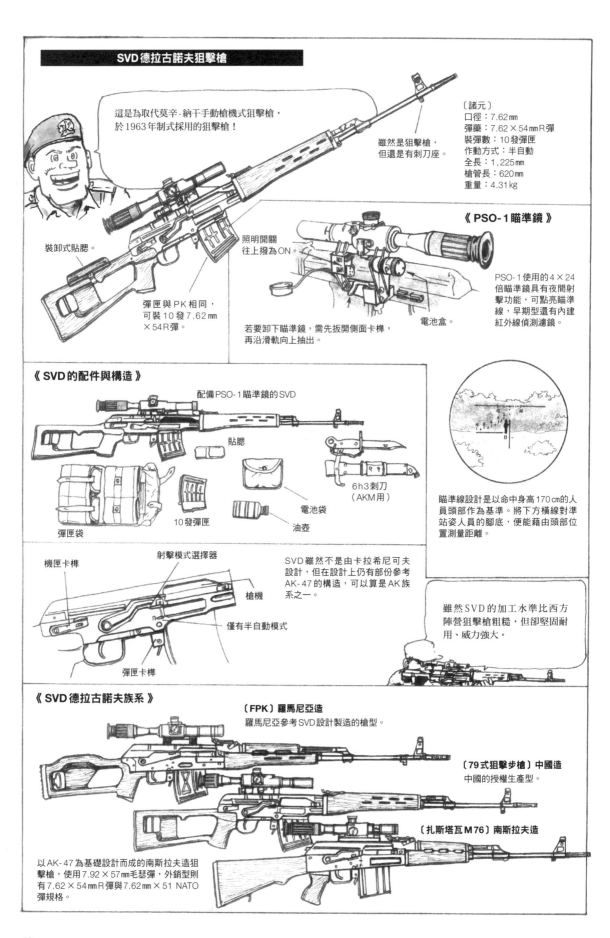

這是為取代莫辛-納干手動槍機式狙擊槍，於1963年制式採用的狙擊槍！

雖然是狙擊槍，但還是有刺刀座。

〔諸元〕
口徑：7.62mm
彈藥：7.62×54mmR彈
裝彈數：10發彈匣
作動方式：半自動
全長：1,225mm
槍管長：620mm
重量：4.31kg

裝卸式貼腮。

彈匣與PK相同，可裝10發7.62mm×54R彈。

照明開關往上撥為ON

《PSO-1瞄準鏡》

PSO-1使用的4×24倍瞄準鏡具有夜間射擊功能，可點亮瞄準線，早期型還有內建紅外線偵測濾鏡。

若要卸下瞄準鏡，需先扳開側面卡榫，再沿滑軌向上抽出。

電池盒。

《SVD的配件與構造》

配備PSO-1瞄準鏡的SVD

貼腮

6h3刺刀（AKM用）

彈匣袋

10發彈匣

電池袋

油壺

瞄準線設計是以命中身高170cm的人員頭部作為基準。將下方橫線對準站姿人員的腳底，便能藉由頭部位置測量距離。

機匣卡榫

射擊模式選擇器

槍機

僅有半自動模式

彈匣卡榫

SVD雖然不是由卡拉希尼可夫設計，但在設計上仍有部份參考AK-47的構造，可以算是AK族系之一。

雖然SVD的加工水準比西方陣營狙擊槍粗糙，但卻堅固耐用、威力強大。

《SVD德拉古諾夫族系》

〔FPK〕羅馬尼亞造
羅馬尼亞參考SVD設計製造的槍型。

〔79式狙擊步槍〕中國造
中國的授權生產型。

〔扎斯塔瓦M76〕南斯拉夫造

以AK-47為基礎設計而成的南斯拉夫造狙擊槍，使用7.92×57mm毛瑟彈，外銷型則有7.62×54mmR彈與7.62×51 NATO彈規格。

輕機槍

《RPD輕機槍》

首款使用與AK-47同款7.62mm彈的輕機槍！

兩腳架

100發彈鼓

彈鼓內部並無裝填機構，只是用來收納彈鏈，兼具彈鏈箱功能。

當然也能不靠彈鼓射擊。

KRAKKRAK

重量輕、作動確實，配備步兵部隊當作班用機槍，有1型至5型。

〔諸元〕
口徑：7.62mm
彈藥：7.62×39mm彈
裝彈數：100發彈鼓、彈鏈
作動方式：全自動
全長：1,037mm
槍管長：521mm
重量：7.5kg、8.9kg（含彈藥與彈鼓）
發射速度：650～750發/分

《RPK輕機槍》

1961年制式採用，取代RPD的班用機槍。發展自AKM，基本構造與AK相同，操作、分解程序也相仿。

改用長槍管，有效射程從AKM的300m延伸至800m。也能使用AKM的30發彈匣。

40發彈匣

裝上75發彈鼓的狀態。

也有推出空降部隊用的摺疊槍托式RPKS。

〔諸元〕
口徑：7.62mm
彈藥：7.62×39mm
裝彈數：30發/40發彈匣、75發彈鼓
作動方式：半/全自動切換式
全長：1,040mm、820mm（RPKS槍托摺疊時）
槍管長：590mm
重量：4.8kg（RPK）、5.1kg（RPKS）
發射速度：600發/分

《RPK-74》

RPK-74是使用小口徑5.45mm彈的AK-74系列班用機槍。

避火罩

《RPK-74大部分解》

除槍管外皆與AK-74相同。

RPK-74也有推出空降部隊用的RPKS-74。當初並未使用彈鼓，目前則能搭配AK-107用的97發彈鼓使用。

〔諸元〕
口徑：5.45mm
彈藥：5.45×39mm
裝彈數：30發、45發彈匣
作動方式：半/全自動切換式
全長：1,060mm、845mm（RPKS-74槍托摺疊時）
槍管長：590mm
重量：4.7kg（RPK-74）、4.85kg（RPKS-74）
發射速度：600發/分

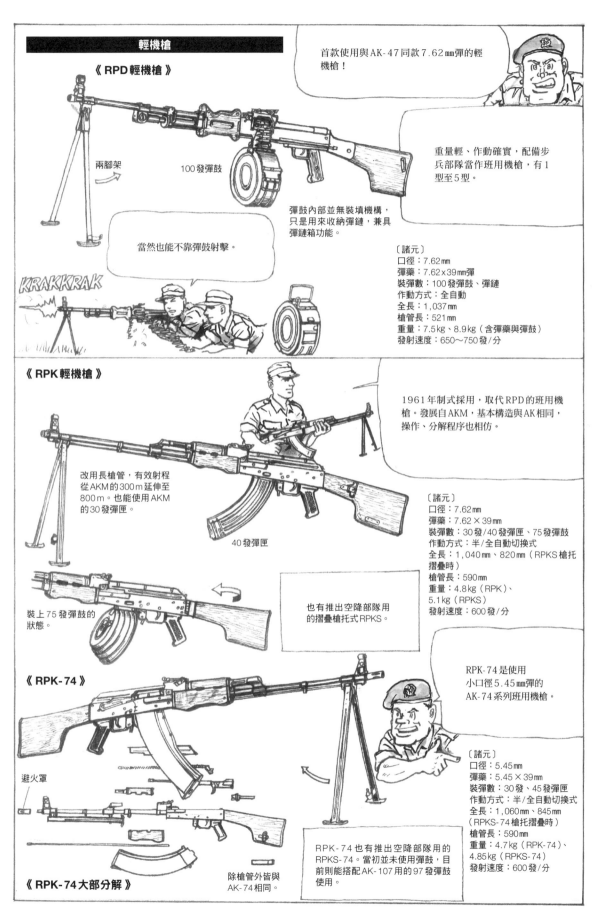

《PK/PKM通用機槍》

〔PK〕
1961年獲蘇軍制式採用。

變更提把形狀。 廢除槍管溝槽。

防塵蓋為沖壓加工品。

變更槍托形狀。

變更握把形狀。

〔PKM〕
簡化PK製造工程並減輕重量的改良型。左圖箭頭為PM至PKM的改良點。

這也跟AK一樣,是由卡拉希尼可夫設計的多用途機槍。

〔諸元〕
口徑:7.62mm
彈藥:7.62×54mmR
裝彈數:25發、100發、250發彈鏈
作動方式:全自動
全長:1,173mm(PK)、1,160mm(PKM)
槍管長:605mm(PK)、645mm(PKM)
重量:9kg(PK)、7.5kg(PKM)
發射速度:650發/分

加裝肩板。

拋殼口　保險

《步槍彈的種類》

由於機槍的射程、威力需求都高於步槍,因此即便同為7.62mm彈,相對於AK使用的7.62×39mm,機槍使用彈殼較長的7.62×54mmR彈。7.62×54mmR彈是二次大戰之前就開始使用的彈藥,除PK之外,德拉古諾夫也會使用。

7.62×39mm　　5.45×39mm

7.62×54Rmm

為減輕重量,將木製槍托中間挖空。

《交換槍管》

打開防塵蓋,解除槍管鎖扣,將槍管向前方抽出。
與FN MAG和M60相比,手續稍微多了一點。

《PK族系》

〔PK輕機槍〕

機匣下方可裝上100發彈鏈盒。

〔PKS重機槍〕
搭配三腳架時稱作PKS。

〔PKM輕機槍〕

PKB/PKMB的扳機。

〔PKB/PKMB車載用重機槍〕
扳機為按壓式。

〔PKT〕
戰車的同軸機槍型。
扳機為電力式。

復進簧導桿

復進簧

槍機

活塞

槍管總成

機匣總成

構成零件只有6個,維護性佳。

《PKM大部分解》

手榴彈

《手榴彈的種類》

這些就是阿拉伯聯軍使用的蘇造手榴彈！

不管哪個國家，構造都差不多呢！

由於蘇造手榴彈的保險壓板比較軟，因此嚴禁將壓板掛在腰袋等處攜行。

〔RGD-5〕
1954年採用的蘇軍人員殺傷用破片型手榴彈。
全長：117mm
直徑：58mm
重量：310g
炸藥：TNT 110g

〔F1〕
蘇聯參考法軍的F1手榴彈，於1941年開始製造的破片型手榴彈。有效殺傷半徑20～30m。
全長：117mm
直徑：55mm
重量：600g
炸藥：TNT 60g

〔RG-42〕
於二次大戰期間1942年制式採用的攻擊型手榴彈。
全長：127mm
直徑：58mm
重量：420g
炸藥：TNT 200g

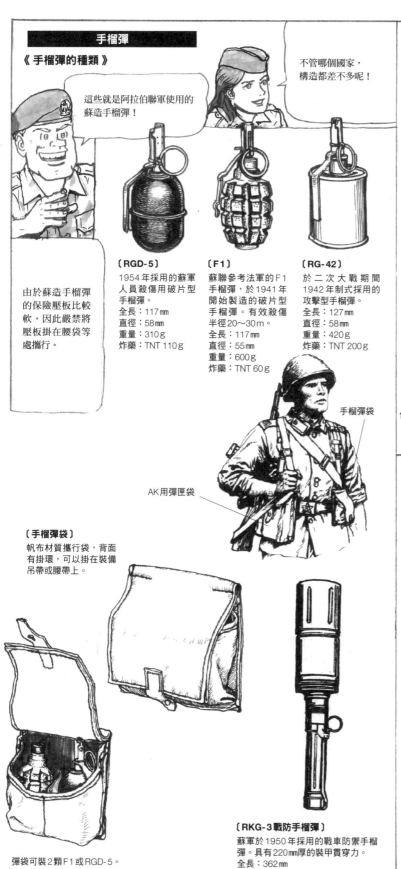

手榴彈袋

AK用彈匣袋

〔手榴彈袋〕
帆布材質攜行袋，背面有掛環，可以掛在裝備吊帶或腰帶上。

彈袋可裝2顆F1或RGD-5。

〔RKG-3戰防手榴彈〕
蘇軍於1950年採用的戰車防禦手榴彈。具有220mm厚的裝甲貫穿力。
全長：362mm
直徑：70mm
重量：1.07kg
炸藥：TNT/RDX 567g

《RGD-5的構造》

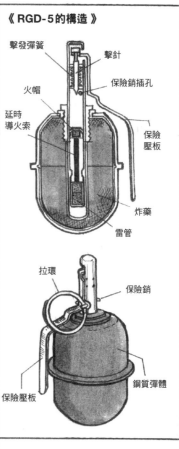

擊發彈簧
擊針
火帽
保險銷插孔
延時導火索
保險壓板
炸藥
雷管

拉環
保險銷
保險壓板
鋼質彈體

《RGD-5的投擲方法》

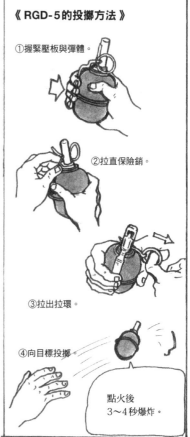

①握緊壓板與彈體。

②拉直保險銷。

③拉出拉環。

④向目標投擲。

點火後3～4秒爆炸。

第四次中東戰爭
地面戰

第四次中東戰爭

■第四次中東戰爭
（1973年10月6～23日）

　埃及與敘利亞為了規復在第三次中東戰爭遭以色列奪取的西奈半島與戈蘭高地，於1973年10月6日發動奇襲，開啟第四次中東戰爭。由於該日是猶太教節日「贖罪日」，因此以色列又稱其為「贖罪日戰爭」，阿拉伯陣營則稱「10月戰爭」。

　雖然以色列的情報機構已事前掌握埃及軍與敘利亞軍正在調動部隊，並將兵力集中至邊界的徵候，但卻誤判開戰意圖等情報，讓敵軍得以成功奇襲。

　埃及軍渡過蘇伊士運河，進攻西奈半島。以色列軍雖然也有反擊，但戰車部隊卻被有備而來的埃及反戰車飛彈重創，空中支援也在埃及軍防空飛彈阻擾下無法充分施展，使得埃及軍最終能在蘇伊士運河東岸建立橋頭堡。後來由於埃及軍僅停留在沿著運河構築的橋頭堡，使以色列軍得以重整態勢，待10月14日埃及軍再度發起攻勢時，能以二次大戰「庫斯克戰車會戰」以來最大規模的戰車對戰加以迎擊，擊退埃及軍。翌15日，以色列展開反擊，逆向渡過蘇伊士運河攻入埃及境內。

　另一方面，敘利亞軍則於10月6日開始對戈蘭高地發動奇襲，突破以色列軍防線，在7日之前自邊界推進超過10km。對於防守的以色列軍來說，基於戈蘭高地的地理條件，若失去此區域，將會使以色列北部陷入危機，因此即便面對三倍以上數量的敵戰車，也堅持死守到底。就這樣，以軍慢慢將敘利亞軍反推回去，並於10月10日展開反擊。

　後來西奈半島於10月22日停戰，戈蘭高地也於23日停戰，戰鬥至此結束。

■戈蘭高地戰役

　敘利亞軍在戈蘭高地戰線展開3個步兵師與5個裝甲師，派出1,200輛戰車，於10月6日14時5分先對以色列軍施以激烈砲擊後開始進攻。

　相對於此，以色列軍僅依停戰線（紫線）佈署2個裝甲旅，戰車數量只有177輛。因遭受奇襲而陷入混亂的以色列軍，由於戰力差距懸殊，特別在是南部戰線，到了6日夜晚竟已損失過半。後來以色列軍投入預備兵

力，終於成功擋下敘利亞軍攻勢，並從8日開始轉為反擊。

在戈蘭高地北部，以色列軍利用險要地形迎戰進擊而來的敘利亞軍戰車部隊，展開激烈的戰車對戰。10月8日，以色列軍靠著僅存的18輛戰車迎戰超過100輛敘利亞軍戰車，並成功阻止敘軍攻勢。戰鬥一直持續到10日，待以色列軍增援部隊抵達，敘利亞軍才開始後退，使戰役告一段落。在這一連串戰鬥當中，於戰場遭摧毀的雙方戰車共有260輛，其他車輛則有200輛，使得這座戰場後來被稱為「眼淚谷」。

以色列軍於10月10日開始反擊，規復戈蘭高地後，進一步跨越紫線攻入敘利亞境內，甚至挺進至距離首都大馬士革30km處，後來因為政治上的判斷才停止進擊。以色列軍之後也與前來支援敘利亞的約旦、伊朗軍交戰，並將之擊退，於23日停戰。

■西奈半島戰役

第三次中東戰爭後的1968年至1969年，以色列沿著西奈半島占領區的蘇伊士運河構築一條稱為「巴列夫線」的綿長防線。以軍在運河東岸堆起沙土，構築一道高20m、正面傾斜45°的土堤。土堤沿線設有33處防禦據點，若敵軍渡過運河，便能靠這條防線遲滯其進攻，讓內陸的裝甲部隊得以發動反擊，此為以色列的防衛計畫。

埃及軍在開戰前做足了欺騙工作，讓以軍無法察覺其作戰行動。1973年10月6日14時，埃及出動約250架飛機，奇襲以色列的軍事施設。在此同時，約有2,000門火砲對蘇伊士運河東岸展開砲擊，發動「巴德爾行動」。埃及軍渡過蘇伊士運河後，以炸藥和高壓水柱破壞東岸土堤，打開破口後陸續於運河上架起浮橋，接連闖入西奈半島。

以色列軍得知埃及軍渡過蘇伊士運河後，為了一口氣把它反推

《 戈蘭高地戰役 》

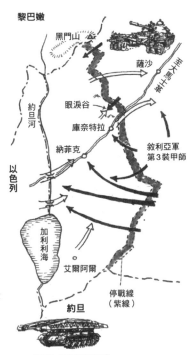

黎巴嫩

黑門山

薩沙

眼淚谷

庫奈特拉

約旦河

納菲克

敘利亞軍
第3裝甲師

以色列

加利利海

艾爾阿爾

停戰線
（紫線）

約旦

MTU-12履帶機動橋

《阿拉伯聯軍新兵器》

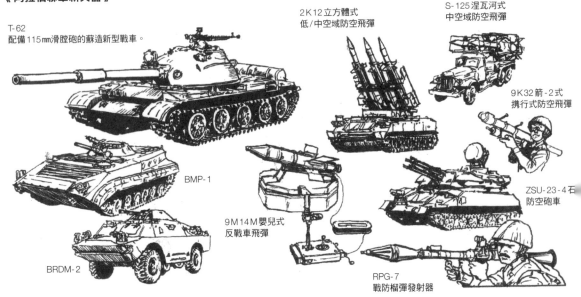

T-62
配備115mm滑膛砲的蘇造新型戰車。

2K12立體式
低/中空域防空飛彈

S-125涅瓦河式
中空域防空飛彈

9K32箭-2式
携行式防空飛彈

BMP-1

9M14M嬰兒式
反戰車飛彈

ZSU-23-4石
防空砲車

BRDM-2

RPG-7
戰防榴彈發射器

回去，決心以戰車部隊發動反擊。埃及軍派出配備蘇造反戰車飛彈的部隊加以迎擊，陸續摧毀迎面而來的以色列軍戰車。以色列軍在傍晚之前已損失100輛戰車，防守巴列夫線的戰車旅遭受毀滅性打擊。之後埃及軍便沿著蘇伊士運河建立橋頭堡，暫時停止進攻，使戰況陷入膠著。

為了支援戈蘭高地的敘利亞軍，埃及軍於10月14日再度展開進攻。埃及軍於此戰役投入約1,000輛戰車，以色列軍則派出800輛戰車與之對抗，展開一場大規模戰車對戰。這場戰鬥使埃及軍損失200輛戰車，攻擊以失敗告終。以色列軍轉守為攻，在戰車對戰獲勝之後，於10月15日逆向渡過蘇伊士運河，發動「瞪羚行動」。渡河至運河西岸的以色列軍，為了包圍東岸的埃及軍，挺進至伊斯梅利亞與蘇伊士方面，但在美國、蘇聯、聯合國要求停戰之下，只能宣布停戰。10月28日，第四次中東戰爭告終。

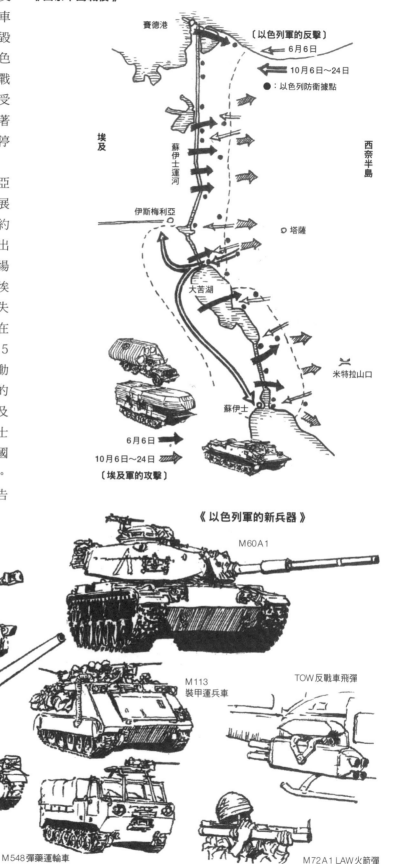

《西奈半島戰役》

〔以色列軍的反擊〕
← 6月6日
← 10月6日～24日
● : 以色列防衛據點

賽德港
埃及
蘇伊士運河
伊斯梅利亞
塔薩
西奈半島
大苦湖
米特拉山口
蘇伊士

6月6日 ➡
10月6日～24日 ⇨
〔埃及軍的攻擊〕

《以色列軍的新兵器》

M60A1

M109 155mm自走砲

M107 175mm自走砲

M113 裝甲運兵車

M548彈藥運輸車

TOW反戰車飛彈

M72A1 LAW火箭彈

1973年10月6日，埃及軍發動奇襲，開啟第四次中東戰爭。埃及軍的進攻始於蘇伊士運河渡河作戰「巴德爾行動」，在地面部隊進攻之前，先以空軍發動空襲，搭配猛烈砲擊後，沿運河西岸展開的5個師於14時20分一起開始渡河。進攻目標為以色列軍沿著運河構築的「巴列夫線」防禦陣地。然而，為了讓地面部隊能夠攻擊此一目標，必須得先摧毀以色列沿著運河東岸構築的防護土堤。此任務由工兵部隊擔綱，使用炸藥與強力消防水龍帶噴水，破壞以沙土堆成的防護土堤，開啟進入半島的通道。埃及軍之所以能夠奇襲成功，工兵部隊的活躍功不可沒。

《巴列夫線強化防禦據點的構造》

以色列軍於第三次中東戰爭占領西奈半島後，為了防範埃及軍反攻，沿著蘇伊士運河東岸構築固定防禦陣地，並以海姆‧巴列夫參謀總長之名稱其為「巴列夫防線」。防線陣地共有33個據點，但由於人員不足等原因，10月6日時僅有十幾處據點尚具功用。

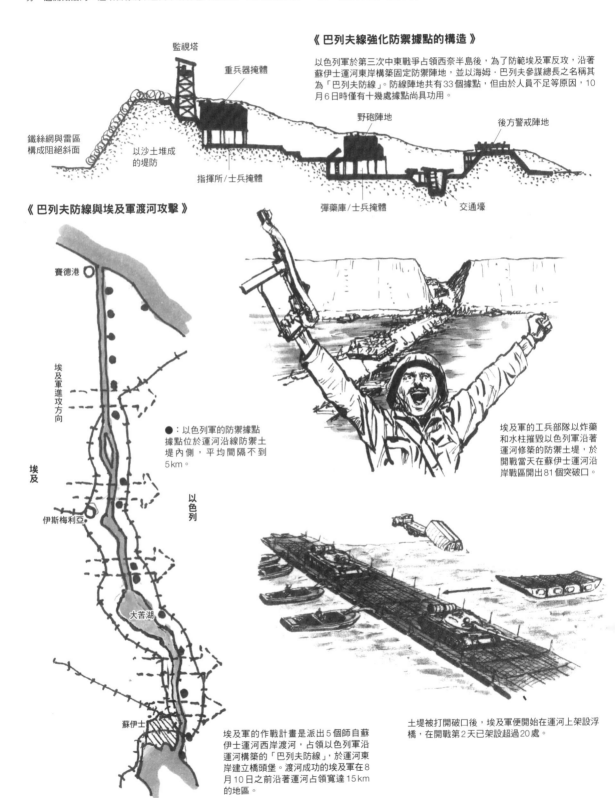

監視塔

重兵器掩體

鐵絲網與雷區構成阻絕斜面

以沙土堆成的堤防

指揮所/士兵掩體

野砲陣地

後方警戒陣地

彈藥庫/士兵掩體

交通壕

《巴列夫防線與埃及軍渡河攻擊》

賽德港

埃及軍進攻方向

埃及

伊斯梅利亞

以色列

大苦湖

蘇伊士

●：以色列軍的防禦據點
據點位於運河沿線防禦土堤內側，平均間隔不到5km。

埃及軍的工兵部隊以炸藥和水柱摧毀以色列軍沿著運河修築的防禦土堤，於開戰當天在蘇伊士運河沿岸戰區開出81個突破口。

土堤被打開破口後，埃及軍便開始在運河上架設浮橋，在開戰第2天已架設超過20處。

埃及軍的作戰計畫是派出5個師自蘇伊士運河西岸渡河，占領以色列軍沿運河構築的「巴列夫防線」，於運河東岸建立橋頭堡。渡河成功的埃及軍在8月10日之前沿著運河占領寬達15km的地區。

《埃及軍用來渡過蘇伊士運河的蘇造工兵車輛》

〔PMP 浮橋〕
PMP 浮橋是蘇軍於1962年採用組合式浮橋，有耐重20t（車道寬3.29m）與60t（車道寬6.5m）兩種。可架設的長度為20t最大382m、60t最大227m。裝載於KrA-214載重車上運用。

〔GSP-55〕
蘇軍以PT-76或K-61兩棲車輛研改而成的水上運輸用自走浮筏。車體上方的浮筏可展開，用以搭載戰車等，橫向並排聯結車體則可當作浮橋使用。每輛最大酬載重量為52t。

《敘利亞軍用以進攻戈蘭高地防線的車輛》

為呼應埃及軍渡過蘇伊士運河，敘利亞軍也對戈蘭高地發動攻擊。由於這項攻勢必須突破以色列軍用防戰車壕搭配雷區構築而成的「小馬奇諾線」防禦陣地，因此敘利亞軍派出履帶機動橋與配備排雷裝置的戰車應對這些戰車阻絕設施。
敘利亞軍出動3個步兵師，搭配2個裝甲師提供支援，於10月6日進攻戈蘭高地。雖然被以色列的戰車阻絕設施所擾，但還是在7日越過防禦陣地，持續挺進攻擊。

〔MTU-12〕
利用T-54戰車底盤製成的履帶機動橋，會架設在防戰車壕等阻絕設施上，以讓戰車等車輛通過。架橋長12m，耐重50t。

〔T-55搭載KMT-5M排雷裝置〕
KMT-5M是裝在T-54/T-55或T-62戰車上的地雷排除裝置。裝置重7.5t，透過以滾輪觸爆地雷的方式在雷區開路。

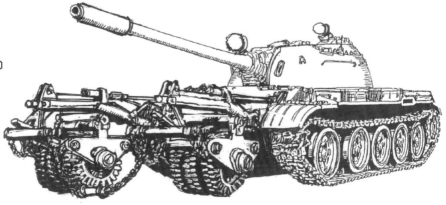

激戰！戈蘭高地

〔敘利亞軍砲兵部隊〕

グ グ グ グ…

放！

（以色列軍陣地）

糟糕，是敵襲！
原本以為還有1個小
時才會遭到攻擊，
失算了！

敵襲!!

黑門山監視站遭遇
敵突擊部隊！
已經攻到
掩體前面了!!

敘利亞軍
突破停戰線!!

敵戰車部隊
正往防戰車
壕前進!!

敵軍
來勢洶洶。
防禦據點
已遭突破！

（以色列軍裝甲部隊）

增援部隊的戰車
居然只有5輛啊。

若戈蘭高地淪陷，
以色列就會
陷入危機的說。

前線應該
撐得很辛苦。
對方手上有
新型的T-62戰車呢。

敵方突擊隊
似乎已在這附近機降，
注意警戒！

真是慘不忍睹…
每個都像氣力放盡的
行屍走肉一樣…

就連毫髮無傷的車輛也被丟下…
敵軍的先發制人看來效果十足啊。

來了，
準備接戰！

APDS彈
（脫殼穿甲彈）
準備好！

目標瞄準！

距離2000！

是敵軍！

給我打！
全車突擊！

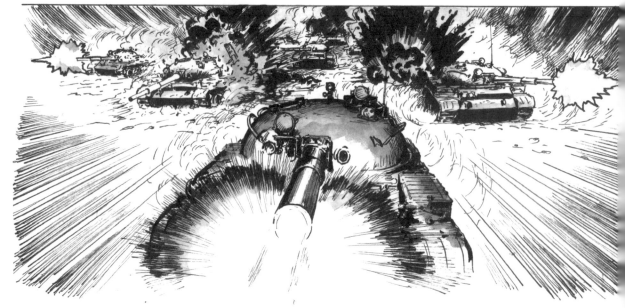

10月8日——
以色列空軍前日
即便付出慘痛犧牲,
依舊擊潰80％
敘利亞軍防空部隊,
此日仍全力空襲
敘利亞軍。

真是的,
居然撿回
一條命。

敵軍的夜戰裝備
比我們還好。

真的,
這場仗可是得靠1輛打10輛。
接下來要換我們回推了。

1973年10月7～9日的戰鬥，
以色列軍與敘利亞軍雙方共損失260輛戰車、
其他車輛200輛以上，殘骸遍布戰場。
因此這座戰車墳場又被稱作「眼淚谷」。

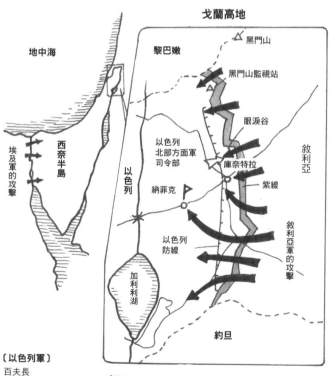

戈蘭高地

地中海

黎巴嫩

黑門山

黑門山監視站

眼淚谷

以色列
北部方面軍
司令部

敘利亞

庫奈特拉

紫線

西奈半島

埃及軍的攻擊

以色列

納菲克

以色列
防線

敘利亞軍的攻擊

加利利湖

約旦

1973年10月6日，為了一雪過去3度輸給
以色列的戰敗恥辱，阿拉伯陣營決定發動奇
襲。
「第四次中東戰爭」就此爆發。
埃及軍渡過蘇伊士運河，攻入西奈半島。他
們善用反戰車飛彈與防空飛彈，於緒戰壓制
了以色列軍。
另一方面，敘利亞軍也大舉出動裝甲部隊進
攻戈蘭高地。但以色列軍成功挺過攻擊，轉
而開始反擊。由於美國與蘇聯停止對雙方提
供武器供應，因此戰事於10天後暫告一段
落。
後來聯合國也派遣部隊，於10月28日結束
第四次中東戰爭。
雖然這場戰爭沒有決定性勝負，但以色列之
前的不敗神話卻因此被打破。

〔以色列軍〕
百夫長
（肖特）戰車

搭載105mm戰車砲

搭載115mm戰車砲

〔阿拉伯軍〕
T-62戰車

阿拉伯軍陣營於戈蘭高地投入
1,800輛戰車，損失1,200輛。
以色列軍有700輛戰車參戰，損
失超過350輛。

以色列軍的戰鬥車輛

M113衍生型

以色列軍在第3次中東戰爭之前，基本上是使用M2/M3半履帶車的各種車型當作運兵車與輪型戰鬥車輛。1972年，由美國提供大量M113裝甲運兵車後，以色列軍的通用裝甲車輛主力便從M2/M3半履帶車系列轉換為M113系列。以色列軍在巔峰時期曾擁有大約6,000輛M113系列，且也比照其他車型，有推出加裝附加裝甲及裝備等以色列獨自改造的車輛。

《標準M113族系》

〔M113裝甲運兵車〕

美國於1950年代開始研製，1960年制式採用。之後成為西方諸國的標準車型，許多國家都有採用，衍生型也相當繁多。

〔諸元〕

全長：4.864m
全寬：2.6861m
全高：2.496m
重量：10.4t
引擎：克萊斯勒75M V型8汽缸
液冷汽油引擎
武裝：M2 12.7mm重機槍×1
裝甲厚：28.6～44.5mm
乘員/士兵：2名/11名

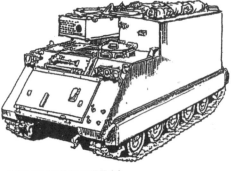

〔M577A1戰鬥指揮通信車〕

M113的指揮車型。為了讓乘員能以站姿作業，加高士兵艙頂部，內部設置指揮通信器材及桌子等設備，士兵艙前方外側也加裝通信器材用的發電機。以色列軍構型的M577穆加夫在車體兩側下方加裝置物架。

〔M901 ITV〕

車體上方搭載旋轉式TOW反戰車飛彈發射器。發射器上方裝填2枚BMG-71 TOW反戰車飛彈。

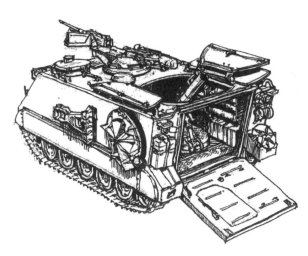

〔M106A1 107mm自走迫擊砲〕

改造士兵艙，於頂面設置大型門蓋，內部配置旋轉台座，搭載107mm迫擊砲。內側左右也加裝砲彈砲架。

《以色列軍M113裝甲運兵車（薩爾達）系列》

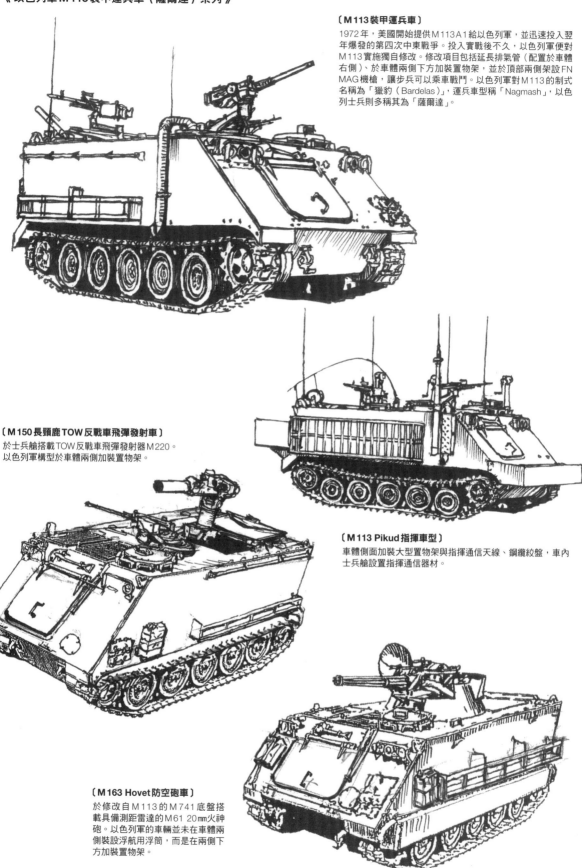

〔M113裝甲運兵車〕

1972年，美國開始提供M113A1給以色列軍，並迅速投入翌年爆發的第四次中東戰爭。投入實戰後不久，以色列軍便對M113實施獨自修改。修改項目包括延長排氣管（配置於車體右側）、於車體兩側下方加裝置物架，並於頂部兩側架設FN MAG機槍，讓步兵可以乘車戰鬥。以色列軍對M113的制式名稱為「獵豹（Bardelas）」，運兵車型稱「Nagmash」，以色列士兵則多稱其為「薩爾達」。

〔M150長頸鹿TOW反戰車飛彈發射車〕

於士兵艙搭載TOW反戰車飛彈發射器M220。以色列軍構型於車體兩側加裝置物架。

〔M113 Pikud指揮車型〕

車體側面加裝大型置物架與指揮通信天線、鋼纜絞盤，車內士兵艙設置指揮通信器材。

〔M163 Hovet防空砲車〕

於修改自M113的M741底盤搭載具備測距雷達的M61 20mm火神砲。以色列軍的車輛並未在車體兩側裝設浮航用浮筒，而是在兩側下方加裝置物架。

自走砲/彈藥運輸車

〔Mle.61 105mm自走榴彈砲（AMX-105A）〕

法國於二次大戰後首款實用化的自走砲。1940年代末期開始研製，1958年制式採用。它的底盤來自AMX-13輕戰車，其引擎艙位於前方、砲塔位於後方的配置很適合改造成自走砲，因此底盤並未大幅更動，僅於後方加裝附頂部裝甲板的戰鬥艙，並搭載M50 105mm榴彈砲。除法軍使用之外，也有外銷他國，以色列軍有採用。

〔諸元〕
全長：5.70m
全寬：2.65m
全高：2.7m
重量：16.5t
引擎：SOFAM 8Gxb V型8汽缸液冷汽油引擎
武裝：M50 105mm榴彈砲×1、
F1 7.62mm機槍×1
裝甲厚：10～20mm
乘員：5名

〔M548履帶運輸車〕

沿用M113裝甲運兵車的車體下半部，於1960年代前期研製。除美軍之外，也外銷至許多國家，以色列軍有採用。大多用於伴隨自走砲行動的彈藥運輸車。

〔諸元〕
全長：5.89m
全寬：2.67m
全高：2.81m
重量：12.8t
引擎：底特律6V53 V型6汽缸柴油引擎
武裝：M2 12.7mm重機槍×1
乘員：4名

〔M109騎士式155mm自走榴彈砲〕

1962年美軍制式採用的M109自走砲射程延伸型，主砲從23倍徑的M126換成長砲管的33倍徑M185，若使用M107通常榴彈，最大射程可由14600m延伸至18100m，若使用M549火箭助推榴彈，則可從23500m延伸至24000m。美軍於1970年10月制式採用，1973年開始賦部隊。雖然年代有點久遠，但經過數次升級之後，至今仍為西方陣營代表性的155mm自走砲之一，許多國家都還在使用。以色列軍購買短砲管型的M109AL之後，將其修改為長砲管型的M109A1/A2構型，並加裝置物架，命名為M109騎士式（Rochev）配賦部隊，有投入第四次中東戰爭。後來則推出進一步改良的M109騎手式（Doher），至今仍在服役。

〔諸元〕
全長：9.05m
全寬：3.15m
全高：3.28m
重量：24.07t
引擎：底特律8V-71T V型8汽缸液冷渦輪增壓柴油引擎
武裝：M185 155mm榴彈砲×1、M2 12.7mm重機槍×1
裝甲厚：31.75mm
乘員：6名

《M109 155mm自走榴彈砲的構造》

〔諸元〕
全長：9.68m
全寬：3.92m
全高：3.24m
重量：28.85t
引擎：底特律8V-71T-LHR V型8
汽缸液冷渦輪增壓柴油引擎
武裝：M284 155mm榴彈砲×1、
M2 12.7mm重機槍×1
裝甲厚：31.75mm
乘員：4名

※M109A1除主砲以外皆同。
①155mm榴彈砲
②砲閂
③M2 12.7mm重機槍
④155mm榴彈收納架
⑤155mm榴彈後部收納架
⑥155mm榴彈前方收納架
⑦引擎
⑧變速箱
⑨主動輪

〔M992野戰火砲彈藥支援車〕
與M109一起研製的彈藥運輸車。以M109為基礎，移
除旋轉砲塔，於底盤後方加裝大型結構。內部設置155
mm砲彈（彈頭、裝藥、引信）收納庫及給彈裝置，補
給彈藥時會從後方伸出輸送帶，最多可自動對M109自
走砲補給6發彈藥。

〔M107 175mm自走加農砲〕
應美軍要求，於1956年1月開始研製，1961年3月制式採用，
1980年5月之前製造524輛。M107搭載巨大的64.5倍徑長砲管
M113 175mm加農砲，與其小型底盤顯得很不相襯。最大射程可達
32700m，就使用通常彈藥的自走砲而言，射程位居西方陣營之
冠。車內搭載彈藥數量僅有2發，因此運用時必須搭配彈藥補給
車（美軍使用M548履帶運輸車）。以色列軍引進約200輛，用於
第四次中東戰爭。

117

以M4為基礎衍生的車輛

〔M32裝甲救濟車〕
以二次大戰時期1943年制式採用的M4為基礎的研改而成的裝甲救濟車。卸除砲塔，加裝砲塔狀構造物，於底盤內部配置絞盤，底盤前方加裝A字大型吊桿。大戰後與M4一起供應給世界各國，以色列則利用M1及M50超級雪曼改造出以M32為準的裝甲救濟車（也稱作M32）。

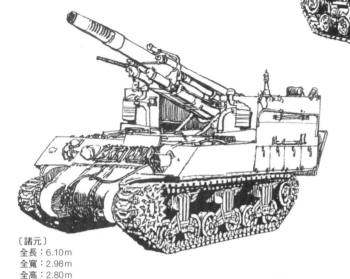

〔諸元〕
全長：6.10m
全寬：2.98m
全高：2.80m
重量：31t
引擎：康明斯VT8-460-B1 V型8汽缸液冷柴油引擎
武裝：M50 155mm榴彈砲×1、
FN MAG 7.62mm機槍或M2 12.7mm重機槍×2
乘員：8名

〔M50 155mm自走榴彈砲〕
使用M4底盤進行改造，右前方為引擎艙，左前方為駕駛艙，後方設置開頂式戰鬥艙。戰鬥艙前方搭載M50 155mm榴彈砲，副武裝則於左右架設FN MAG機槍或M2重機槍。1963年開始配賦以色列軍部隊，投入第三次中東戰爭，換裝引擎的改良型則有投入第四次中東戰爭。

〔L33 155mm自走榴彈砲〕
在M4底盤上搭載以色列索爾丹姆公司與芬蘭坦佩雷公司共同研製的M68 155mm榴彈砲構成的自走砲。封閉底盤中央的砲塔環，於其上方架設M68，並於底盤上半部加裝包覆全車的密閉式戰鬥艙。引擎換裝康明斯VT8-460-B1，承載系使用HVSS。1973年初開始配賦部隊，於第四次中東戰爭首次上陣。

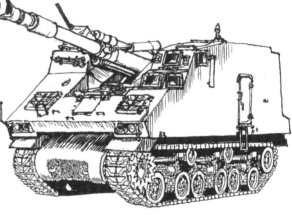

〔諸元〕
全長：8.47m
全寬：3.45m
全高：3.45m
重量：41.5t
引擎：康明斯VT8-460-B1 V型8汽缸液冷柴油引擎
武裝：M68 155mm榴彈砲×1、
FN MAG 7.62mm機槍×1
裝甲厚：12.7〜63.5mm
乘員：8名

〔Makmat 160mm自走迫擊砲〕
1960年代後半，以M4戰車為基礎研製的自走迫擊砲。1969年由以色列的索爾丹姆公司著手研製，1970年代初開始配賦部隊。底盤來自M50超級雪曼戰車與購自法國的M7B1 105mm自走榴彈砲，於底盤上方加裝包覆全車的開頂式戰鬥艙。戰鬥艙內最前方搭載索爾丹姆M66 160mm迫擊砲，副武裝則有戰鬥艙右前方的M2 12.7mm重機槍，以及架設於左右兩側的FN MAG 7.62mm機槍。引擎換用康明斯VT8-460-B1柴油引擎，使用HVSS承載系。

〔M7B1牧師式 105mm自走榴彈砲〕
以色列軍於1960年代中期自法國購入M7B1，1967年將其配賦部隊，並投入1973年的第四次中東戰爭。

〔諸元〕
全長：6.02m
全寬：2.87m
全高：2.95m
重量：22.7t
引擎：福特GAA V型8汽缸液冷汽油引擎
武裝：M2A1 105mm榴彈砲×1、M2 12.7mm重機槍×1
裝甲厚：12.7〜107.95mm
乘員：7名

以色列軍繼 M48 之後，又從美國繼續取得戰後第二代主力戰車 M60，於第四次中東戰爭與百夫長、M48 一起作為主力戰車投入戰場。以色列軍將 M60 命名為 E-60、M60 稱作 E-60、M60A1 稱作 E-60A、加裝推土鏟的 A1 稱作 E-60AD、M60A3 稱作 E-60B。除此之外，換用烏爾丹展望塔的以色列獨自修改型則比照 M48 稱作「馬戈其」，M60 修改型稱馬戈其6、M60A1 修改型稱馬戈其6A、M60A1 RISE 修改型稱馬戈其6B、M60A3 修改型稱馬戈其6C。除此之外，還有進一步調整細節的車型，包括6B Gal/ Gal Batash/ Baz、6R、6M 等。另有推出裝甲防禦強化型的馬戈其7A/7B/7C。M60 與 M48 之後也不斷進行改良，直到馳車戰車開始配賦部隊的1980年代初，皆與百夫長一起擔綱以色列軍主力戰車。

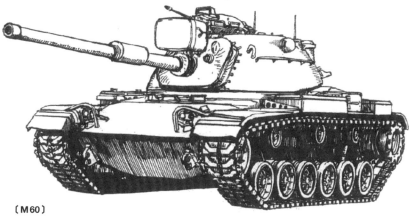

〔M60〕

與 M48 同樣使用龜甲形鑄造砲塔，為 M60 系列首款量產型。1959年開始生產，1962年之前製造超過1,000輛。引擎為650hp的AVDS-1790-2。

〔諸元〕
全長：9.31m
全寬：3.63m
全高：3.21m
重量：46.3t
引擎：大陸集團AVDS-1790-2 V型12汽缸氣冷渦輪增壓柴油引擎
裝甲厚：12.7～177.8mm
武裝：M68 105mm戰車砲×1、M73 7.62mm機槍×1、M85 12.7mm重機槍×1
乘員：4名

《M60系列的變遷》

〔M60A1〕

1962年開始生產。砲塔換成減少正面被彈面積的新型長鼻形。除了改良變速箱，引擎也換成功率較大的AVDS-1790-2SA（750hp）。

〔M60〕

為提升NBC防禦性能，換用新型空氣濾淨器。

引擎換成AVDS-1790-2C。

〔M60A1 REISE〕

M60A1的近代化修改型。主砲穩定裝置、探照燈、空氣濾淨器、引擎、履帶等換成新型，加裝煙幕彈發射器，並換裝同軸機槍。1971～1979年改約5,000輛A1 RISE。

《車外裝備的變化》

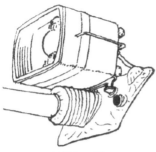

M60、M60A1配備的GE製AN/VSS-1
24吋探照燈

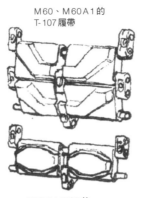

M60、M60A1的
T-107履帶

M60A1 RISE的
T-142履帶

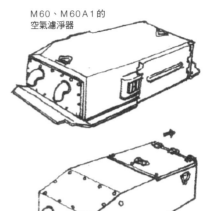

M60、M60A1的
空氣濾淨器

M60A1 RISE的新
型空氣濾淨器

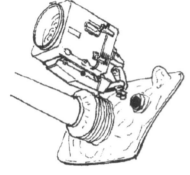

M60A1 RISE配備的小型AN/
VSS3A探照燈

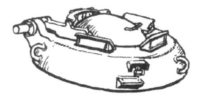

以色列馬戈其戰車使用的烏爾丹車長展望塔。

車外電話機

《M60的車內構造》

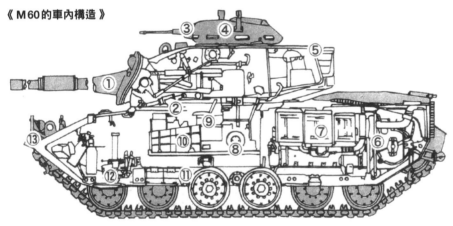

①M68 105mm戰車砲
②電子儀器
③M85 12.7mm車載重機槍
④車長展望塔
⑤置物籃
⑥轉向變速箱
⑦引擎
⑧頂支輪
⑨射手席
⑩105mm砲彈架
⑪懸吊裝置
⑫駕駛手席
⑬頭燈

《M60的衍生型》

〔M728 CEV〕
以M60A1為基礎的戰鬥工兵車。主砲換用M135 165mm砲,底盤
前方可加裝D7推土鏟或排雷裝置。圖為裝上D7推土鏟的狀態。

〔M60 AVLB〕
卸除M60的砲塔,於底盤加裝摺
疊橋的履帶機動橋。

阿拉伯聯軍的新型戰鬥車輛

蘇造 T-62 戰車

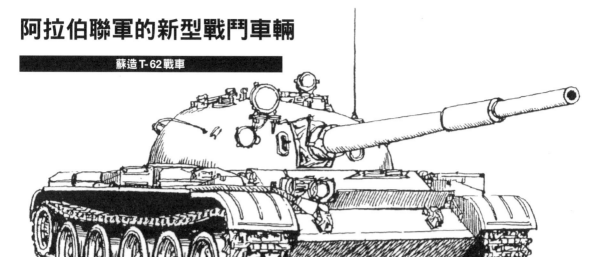

1960 年代後期，蘇聯主力戰車開始從 T-55 系列轉換至戰後第二代主戰車 T-62。T-62 從 1962 年 7 月開始生產，1975 年之前製造大約 2 萬輛，產量相當大。與 T-55 一樣，捷克斯洛伐克也有授權生產，完成 1,500 輛，但全都外銷至蘇聯與中東國家。第四次中東戰爭期間，埃及軍及敘利亞軍首次將 T-62 投入實戰。最新型的 T-62 配備 115mm 滑膛砲，火力勝過西方陣營的 105mm 戰車砲，性能足以凌駕以色列軍戰車，但還是敗給裝甲兵水準略高一籌的以色列軍，損失大量 T-62。以色列軍主要在戈蘭高地的戰鬥中繳獲超過 100 輛敘利亞軍的 T-62，部份比照 T-55／蒂朗 5 修改成以色列構型（主砲並未換裝），稱為蒂朗 6，集中配賦至新編成的第 320 預備役裝甲旅。然而，與蒂朗 5 不同，蒂朗 6 並未用於實戰。

〔諸元〕
全長：9.34m
全寬：3.33m
全高：2.40m
重量：37.5t
引擎：V-55V V 型 12 汽缸液冷柴油引擎
裝甲厚：20～242mm
武裝：U-5TS 115mm 滑膛砲×1、PKT 7.62mm 機槍×1、DShKM 12.7mm 重機槍×1
乘員：4 名

①U-5TS 115mm 滑膛砲
②L-2G 探照燈
③PKT 7.62mm 同軸機槍（砲閂右側）
④裝填手頂門
⑤防空用 DShK 12.7mm 重機槍
⑥空彈筒排出口
⑦鼓風機
⑧外油箱
⑨引擎
⑩散熱器
⑪增設油箱
⑫越野脫困用圓木
⑬引擎排氣口
⑭輔助滑油箱
⑮車長席
⑯車長觀瞄潛望鏡
⑰射手觀瞄潛望鏡
⑱射手席
⑲駕駛手席
⑳置物箱

《 T-62 的車內構造 》

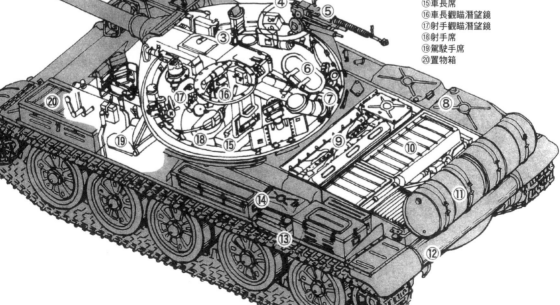

《BMP-1步兵戰鬥車》

〔諸元〕
全長：6.46m
全寬：2.94m
全高：1.88m
重量：12.6t
引擎：UTD-20 V型6汽缸液
冷柴油引擎
裝甲厚：6～26mm
武裝：2A28 73mm低壓滑
膛砲×1、PKT 7.62mm機槍
×1、9M14M嬰兒式反戰車
飛彈發射器×1具
乘員/士兵：3名/8名

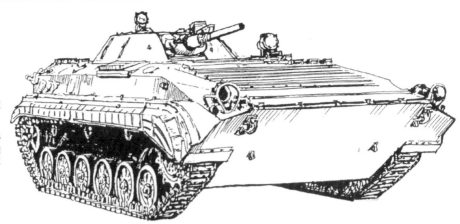

蘇聯於1950年代～1960年代初開始研製步兵戰鬥車，1966年制式採用BMP-1。雖然步兵戰鬥車在西德、法國已經配賦部隊運用，但在當時仍屬一個新領域。BMP-1的乘車步兵不須將身體探出頂門，即便是在核生化環境下也能在車內對外戰鬥，就這點而言可說是具有劃時代性。BMP-1包含衍生型在內，於1983年之前製造大約2萬輛，是產量最多的步兵戰鬥車。除蘇軍之外，華沙公約組織加盟國及其他許多國家都有採用。另外，也有國家會進行授權生產，捷克斯洛伐克製造大約1萬8,000輛、印度製造約800輛、羅馬尼亞製造約170～180輛。BMP-1也有外銷至中東，伊拉克擁有數量最多，埃及、伊朗、伊拉克、敘利亞各軍都有運用。第四次中東戰爭期間，埃及軍投入230輛、敘利亞軍投入約100輛BMP-1參戰。然而，與T-55、T-62一樣，兩軍乘員的訓練水準皆不足，以色列軍士兵技高一籌，使得BMP-1也損失慘重。

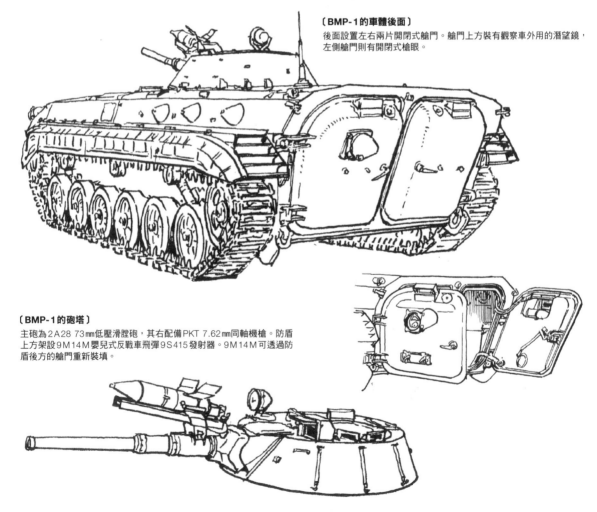

〔BMP-1的車體後面〕
後面設置左右兩片開閉式艙門。艙門上方裝有觀察車外用的潛望鏡，左側艙門則有開閉式槍眼。

〔BMP-1的砲塔〕
主砲為2A28 73mm低壓滑膛砲，其右配備PKT 7.62mm同軸機槍。防盾上方架設9M14M嬰兒式反戰車飛彈9S415發射器。9M14M可透過防盾後方的艙門重新裝填。

《BMP-1的車內構造》

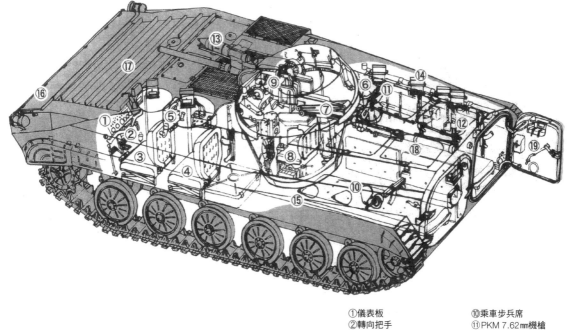

① 儀表板
② 轉向把手
③ 駕駛手席
④ 車長席
⑤ TKH3瞄準器
⑥ 9M14M（車內存放）
⑦ 揚彈裝置
⑧ 射手席
⑨ 2A28 73mm低壓滑腔砲
⑩ 乘車步兵席
⑪ PKM 7.62mm機槍
⑫ AKM突擊步槍
⑬ 9M14M反戰車飛彈
⑭ 乘車步兵用潛望鏡
⑮ AKM用槍眼
⑯ 擋浪板
⑰ 引擎艙
⑱ 油箱
⑲ 出入艙門

《BMP-2步兵戰鬥車》

BMP-1登場之後，對於西方陣營造成頗大衝擊，進而催生出西德的貂鼠式與法國的AMX-10P等西方版步兵戰鬥車。蘇聯研究西方陣營步兵戰鬥車的性能及發展動向之後，於1972年開始研製BMP-1的改良型。第四次中東戰爭在研製途中爆發，綜觀埃及陸軍、敘利亞陸軍在戰場上運用BMP-1的結果，歸納出BMP-1裝甲防禦力脆弱、73mm低壓滑腔砲的長射程精準度較差、9M14反戰車飛彈的導引操作困難等缺點。蘇軍改善這些問題點後，推出新型樣車Object 675，並於1980年試著投入阿富汗戰場運用，該年8月制式採用為BMP-2。BMP-2除了蘇聯/俄羅斯之外，捷克斯洛伐克與印度也有授權生產，總共製造約1萬2,000輛。與BMP-1一樣，BMP-2也被蘇聯/俄羅斯以及前蘇聯諸國、東歐之外的許多國家採用，在中東則有敘利亞、約旦、伊朗、科威特採用。

〔諸元〕
全長：6.74m
全寬：3.15m
全高：2.07m
重量：14t
引擎：UTD-20S1 V型6汽缸液冷柴油引擎
裝甲厚：6～26mm
武裝：2A42 30mm機砲×1、PKT 7.62mm機槍×1、9M113比賽式反戰車飛彈發射器×1具
乘員/士兵：3名/7名

《BMP-1/2的乘員/乘車步兵配置》

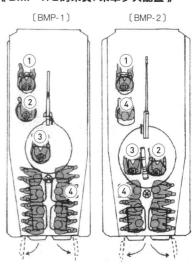

〔BMP-1〕　〔BMP-2〕

① 駕駛手　② 車長　③ 射手　④ 乘車步兵

對付蘇聯戰車 T-62 的戰鬥法

《 T-62 的攻擊重點 》

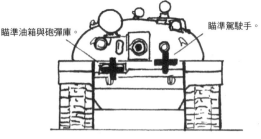

〔自正面攻擊的重點〕

瞄準油箱與砲彈庫。　瞄準駕駛手。

〔瞄準 T-62 戰車的左前方！〕

T-62 的 4 名乘員當中，有 3 名位於車內左側，因此若擊中底盤左前方就能殺傷駕駛手，擊中砲塔左前方則可殺傷射手與車長。

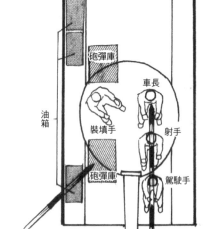

底盤右斜前方的命中彈

油箱 / 砲彈庫 / 車長 / 裝填手 / 射手 / 砲彈庫 / 駕駛手

正面左側的命中彈

由於底盤右側配置燃油與彈藥庫，若此處中彈，車內就會引發火災，且很可能會殉爆。若能命中底盤正面右側、右前方，或是砲塔正面右側下方，就能有效將之摧毀。

〔自側面攻擊的重點〕

不管右側/左側，只要瞄準底盤前下方，就能確實摧毀。

《 主砲的俯仰角 》

肖特（百夫長）
＋20°〜−10°

T-62
＋15°〜−3°

主砲俯仰角的高低，對於戰鬥所處的地形而言至關重要。特別是利用地形起伏進行伏擊之際，俯角較大的以色列軍戰車較為有利。

《 戰鬥瞄準 》

彈道

交戰距離
1600m

瞄準線

利用砲彈水平彈道進行射擊的方法。預先裝填首發砲彈，針對進入估算距離的敵目標逐一射擊，不須再調整射擊距離。舉例來說，以色列軍戰車的 105mm 戰車砲 APDS 彈有效射程為 1,600m，HEAT 彈為 1,100m，由於彈道近乎水平，因此只要敵戰車進入有效射程，不論其位於何處，都不須再調整射擊距離。

《 蘇造戰車/反裝甲兵器的有效射程 》

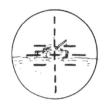

3000
2500
2000
1500
1000
500m

3M6 線導式
3M11 底盤式
9M14 攜帶式
T-62
T-54/T-55
SPG-9 無後座力砲
RGG-7

以色列軍戰車

〔基本上要先對付最靠近自己的敵人！〕

300m 以內的 RPG-7 射手、1000m 以內的戰車、3000m 以內的反戰車飛彈最具危險性。

《 戰車砲彈 》

〔阿拉伯聯軍使用的砲彈〕

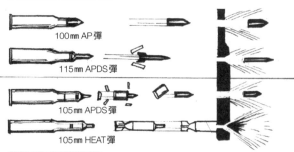

100mm AP 彈

115mm APDS 彈

105mm APDS 彈

105mm HEAT 彈

〔以色列軍使用的砲彈〕

到了第四次中東戰爭時期，以色列軍幾乎所有戰車都配備 105mm 戰車砲，能與之抗衡的 T-62 配備數量僅占阿拉伯聯軍戰車總數約 25%。

1973年的第四次中東戰爭期間，埃及軍與敘利亞軍祭出蘇造9M14嬰兒式（NATO代號AT-3火泥箱）反戰車飛彈，重創以色列軍戰車部隊。反戰車飛彈時至今日依舊是戰場最棘手的武器，如何抵禦飛彈，是運用戰車時的優先事項之一。

《 遭反戰車飛彈瞄準該如何處置 》

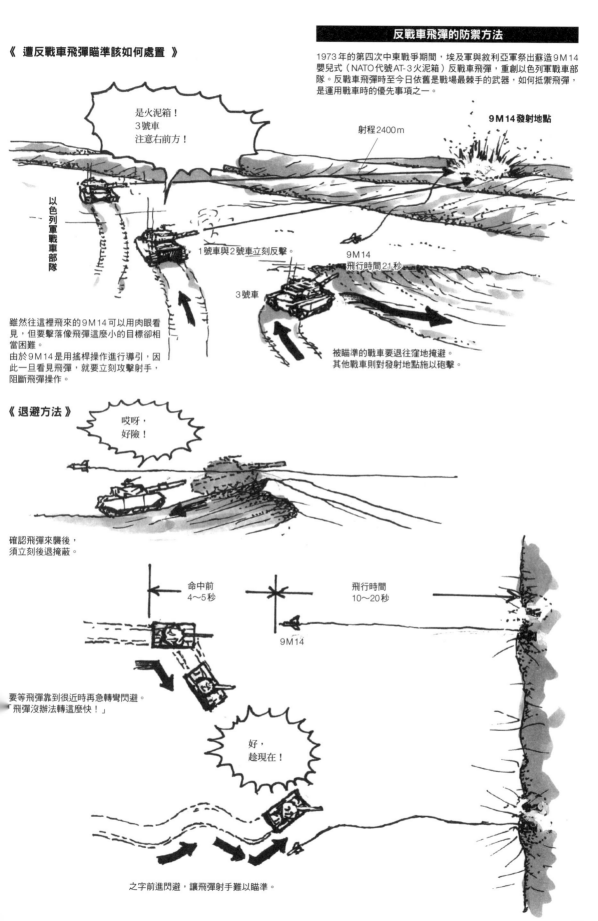

是火泥箱！
3號車
注意右前方！

射程2400m

9M14發射地點

以色列軍戰車部隊

1號車與2號車立刻反擊。

3號車

9M14
飛行時間21秒

雖然往這裡飛來的9M14可以用肉眼看見，但要擊落像飛彈這麼小的目標卻相當困難。
由於9M14是用搖桿操作進行導引，因此一旦看見飛彈，就要立刻攻擊射手，阻斷飛彈操作。

被瞄準的戰車要退往窪地掩避。
其他戰車則對發射地點施以砲擊。

《 退避方法 》

哎呀，
好險！

確認飛彈來襲後，
須立刻後退掩蔽。

命中前
4～5秒

飛行時間
10～20秒

9M14

要等飛彈靠到很近時再急轉彎閃避。
「飛彈沒辦法轉這麼快！」

好，
趁現在！

之字前進閃避，讓飛彈射手難以瞄準。

雙方陣營的頭盔

以色列軍的頭盔

以色列軍從建國時期到1960年代使用過許多國家的鋼盔，1960年代末期開始統一採用美造M1鋼盔。1970年代開始自行研製，於1977年採用自製的M76頭盔。

1982年入侵黎巴嫩的以色列陸軍士兵，頭戴M76頭盔，身穿防護背心。M76剛採用時僅優先配賦空降部隊與第一線部隊，要到1980年代後半才普及至所有單位。

〔Mk.II 鋼盔〕
英軍的鋼盔。採用M1之後，戰鬥部隊便不再使用，但女性部隊等單位仍持續使用至1980年代。

〔Mk.III 鋼盔〕
也是英軍的鋼盔，型號比Mk. II 新，以色列軍僅少數使用。

〔M1 鋼盔〕
1948年獨立時僅少數使用，1967年以降決定制式採用後，以色列也有自行生產至1960年代末期。

下巴帶原本使用美軍樣式，但後來比照英軍Mk. II傘兵盔修改成三點式，自製化之後列為標準樣式。

〔Mk.II 傘兵盔〕
供空降部隊與突擊部隊使用。

以內盔構成的憲兵盔，白色盔體漆有紅線與希伯來文MP字樣。

以色列士兵很常使用盔布與固定偽裝網用的鬆緊帶。

〔M1951頭盔〕
法造頭盔。有些部隊於1950年代至1960年代使用。

《M76頭盔》

以色列於1970年代研製、付諸實用的世界首款防彈樹脂材質頭盔，最早型號是以8mm厚強化玻璃纖維製成。1976年7月4日在烏干達的恩德培機場執行營救劫機人質作戰時首次投入實用，參與行動的特種部隊人員配戴此盔。

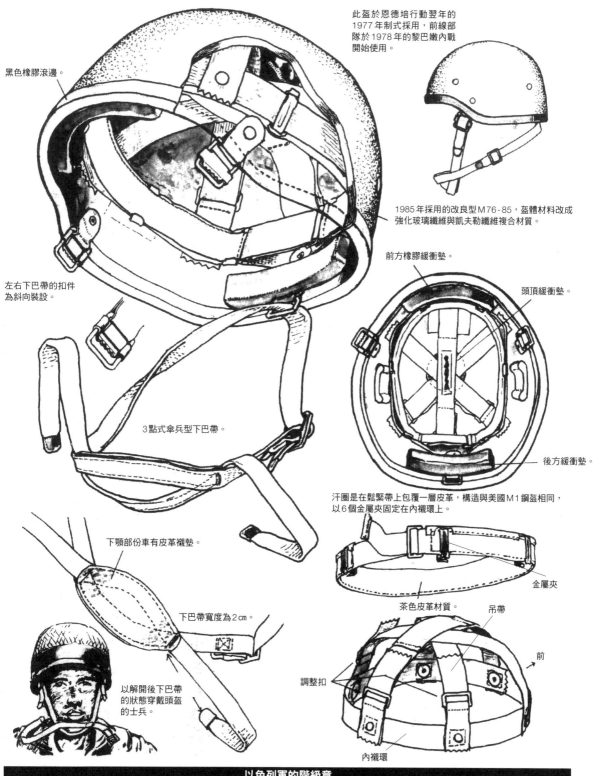

此盔於恩德培行動翌年的1977年制式採用，前線部隊於1978年的黎巴嫩內戰開始使用。

黑色橡膠滾邊。

1985年採用的改良型M76-85，盔體材料改成強化玻璃纖維與凱夫勒纖維複合材質。

前方橡膠緩衝墊。

頭頂緩衝墊。

左右下巴帶的扣件為斜向裝設。

3點式傘兵型下巴帶。

後方緩衝墊。

汗圈是在鬆緊帶上包覆一層皮革，構造與美國M1鋼盔相同，以6個金屬夾固定在內襯環上。

下顎部份車有皮革襯墊。

下巴帶寬度為2cm。

金屬夾

茶色皮革材質。

吊帶

前

以解開後下巴帶的狀態穿戴頭盔的士兵。

調整扣

內襯環

以色列軍的階級章

上等兵	下士	中士	上士	高級上士	資深高級上士	少尉	中尉	上尉	少校	中校	上校	准將	少將	中將	

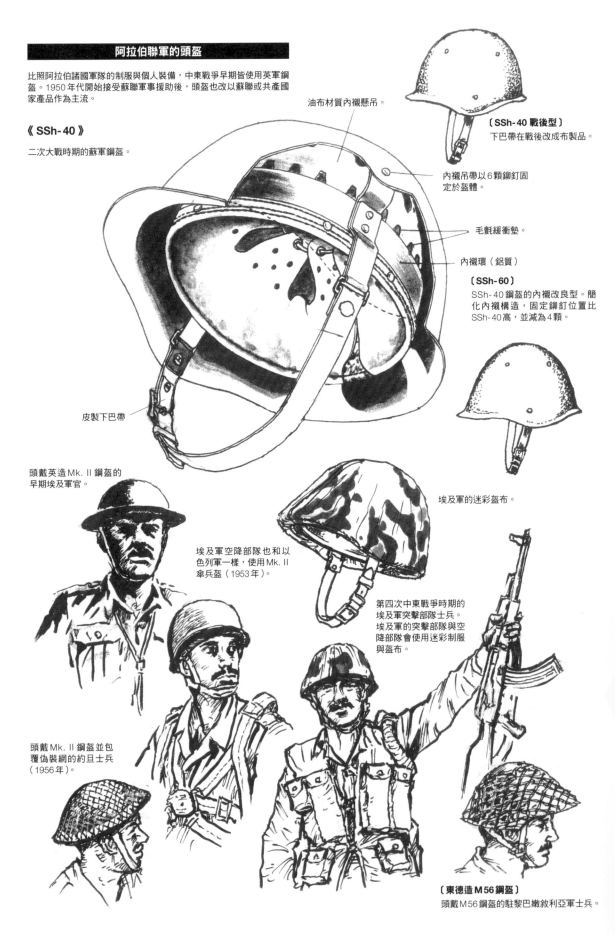

阿拉伯聯軍的頭盔

比照阿拉伯諸國軍隊的制服與個人裝備，中東戰爭早期皆使用英軍鋼盔。1950年代開始接受蘇聯軍事援助後，頭盔也改以蘇聯或共產國家產品作為主流。

油布材質內襯懸吊。

《SSh-40》

二次大戰時期的蘇軍鋼盔。

〔SSh-40 戰後型〕
下巴帶在戰後改成布製品。

內襯吊帶以6顆鉚釘固定於盔體。

毛氈緩衝墊。

內襯環（鋁質）

〔SSh-60〕
SSh-40鋼盔的內襯改良型。簡化內襯構造，固定鉚釘位置比SSh-40高，並減為4顆。

皮製下巴帶

頭戴英造Mk.II鋼盔的早期埃及軍官。

埃及軍的迷彩盔布。

埃及軍空降部隊也和以色列軍一樣，使用Mk.II傘兵盔（1953年）。

第四次中東戰爭時期的埃及軍突擊部隊士兵。埃及軍的突擊部隊與空降部隊會使用迷彩制服與盔布。

頭戴Mk.II鋼盔並包覆偽裝網的約旦士兵（1956年）。

〔東德造M56鋼盔〕
頭戴M56鋼盔的駐黎巴嫩敘利亞軍士兵。

入侵黎巴嫩

入侵黎巴嫩

■入侵黎巴嫩
（1982年6～9月）

　黎巴嫩是基督教徒比較多的中東國家，第一次中東戰爭以降，政局變得非常不穩定。1970年代，接受以色列支援的基督教右派團體與接受敘利亞支援的PLO這兩大組織爆發內戰。敘利亞軍於1976年進駐貝魯特後，衝突暫時趨緩，但雙方旗下仍有多數派閥，基督教系與伊斯蘭教系的派閥之間依舊不斷相互抗爭。除了國內紛爭之外，伊斯蘭教系規模最大的組織PLO也以黎巴嫩南部為據點，對以色列進行越境砲擊與打游擊戰。

　1982年6月6日，以色列軍開始進攻黎巴嫩。以色列軍的目的是摧毀PLO的軍事組織，並將PLO逐出黎巴嫩。以色列軍跨越邊境發動攻擊後，便在聯合國駐黎巴嫩臨時部隊眼前朝向貝魯特持續推進。作戰開始僅過數日，以色列軍便陸續控制PLO統治地區，並於6月13日開抵貝魯特郊外，翌日包圍貝魯特。

　在此期間，以軍也和駐黎巴嫩的敘利亞軍爆發戰鬥。以色列空軍擊落多架敘利亞空軍飛機，並摧毀其防空陣地，地面戰則首次投入以色列自製的馳車戰車，擊毀大量蘇造最新戰車T-72，以色列軍不論是在陸地還是空中都獲得壓倒性勝利。

　與敘利亞軍的戰鬥於6月25日宣佈停戰，被包圍於貝魯特的PLO則繼續抵抗2個月，到了8月才同意撤出黎巴嫩。在聯合國維和部隊的監視下，PLO在9月之前轉移至敘利亞、約旦、伊拉克等國，並將本部遷往突尼西亞。

　以色列軍入侵黎巴嫩的作戰雖然以成功作收，但由於以軍之後仍持續駐紮該國，引起伊斯蘭系民兵組織不斷對以色列軍發動攻擊。以色列軍於1985年6月5日之前分階段撤退至黎巴嫩南部，但後來民兵的派閥鬥爭仍未止息，且還在南貝魯特攻擊以色列軍，不斷發生小規模戰鬥，使得黎巴嫩內戰一直持續到1990年。

《以色列軍的裝備》

於三方面投入3個裝甲師，海岸地帶則有海軍艦艇實施登陸作戰。

〔RPV（無人偵察機）〕

飛往敘利亞軍的防空陣地進行偵察。以色列從1年前就開始持續蒐集情報，為入侵黎巴嫩預做準備。

〔休斯500 MD/TOW防衛者式〕

配備TOW反戰車飛彈。

〔AH-1休伊眼鏡蛇式〕

於貝卡山谷戰役投入50架，並且取得戰果。
配備TOW反戰車飛彈。

〔M3半履帶車〕

仍有少數用於部隊指揮通信車。

〔肖特卡爾戰車〕

底盤與砲塔正面加裝爆炸式反應裝甲，強化防護力，並加裝機槍、煙幕彈發射器等裝備。

〔M109 155㎜自走榴彈砲〕

〔M113裝甲運兵車〕

〔馬戈其6〕

以M60A1為基礎研改而成，加裝爆炸式反應裝甲等，由以色列軍進行獨自改良的構型。

〔M163 20㎜防空砲車〕

〔M113裝甲運兵車 Vayzata〕

M113加裝Toga中空裝甲的構型。

〔馳車Mk.1〕

105㎜砲的威力原本對於對付T-72稍有不安，但在實戰中卻擊毀大量T-72。

〔戰車運輸車〕

對於在多正面展開作戰的以色列軍而言，裝甲部隊必須仰賴多輛戰車運輸車執行緊急調動。

〔馬戈其6/MCRS排雷裝置裝備型〕

〔兩軍於地面作戰的損失〕

	以色列軍	敘利亞軍	PLO
戰車	80輛	450輛	—
士兵	約300人	約400人	約1000人
俘虜	1人	約250人	約6000人
航空器	20架	約70架	—

以色列軍於開戰第5天與敘利亞軍爆發空戰，並摧毀SAM陣地，於航空作戰取得勝利。翌日在貝卡山谷爆發反戰車戰鬥，敘利亞軍善用有利防禦的地形，投入配備反戰車武器的突擊部隊，但在以色列軍攻擊直升機的活躍之下，以色列軍仍於該高原的戰車對戰（以色列軍約250輛、敘利亞軍約600輛）取得勝利。這場勝負也讓敘利亞軍決定停戰。

《敘利亞軍的裝備》

以第1及第3裝甲師為主力，擁有700輛戰車的敘利亞軍善用有利地形，於貝卡山谷迎戰以色列軍，但卻在損失400輛後敗退。

〔駐黎巴嫩部隊〕
兵力2萬5000人
2個裝甲師
2個機械化旅
1個突擊營

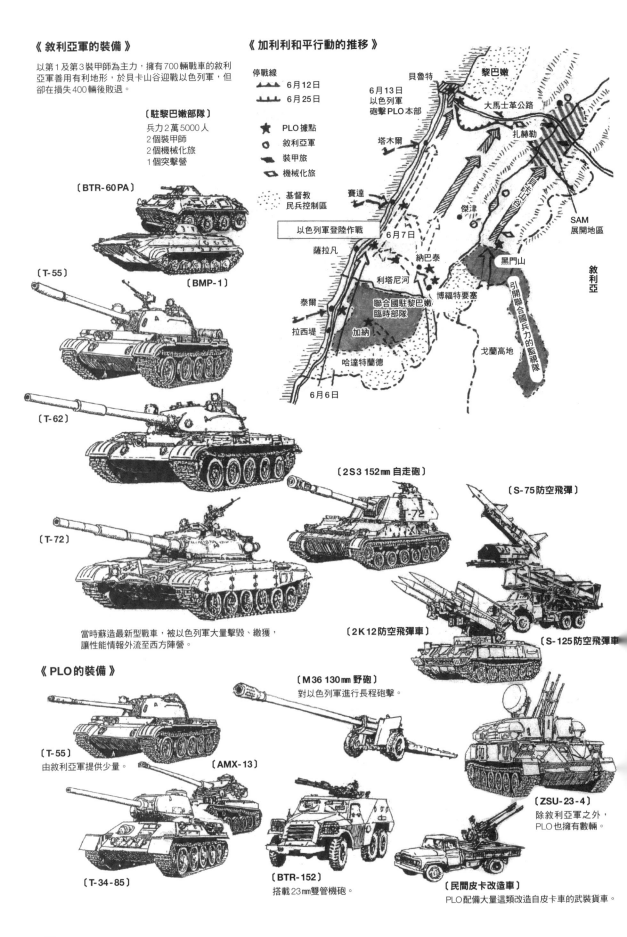

〔BTR-60PA〕

〔T-55〕

〔BMP-1〕

〔T-62〕

〔T-72〕

當時蘇造最新型戰車，被以色列軍大量擊毀、繳獲，讓性能情報外流至西方陣營。

〔2S3 152mm 自走砲〕

〔S-75防空飛彈〕

〔2K12防空飛彈車〕

〔S-125防空飛彈車〕

《加利利和平行動的推移》

停戰線
6月12日
6月25日

★ PLO據點
敘利亞軍
裝甲旅
機械化旅
基督教
民兵控制區

以色列軍登陸作戰

黎巴嫩
貝魯特
大馬士革公路
6月13日
以色列軍砲擊PLO本部
扎赫勒
塔木爾
SAM
展開地區
賽達
傑津
黑門山
引開聯合國兵力的監視隊
納巴泰
6月7日
薩拉凡
利塔尼河
博福特要塞
泰爾
聯合國駐黎巴嫩臨時部隊
加納
拉西堤
戈蘭高地
哈達特蘭德
敘利亞
6月6日

《PLO的裝備》

〔T-55〕
由敘利亞軍提供少量。

〔AMX-13〕

〔M36 130mm 野砲〕
對以色列軍進行長程砲擊。

〔ZSU-23-4〕
除敘利亞軍之外，PLO也擁有數輛。

〔T-34-85〕

〔BTR-152〕
搭載23mm雙管機砲。

〔民間皮卡改造車〕
PLO配備大量這類改造自皮卡車的武裝貨車。

以色列軍的戰鬥車輛

入侵黎巴嫩時的百夫長

〔肖特卡爾 反應裝甲配備型〕
底盤正面/側面上方與砲塔正面/側面加裝許多稱為「外套（Blazer）」的ERA（爆炸式反應裝甲）。外套裝甲是世界首款實用化的ERA，於入侵黎巴嫩（加利利和平行動）時首次於媒體曝光。除此之外，此時期的主砲也會配備熱套筒，並於砲塔正面左右加裝煙幕彈發射器、砲塔頂部加裝機槍、採用新型砲彈等。

〔肖特卡爾 推土鏟配備型〕
於底盤正面加裝推土鏟的戰鬥工兵車型。

〔加裝排雷犁的狀態〕
於底盤正面加裝剷除地雷的排雷犁。

〔肖特卡爾 排雷滾輪配備型〕
配備滾輪式排雷裝置，輾壓地雷將其觸爆排除。

馳車（Merkava，或音譯為梅卡瓦）是以色列參考歷次中東戰爭教訓，滿懷自信研製的國造戰車。Mk.1於1979年開始配賦部隊，並發展出Mk.2～Mk.4，2023年則推出最新型的Mk.5（制式名稱為閃電）。

〔蘇造T-62〕
搭載115mm滑膛砲。決定研製馳車戰車時，T-62號稱世界最強戰車。

〔英造酋長式〕
酋長式是1963年開始生產的新型戰車，以色列視其為下一代主力戰車並投以關注。搭載120mm線膛砲，曾是西方陣營最強的戰車。

〔以色列自製馳車Mk.1〕
樣車於1974年完成，1976年開始生產，1979年配賦部隊。

馳車戰車的研製

■以色列首款自製戰車

1960年代，阿拉伯諸國陸續從蘇聯等國取得大量新型戰鬥車輛。以色列認為自軍的M4、百夫長、M48改良型已經力有未逮，因此想要取得新型戰車。

以色列投以矚目的是當時英國正在研製的最新主力戰車酋長式，酋長式擁有厚重裝甲，以及西方陣營主力戰車最強大的火力。

1963年，以色列與英國簽約，將以酋長式為基礎，共同研製供以色列軍使用的改良型。然而，由於阿拉伯諸國向英國施壓，使得這項研製計畫最後胎死腹中。

以色列因此於1970年決定自行研製新型戰車，在設計上採用以往歷次戰鬥的教訓，特別重視防護力與乘員生存性。1974年完成的樣車，設計與其他國家主力戰車大異其趣，引擎配置於底盤前方，後方則設置戰鬥艙，上方安置砲塔。經過測評之後，以色列對於結果相當滿意，將其命名為「馳車」並制式採用，1976年開始先導量產。

首款量產型馳車Mk.1從1979年4月開始配賦以色列軍部隊，在1982年的入侵黎巴嫩作戰中首次上陣。

馳車戰車的研製變遷

1970年8月，以色列決定研製馳車戰車。經過模型驗證、製作細部設計驗證車後，於1974年完成2輛測評用樣車。
樣車於該年7月開始進行測評，由於結果良好，因此決定制式採用，自1976年開始製造先導量產型。

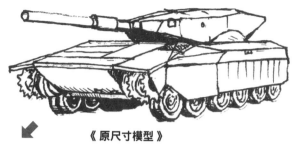

《原尺寸模型》

1971年4月製造的原尺寸模型，可看出在此階段便已確立基本設計。

《首輛設計驗證車》

利用百夫長的底盤與砲塔改造。
將底盤改成前置引擎設計。

《第2輛設計驗證車》

於新設計的底盤上搭載M48(馬戈其)的砲塔。

《最終設計驗證車》

於新設計的底盤上搭載砲塔模型。此車確立了最終設計構型。

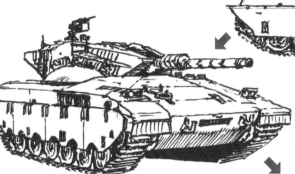

《馳車樣車》

此車依據測評結果進行改良後，開始製造生產型。

《馳車Mk.1先導量產型》

1976年開始製造的先導量產型。與之後的標準型有若干差異。

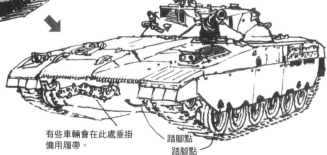

有些車輛會在此處垂掛備用履帶。

踏腳點
踏腳點

《馳車Mk.1量產型》

1979年4月開始配賦部隊。

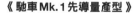

承載輪有造過3種，後來制式採用最左邊的構型。

馳車戰車的構造

〔諸元〕
全長：8.63m
全寬：3.72m
全高：2.64m
重量：60t
引擎：泰瑞達‧大陸集團 AVDS-1790-5A V型12汽缸氣冷渦輪增壓柴油引擎
武裝：M68 105mm戰車砲×1、FN MAG 7.62mm機槍×3、C07 60mm迫擊砲×1
乘員：4名

〔馳車 Mk.1〕
1979年4月開始配賦以色列軍裝甲部隊的馳車戰車系列首款量產型。馳車在設計上是以防護性能與乘員生存性作為最優先考量，與他國主力戰車大異其趣。1982年於入侵巴嫩首次投入實戰時，不僅驗證其防護性能的確夠高，且還擊毀大量當時號稱世界最強主力戰車的蘇造T-72，堪稱華麗登場。

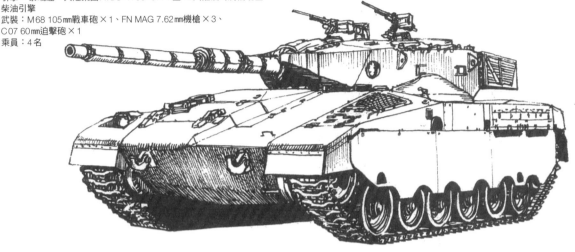

《 馳車 Mk.1 的車內配置 》

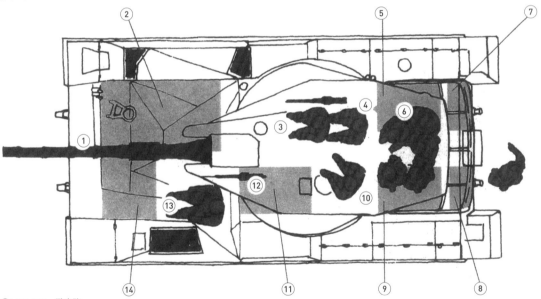

①M68 105mm戰車砲
②引擎
③射手
④車長
⑤車內右側彈藥箱
⑥乘車士兵（未配備彈藥箱時）
⑦核生化防護設備
⑧電瓶
⑨車內左側彈藥箱
⑩裝填手
⑪彈藥箱（備射彈）
⑫FN MAG 7.62mm同軸機槍
⑬駕駛手
⑭動力艙

底盤後方設有艙門。除了用來裝載彈藥等物，還能在砲火交加的戰場上供乘員安全逃生。

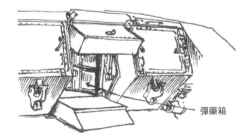

彈藥箱

底盤後方左右兩側可加裝彈藥箱，若未裝彈藥箱，則可搭乘4～6名步兵。

《馳車 Mk.2 的車內構造》

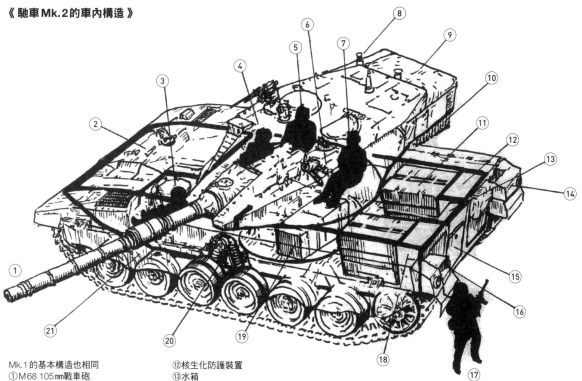

Mk.1 的基本構造也相同
①M68 105mm戰車砲
②動力包件
③駕駛手
④射手
⑤車長
⑥戰鬥艙（空間較大，重視舒適性）
⑦裝填手
⑧環境感測器
⑨置物架
⑩鏈條簾幕
⑪彈藥箱

⑫核生化防護裝置
⑬水箱
⑭救護箱
⑮後艙門
⑯車外通話機
⑰利用車外通話機與戰車內乘員通話的步兵。
⑱電瓶
⑲彈藥箱（備射彈）
⑳承載系
㉑側裙

阿拉伯陣營用以攻擊馳車的兵器

〔攻擊直升機〕
配備反戰車飛彈的蘇造 Mi-24 雌鹿式、Mi-8/-17、法造 SA342 等。圖為 SA342M 瞪羚式，配備6枚 HOT 反戰車飛彈，在黎巴嫩內戰時由敘利亞軍使用。

〔T-72〕
馳車的直接對手是阿拉伯聯軍配備的戰車及戰鬥車輛。

〔IED〕
利用現有炸藥、彈藥製作的簡易即造爆裂裝置。

〔RPG-7 的 PG-9VL 彈頭〕
步兵攜行式反戰車火箭彈發射器 RPG-7 的彈頭。最大射程約 920m、有效射程 100～150m、貫穿力 250～300mm。

〔RPG-29 的 PG-29PV〕
步兵攜行式反戰車火箭彈發射器 RPG-29 的串列式彈頭。有效射程約 50m、貫穿力 750mm（配備 ERA 時為 600mm）。

〔9M111 低音管式反戰車飛彈〕
1970 年開始配備的蘇造反戰車飛彈。射程 70～2500m、貫穿力 400mm。

〔9M113 比賽式反戰車飛彈〕
1974 年開始配備的蘇造反戰車飛彈。射程 70～3600m。貫穿力 1000mm。

馳車戰車系列的變遷

馳車戰車於 1970 年 8 月決定研製，經過大約 9 年歲月後，馳車 Mk.1 在 1979 年 4 月開始撥交部隊服役。馳車於 1982 年入侵黎巴嫩時首次上陣，在以色列軍事作戰中扮演舉足輕重的腳色，從 Mk.1 進化至配備 120㎜滑膛砲的 Mk.3，目前部隊運用的則是進一步強化裝甲防護力的 Mk.4。

〔馳車 Mk.1〕
1974 年完成樣車後，於 1976 年開始生產的馳車首款量產型。主砲使用當時西方陣營主力戰車標準的 105㎜戰車砲（M68 線膛砲）。

〔馳車 Mk.2〕
馳車戰車於 1982 年入侵黎巴嫩時首次上陣後，依據戰爭教訓進行改良，於 1983 年開始配賦部隊。Mk.2 基本上仍是以 Mk.1 作為基礎，於砲塔正面及左右側面加裝附加裝甲，提升防護性能，並換裝新型射控系統、加裝雷射警告系統、將 60㎜迫擊砲從外裝式改成內裝式、變更側裙、換裝變速箱等，進一步改善機動性能。除此之外，也有引進新型砲彈。

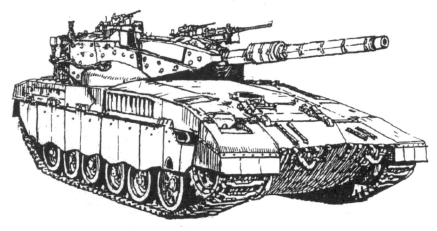

〔馳車 Mk.2B〕
1980 年代後期登場的 Mk.2 改良型。改良射控系統、配備熱像儀，並將側裙改成與 Mk.3 同款。

〔馳車 Mk.2 Batash〕
進一步強化砲塔附加裝甲，底盤正面頂部的駕駛室前方也加裝附加裝甲。另外，還有加上可由主砲發射的 LAHAT 雷射導引反戰車飛彈運用能力。

〔馳車Mk.3〕
1983年著手研製，1989年開始量產，1990年投入服役的新型，底盤、砲塔皆重新設計，與Mk.1/Mk.2大不相同。砲塔正面/左右配備模組化附加裝甲型，側裙也改成複合裝甲型，並配備偵測反戰車飛彈用的LWS-2雷射警告系統。引擎換成馬力提升型，主砲改用IMI公司研製的國產MG251 120mm滑膛砲（可發射LAHAT反戰車飛彈），除了防護力之外，機動力、火力也都大幅強化。

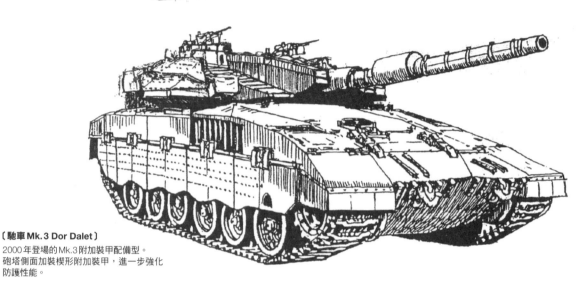

〔馳車Mk.3 Dor Dalet〕
2000年登場的Mk.3附加裝甲配備型。砲塔側面加裝楔形附加裝甲，進一步強化防護性能。

〔馳車裝甲救濟車〕
卸除砲塔，加裝大型吊臂。

〔雌虎重裝甲運兵車（樣車）〕
樣車是以馳車Mk.1為基礎改造而成，可搭乘3名乘員與8名步兵。

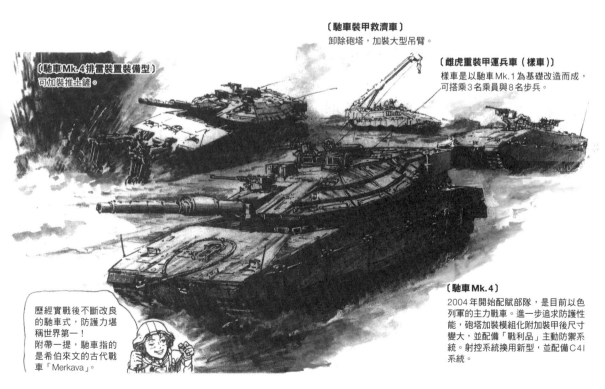

〔馳車Mk.4排雷裝置裝備型〕
可加裝推土鏟。

〔馳車Mk.4〕
2004年開始配賦部隊，是目前以色列軍的主力戰車。進一步追求防護性能，砲塔加裝模組化附加裝甲後尺寸變大，並配備「戰利品」主動防禦系統。射控系統換用新型，並配備C4I系統。

歷經實戰後不斷改良的馳車式，防護力堪稱世界第一！附帶一提，馳車指的是希伯來文的古代戰車「Merkava」。

《馳車 Mk.1 的最終生產構型》

依據 1982 年入侵黎巴嫩時的教訓，加裝機槍以應對近距離城鎮戰，並修改側裙，對防護能力實施改良。

環境感測器

裝填手 FN MAG 機槍

改良側裙。

排氣柵門。

裝備扣具。

有些車輛會在防盾上加裝與主砲同軸的 M2 12.7mm 重機槍，可由車內操作。

砲塔右側配備 C07 60mm 迫擊砲。

鏈條簾幕

《馳車 Mk.2》

由於車長會在戰鬥時從頂門探出頭來指揮作戰，因此常有傷亡。

原本裝在砲塔右側外面的 60mm 迫擊砲改裝於車內，並可重新裝填。

配備附加裝甲。

防盾上的 M2 重機槍列為標準配備，在城鎮戰比主砲有效。

新型側裙。

〔諸元〕
全長：8.63m
全寬：3.72m
全高：2.64m
重量：61t
引擎：泰瑞達・大陸集團 AVDS-1790-5A V 型 12 汽缸氣冷渦輪增壓柴油引擎
武裝：M68 105mm 戰車砲 × 1、FN MAG 7.62mm 機槍 × 3、C04 60mm 迫擊砲 × 1
乘員：4 名

《馳車 Mk.2 的改良型》

〔馳車 Mk.2A〕
射控系統換成新型。

〔Mk.2A 砲塔頂部〕

變更裝填手潛望鏡（旋轉式）。

更新射控系統。

可由車內操作的 C04 60mm 迫擊砲。

〔馳車 Mk.2B〕

射控系統加裝熱像儀。

雷射偵測裝置。

砲塔正面左右側加裝煙幕彈發射器。

改用與 Mk.3 同款的複合裝甲側裙。

〔馳車 Mk.2B Dor Dalet〕
砲塔側面加裝楔形模組化附加裝甲。並具備砲射式 LAHAT 反戰車飛彈運用能力。

《馳車Mk.3》

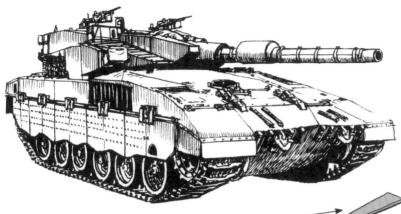

〔諸元〕
全長：8.78m
全寬：3.72m
全高：2.66m
重量：62t
引擎：泰瑞達・大陸集團AVDS-1790-
9AR V型12汽缸氣冷渦輪增壓柴油引擎
武裝：MG251 120mm滑膛砲×1、FN
MAG 7.62mm機槍×3、M2 12.7mm重機槍
×1、C04 60mm追擊砲×1
乘員：4名

Mk.3B的砲塔頂部多加裝
4塊附加裝甲。

《馳車Mk.3/3B的模組化附加裝甲》

Mk.3的砲塔在正面/左右側面配備模組
化附加裝甲，除了抵擋成形炸藥彈之
外，對於高速穿甲彈也有效果。若遭砲
彈命中，只要更換受損部份即可，便於
維修保養。

《Mk.1/Mk.2與Mk.3的承載系比較》

〔Mk.1/Mk.2〕

採用以垂直彈簧搭配2顆承載輪構成1組台車的霍斯特曼式
承載系。

〔Mk.3〕

改用由同軸彈簧與拖曳臂組成的獨立式承載系。
與Mk.1/Mk.2一樣都是不會占用車內空間的外裝式。

《馳車Mk.3的砲塔》

砲塔頂部配備附加裝甲。

加裝車長用觀瞄儀。

〔馳車Mk.3B〕
Mk.3從第3生產批次開始在砲塔頂部加
裝模組化附加裝甲，用以防範頂攻武器
（上圖參照）。

〔馳車Mk.3 Baz〕
1995年登場。更新射控系統、加裝車
長用大型觀瞄儀，具備自動追蹤目標功
能，可對付直升機等高速移動目標。

以色列軍獨自修改的 M113 系列

〔M113 Nagmash Vayzata〕
車體正面至左右兩側包覆以色列拉斐爾公司製造的中空裝甲「TOGA」（為了減輕重量，使用打孔金屬板）的防護強化型。

〔M113 Nagman〕
在 M113 Nagmash Vayzata 的車長展望塔四周與人員艙頂門左右兩側加裝備有防彈玻璃的護盾。

〔M113 Classical（薩爾達2）〕
於車體正面/側面加裝拉斐爾製爆炸式反應裝甲的防護性能提升型。車頂展望塔四周與人員艙頂門左右兩側加裝備有防彈玻璃的護盾。

〔M113 護盾配備型〕
車體沒有附加裝甲，但車頂展望塔四周與人員艙頂門左右兩側加裝備有防彈玻璃的護盾。

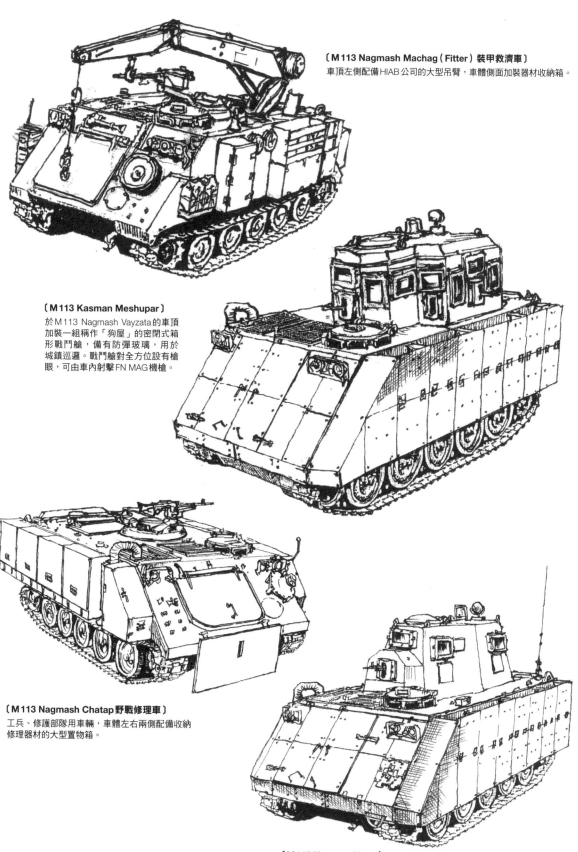

〔M113 Nagmash Machag（Fitter）裝甲救濟車〕
車頂左側配備HIAB公司的大型吊臂，車體側面加裝器材收納箱。

〔M113 Kasman Meshupar〕
於M113 Nagmash Vayzata的車頂
加裝一組稱作「狗屋」的密閉式箱
形戰鬥艙，備有防彈玻璃，用於
城鎮巡邏。戰鬥艙對全方位設有槍
眼，可由車內射擊FN MAG機槍。

〔M113 Nagmash Chatap野戰修理車〕
工兵、修護部隊用車輛，車體左右兩側配備收納
修理器材的大型置物箱。

〔M113 Kasman Maoz〕
發展自M113 Nagmash Vayzata的城鎮巡邏型，車頂戰鬥艙設計及構造與
Kasman Vayzata不同。此型也能從車內射擊FN MAG機槍。

重裝甲運兵車/重步兵戰鬥車

《改造自肖特卡爾戰車的車輛》

〔肖特裝甲運兵車〕

1980年代，利用退出第一線的肖特卡爾戰車底盤研改而成。卸除砲塔後，修改底盤中央的戰鬥艙，加裝低矮型開頂式人員艙。人員艙的裝甲厚度為76～118mm，相當於當時的主力戰車，但由於底盤後方沒有艙門，因此乘車士兵必須冒著砲火從戰鬥艙頂部出入，是其缺點。

〔Nagmachon裝甲運兵車〕

改造自卸除砲塔的肖特卡爾戰車底盤，於車體中央加裝人員艙。這款車型是為了鎮壓巴勒斯坦的暴動而設計，因此比較重視對外觀察視野，人員艙比肖特、Nakpadon裝甲運兵車高聳，並在頂部加裝配備防彈玻璃的護盾。人員艙頂部左右兩側架設FN MAG機槍。

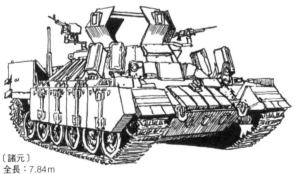

〔PUMA戰鬥工兵車〕

1991年配賦部隊的戰鬥工兵車，改造自肖特卡爾戰車。底盤中央改成密閉式的低矮型工兵艙，用來容納人員與工作器材，頂部配備一組使用FN MAG機槍的拉斐爾公司OWS，另有3挺FN MAG、1門60mm迫擊砲。頂部構造物與側裙採用複合裝甲，頂部構造物側面還可加掛ERA。底盤正面可加裝排雷裝置或推土鏟，為改善機動性，承載系換成與馳車Mk.1/Mk.2同款的新型霍斯特曼式。

〔諸元〕
全長：7.84m
全寬：3.38m
重量：52t
引擎：大陸集團AVDS-1790-2A V型12汽缸氣冷渦輪增壓柴油引擎
武裝：FN MAG 7.62mm機槍×2～4
乘員/士兵：2名/10名

〔諸元〕
全長：7.55m
全寬：3.38m
全高：2.65m
重量：51t
引擎：大陸集團AVDS-1790-2A V型12汽缸氣冷渦輪增壓柴油引擎
武裝：FN MAG 7.62mm機槍×4、C04 60mm迫擊砲×1
乘員/工兵：3名/5名

以色列軍從1972年開始運用M113，歷經第四次中東戰爭、入侵黎巴嫩等數次實戰之後，決定進一步加強裝甲運兵車的防護力。以色列軍在高峰期曾擁有6,000輛M113車系，對其而言已是不可或缺的存在。然而，當以色列軍的軍事作戰逐漸轉變為城鎮戰之後，就必須發展防護性能更高的車型。基於此前的戰爭教訓，即便是運兵車，防護力也須比照主力戰車水準。以色列軍遂利用過時的肖特卡爾（百夫長）與馳車Mk.1、繳獲T-54/T-55（蒂朗4/5）的底盤，改造出重裝甲運兵車與步兵戰鬥車。

〔諸元〕
全長：7.55m
全寬：3.39m
全高：3.0m
重量：51t
引擎：大陸集團AVDS-1790-2A V型12汽缸氣冷渦輪增壓柴油引擎
武裝：FN MAG 7.62mm機槍×3
乘員/士兵：2名/8名

〔Nakpadon裝甲運兵車〕

改造自肖特卡爾戰車的裝甲運兵車，1990年代期開始配賦部隊運用。卸除砲塔，於車體中央加裝人員艙。人員艙為密閉式，頂面有出入口，正面/側面配備模組化附加裝甲，底盤側面的側裙也改用複合裝甲，防護力比使用相同底盤的肖特裝甲運兵車來得高。然而，由於是轉用自同款戰車底盤，因此與肖特裝甲運兵車一樣，後方沒有艙門，步兵必須從人員艙頂部出入，是其缺點。

〔諸元〕
重量：55t
引擎：大陸集團AVDS-1790-2A V型12汽缸氣冷渦輪增壓柴油引擎
武裝：FN MAG 7.62mm機槍×4、C04 60mm迫擊砲×1
乘員/士兵：2名/10名

《其他重裝甲運兵車》

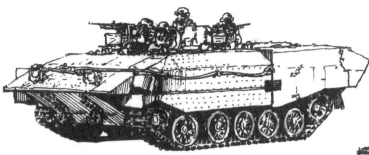

〔諸元〕
全長：6.20m
全寬：3.60m
全高：2.0m
重量：44t
引擎：底特律柴油引擎8V-92TA/DDCⅢ V型8
汽缸液冷渦輪增壓柴油引擎
武裝：FN MAG 7.62㎜機槍×4
乘員/士兵：3名/7名

〔阿奇扎里特突擊運兵車〕

改造自肖特卡爾戰車的重裝甲運兵車雖然防護力很強，但士兵卻得從車頂下車，在戰場上相當危險。為此改善此問題而研製的就是改造自蒂朗4/5（T-54/T-55）的阿奇扎里特。阿奇扎里特從1980年代初期開始研製，1988年配賦部隊運用。它卸除了砲塔，將戰鬥艙改造成人員艙，底盤四周加裝中空式附加裝甲，士兵出入口設置於底盤右後方。除此之外，它也有換裝引擎，強化了機動力。

阿奇扎里特的車體後端。士兵出入艙門是像這樣上下開閉，由於會橫切過左後方的引擎艙，使用起來不甚方便，且掀開頂門蓋後，敵軍老遠就能發現士兵正在下車，是其缺點。

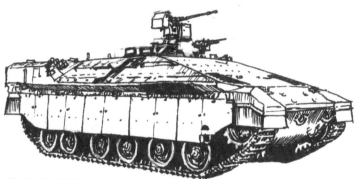

〔諸元〕
全長：7.60m
全寬：3.70m
全高：2.50m
重量：62t
引擎：泰瑞達‧大陸集團AVDS-1790-9AR V型12汽缸氣冷渦輪增壓柴油引擎
武裝：M2 12.7㎜重機槍或
Mk.19 40㎜榴彈機槍×1、
FN MAG 7.62㎜機槍×1、C04 60㎜迫擊砲×1
乘員/士兵：3名/9名

〔雌虎裝甲運兵車〕

改造自馳車Mk.1/Mk.2的重裝甲運兵車，2008年開始配賦部隊。由於馳車式的裝甲原本就很厚重，因此防護力遠高於之前使用肖特卡爾、蒂朗戰車改造的車型，且馳車原本就有保留士兵搭乘空間，底盤後方也設有艙門，相當適合改造成運兵車。卸除砲塔後，將車頂改為密閉式，並且加高高度，讓人員艙舒適性能夠獲得改善。車頂加裝車長用與射手用展望塔，其前方配備拉斐爾公司參孫RWS（遙控武器站）與FN MAG 7.62㎜機槍。車頂與左右兩側上半部配備模組化複合裝甲。

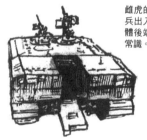

雌虎的車體後端。士兵出入艙門配置於車體後端中央，最符合常識。

蒂朗5/6

〔蒂朗6〕

將第四次中東戰爭自敘利亞軍繳獲的T-62修改成以色列軍構型，配賦自軍使用。修改內容幾乎與蒂朗5相同，但主砲維持原本的115㎜滑膛砲，並未換裝L7系105㎜戰車砲。

〔蒂朗5〕

將第三次/第四次中東戰爭繳獲的T-55修改成以色列軍構型，供自軍部隊運用。主砲換用西方陣營主力戰車標準的L7系105㎜戰車砲，同軸機槍也從7.62㎜SGMT重機槍換成7.62㎜M1919機槍，車長展望塔的12.7㎜DShK38重機槍則改成12.7㎜M2重機槍。另外，裝填手頂門旁邊還有加裝7.62㎜M1919重機槍，砲塔右側則加裝60㎜迫擊砲。砲塔側面加裝置物箱，砲塔後端加裝大型置物架。

以色列軍的M60附加裝甲型

〔馬戈其6A外套式ERA配備型〕

1982年入侵黎巴嫩時的馬戈其6A。底盤正面與砲塔正面/側面加掛外套式ERA。

〔馬戈其7A〕

1982年入侵黎巴嫩時，由於外套式ERA對於穿甲彈幾乎毫無效用，因此又另外發展模組化外掛複合裝甲。首先配備複合裝甲的戰車是馬戈其7A，以龜殼形砲塔的M60改造而成，底盤正面頂部/底部/側面頂部、砲塔正面/側面皆加裝外掛複合裝甲，底盤側面則配備中空裝甲側裙。除此之外，它也將履帶換成與馳車戰車相同的全鋼質單釘式構型，並改良射控系統。

〔馬戈其7C〕

基礎車型與馬戈其7A同為M60，外掛複合裝甲的裝掛部位也比照馬戈其7A，但砲塔裝甲設計改成楔形，防護性能更加提升。除此之外，引擎也換用900hp的AVDS-1790-5A，以彌補因裝甲重量增加而降低的機動力。

〔薩布拉Mk.I〕

發展自M60A1/A3，加掛複合裝甲。除提升裝甲防護力，也有加強火力，將主砲換成馳車Mk.III的120mm滑膛砲。除此之外，它也換裝新型射控系統，並強化承載系。

阿拉伯聯軍的最新戰車 T-72

蘇造 T-72 主力戰車

T-72是蘇軍的戰後第三代主力戰車，1973年8月7日制式採用，並配賦部隊服役。T-72歷經多次改良，累積生產數量約達3萬輛，就二次大戰後的戰車而言，產量僅次於T-54/T-55系列。T-72是現役主力戰車當中資歷最久的車型之一，目前仍有許多國家正在運用。中東有敘利亞、伊拉克、伊朗使用。

〔諸元 T-72A〕
全長：9.53m
全寬：3.59m
全高：2.19m
重量：41.5t
引擎：V-46 V型12汽缸液冷渦輪增壓柴油引擎
武裝：2A46 125mm滑腔砲×1、PKT 7.62mm機槍×1、NSVT 12.7mm重機槍×1
乘員：3名

《 從樣車到 T-72B 的變遷 》

〔Object 167 樣車〕
1960～1961年

Object 167搭載經過若干改良的T-62砲塔。

〔T-72 烏拉爾 1〕
1975～1976年

立體測距儀

2A46 125mm滑腔砲

〔T-72A〕1970年代後期

配備902A「Tucha」煙幕彈發射器。

L-4A「月神」紅外線探照燈

單釘式全鋼質履帶。

改用硬橡膠材質側裙。

保護履帶用的可掀式金屬/橡膠材質側裙。

〔T-72B〕

增厚底盤正面裝甲，並強化砲塔正面的複合裝甲（美軍戲稱為「超級桃莉·巴頓」），提升裝甲防護力。採用配備2E42-2穩定裝置的新型2A46M主砲。

強化砲塔正面的複合裝甲（美軍戲稱為「超級桃莉·巴頓」）。

底盤左後方的排氣口。

駕駛手潛望鏡

1984年開始於砲塔頂部加裝可以抵擋中子彈放射線的包覆裝甲（Nadboj）。

《 T-72 的車內構造 》

① 頭燈
② 手剎車
③ 轉向桿
④ 排檔桿
⑤ 核生化防護設備
⑥ 核生化淨化設備
⑦ 主砲俯仰裝置
⑧ 射手瞄準儀
⑨ 射手夜視瞄準儀
⑩ 探照燈
⑪ 射手席
⑫ 旋轉基座
⑬ 裝填機
⑭ 砲彈與裝藥架
⑮ 引擎
⑯ 變速箱

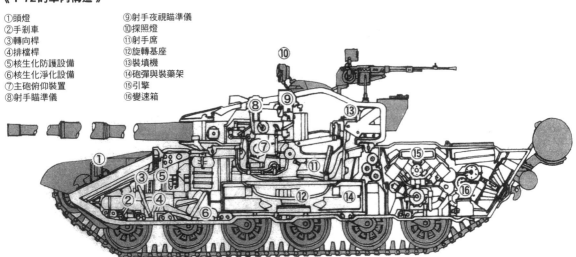

《 砲塔的變遷 》

〔T-72 烏拉爾1〕

立體測距儀

〔T-72A〕

內建雷射測距儀的 TPD-K1 射手瞄準儀

砲塔正面以複合裝甲強化。

〔T-72B〕

配備包覆裝甲（Nadboj）以抵擋中子彈的放射線。

進一步強化砲塔正面的複合裝甲。

換用兼具反戰車飛彈導引與夜視瞄準儀功能的新型 1K13-49。

《 底盤正面 》

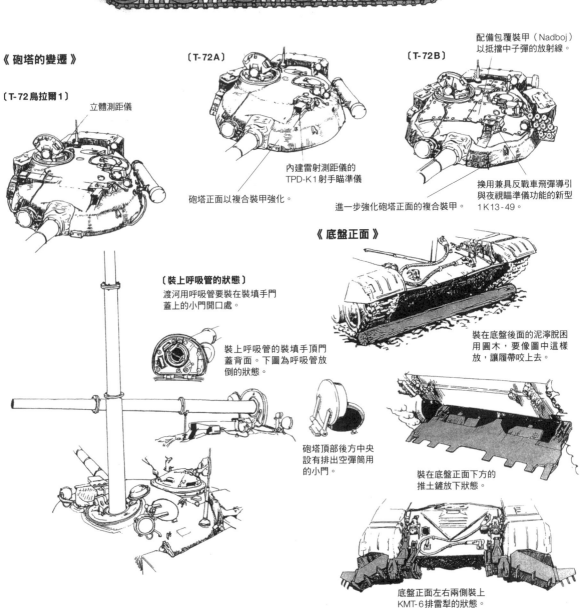

〔裝上呼吸管的狀態〕
渡河用呼吸管要裝在裝填手門蓋上的小門開口處。

裝上呼吸管的裝填手頂門蓋背面。下圖為呼吸管放倒的狀態。

砲塔頂部後方中央設有排出空彈筒用的小門。

裝在底盤後面的泥濘脫困用圓木，要像圖中這樣放，讓履帶咬上去。

裝在底盤正面下方的推土鏟放下狀態。

底盤正面左右兩側裝上 KMT-6 排雷犁的狀態。

黎巴嫩的戰鬥車輛

1982年以色列軍發動入侵作戰時，黎巴嫩境內除了本國軍隊之外，還有敘利亞駐軍、隸屬巴勒斯坦解放組織（PLO）的伊斯蘭教系組織，以及與其對立的基督教系組織等多支民兵團體。其中PLO會配備來自阿拉伯諸國軍事援助與在戰鬥中繳獲等的兵器，種類從輕兵器到火箭砲等重兵器、裝甲車都有，且新舊混雜五花八門。

《戰車》

〔T-34-85〕PLO
中東戰爭的老牌戰車。PLO將之當作據點防禦砲台使用。

〔T-54/T-55〕黎巴嫩軍/PLO
黎巴嫩因為爆發內戰，美國暫時停止武器供應，因此改由伊拉克提供T-54、T-55等蘇式武器。此外，PLO也有少量使用繳獲自黎巴嫩軍的車輛。黎巴嫩軍的T-54、T-55會在車長展望塔前方加裝機槍架，配備DShKM重機槍。

〔FV4101 御夫座〕黎巴嫩軍/PLO
黎巴嫩軍自英國與約旦進口，配備20磅（83.4mm）砲砲塔的英造驅逐戰車。PLO於黎巴嫩內戰時自黎巴嫩軍繳獲數輛並加以使用。

〔AMX-13輕戰車〕黎巴嫩軍
黎巴嫩軍配備使用75mm、90mm、105mm砲的3種構型。有多支民兵團體自黎巴嫩軍繳獲後投入戰鬥使用。

〔M48A5〕黎巴嫩軍
M48的最終型。以色列軍與約旦軍皆有採用本型車，主砲防盾上方與以色列軍一樣架有同軸M2重機槍，裝填手門蓋前方則加裝M60機槍。

《防空車輛》

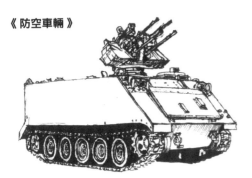

〔M113改造ZUP-4 14.5mm4管防空機砲搭載型〕
黎巴嫩軍
車長展望塔加裝連同砲架的ZUP-4機砲。

〔M113改造ZU-23 23mm防空機砲搭載型〕黎巴嫩軍
黎巴嫩使用多款搭載防空機砲的車輛,對地掃射也能發揮威力。

〔民用載貨車改造車〕PLO
改造民用皮卡載貨車,搭載ZUP-2
14.5mm雙管機砲。

《自走砲》

〔2S3(SO-152)152mm自走榴彈砲〕敘利亞軍
駐紮於貝卡山谷的敘利亞軍用來對以色列軍砲擊。

〔BTR-152改造型〕PLO
於BTR-152裝甲運兵車後方搭載ZU-23 23mm雙管機砲。

《載重車》

〔GAZ-66 2t載重車〕
蘇造軍用載重車。用於運
輸與野砲牽引。1966年採
用,生產至1999年,中東
也有許多國家配備。

〔BM-21〕
改造自烏拉爾-375D 6輪載重車的多管火箭砲車,
搭載40管122mm火箭彈發射器。

〔M54 5t載重車〕
美造6輪傳動載重車。以色列軍與埃及軍也有配備。

〔BM-25〕
搭載12管250mm火箭
彈發射器的多管火箭
砲車,改造自KrAZ-
214 6輪載重車。

城鎮戰戰技

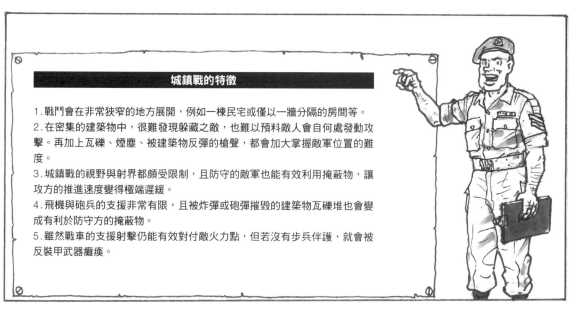

城鎮戰的特徵

1. 戰鬥會在非常狹窄的地方展開，例如一棟民宅或僅以一牆分隔的房間等。
2. 在密集的建築物中，很難發現躲藏之敵，也難以預料敵人會自何處發動攻擊。再加上瓦礫、煙塵、被建築物反彈的槍聲，都會加大掌握敵軍位置的難度。
3. 城鎮戰的視野與射界都頗受限制，且防守的敵軍也能有效利用掩蔽物，讓攻方的推進速度變得極端遲緩。
4. 飛機與砲兵的支援非常有限，且被炸彈或砲彈摧毀的建築物瓦礫堆也會變成有利於防守方的掩蔽物。
5. 雖然戰車的支援射擊仍能有效對付敵火力點，但若沒有步兵伴護，就會被反裝甲武器癱瘓。

以下要藉由《美軍教範》來介紹城鎮戰的攻略法。

報告了解！

指揮者在進攻城鎮地帶時，必須做到以下幾點。
1. 編組能夠依據狀況隨機應變的部隊分組。
2. 必須讓部隊全員都能理解移動要領，行動時不會有所遲疑。
3. 選擇較安全且利於反擊的路線，若移動時偏離預設路線，也要設法迴避危險。
4. 為了能夠立即展開反擊，撤收時必須事先分配好各自任務角色。
5. 預先規劃緊急時採取的行動與撤退路線。

城鎮戰的步兵戰鬥 Part 1

《 城鎮戰的 7 個移動原則 》

〔美軍士兵〕

聽好，咱們的目標是排除那棟建築物內的敵軍，將其納入掌控。接下來就要施展各種城鎮戰技巧，奪下那座目標。

〔城鎮地區的行動原則〕

1. 時常保持低姿勢前進。
2. 避開開闊地區。
3. 移動前要先選好下一個隱蔽處。
4. 盡可能隱密移動。
5. 迅速移動。
6. 以火力支援制壓現場。
7. 準備好應付各種狀況。

城鎮戰的掃蕩任務特別危險，必須隨時繃緊神經，相當棘手。在城鎮地區移動時，必須時常準備以機槍等火力進行掩護。機槍手要待在能夠完全掌握友軍移動狀態的位置，移動者在動作之前必須先挑好下一個隱蔽位置。

每棟房子的門口、窗口，以及碎石堆和廢棄車輛皆須留意，屋頂與地下道等安全處也很可能會有敵軍埋伏。在清楚確認路上動靜之前先不輕舉妄動，待仔細觀察有無敵軍潛伏後，再迅速展開行動。

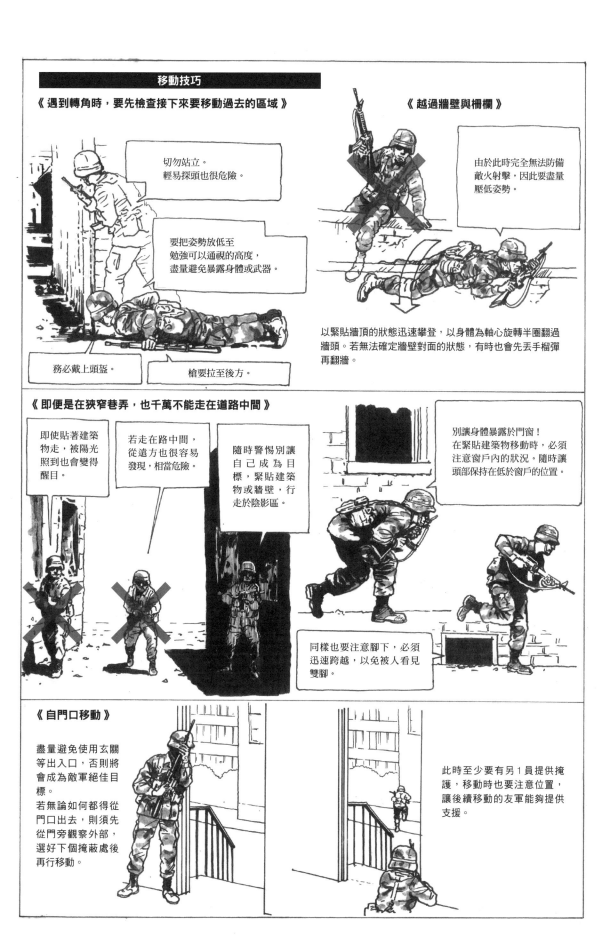

移動技巧

《遇到轉角時，要先檢查接下來要移動過去的區域》

切勿站立。
輕易探頭也很危險。

要把姿勢放低至勉強可以通視的高度，盡量避免暴露身體或武器。

務必戴上頭盔。

槍要拉至後方。

《越過牆壁與柵欄》

由於此時完全無法防備敵火射擊，因此要盡量壓低姿勢。

以緊貼牆頂的狀態迅速攀登，以身體為軸心旋轉半圈翻過牆頭。若無法確定牆壁對面的狀態，有時也會先丟手榴彈再翻牆。

《即便是在狹窄巷弄，也千萬不能走在道路中間》

即使貼著建築物走，被陽光照到也會變得醒目。

若走在路中間，從遠方也很容易發現，相當危險。

隨時警惕別讓自己成為目標，緊貼建築物或牆壁，行走於陰影區。

別讓身體暴露於門窗！在緊貼建築物移動時，必須注意窗戶內的狀況。隨時讓頭部保持在低於窗戶的位置。

同樣也要注意腳下，必須迅速跨越，以免被人看見雙腳。

《自門口移動》

盡量避免使用玄關等出入口，否則將會成為敵軍絕佳目標。
若無論如何都得從門口出去，則須先從門旁觀察外部，選好下個掩蔽處後再行移動。

此時至少要有另1員提供掩護，移動時也要注意位置，讓後續移動的友軍能夠提供支援。

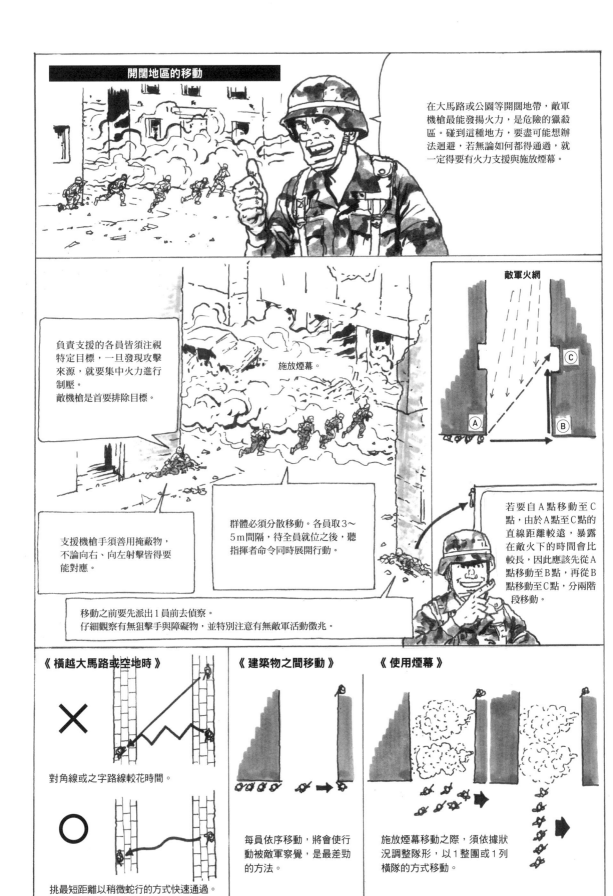

開闊地區的移動

在大馬路或公園等開闊地帶，敵軍機槍最能發揚火力，是危險的獵殺區。碰到這種地方，要盡可能想辦法迴避，若無論如何都得通過，就一定得要有火力支援與施放煙幕。

負責支援的各員皆須注視特定目標，一旦發現攻擊來源，就要集中火力進行制壓。
敵機槍是首要排除目標。

施放煙幕。

敵軍火網

支援機槍手須善用掩蔽物，不論向右、向左射擊皆得要能對應。

群體必須分散移動。各員取3～5m間隔，待全員就位之後，聽指揮者命令同時展開行動。

若要自A點移動至C點，由於A點至C點的直線距離較遠，暴露在敵火下的時間會比較長，因此應該先從A點移動至B點，再從B點移動至C點，分兩階段移動。

移動之前要先派出1員前去偵察。
仔細觀察有無狙擊手與障礙物，並特別注意有無敵軍活動徵兆。

《 橫越大馬路或空地時 》

對角線或之字路線較花時間。

挑最短距離以稍微蛇行的方式快速通過。

《 建築物之間移動 》

每員依序移動，將會使行動被敵軍察覺，是最差勁的方法。

《 使用煙幕 》

施放煙幕移動之際，須依據狀況調整隊形，以1整團或1列橫隊的方式移動。

射擊位置

善加利用任何可以提供掩蔽的物體！
身體對外暴露面積越小，就越不容易中彈。

〔射擊時的原則〕

1.務必臥射。
2.在陰影處射擊。
3.切勿暴露自己的身形。
4.善加利用地形地物進行掩蔽。

盡量壓低姿勢，讓目標（中彈面積）縮減至最小。利用磚頭與碎石等物進行隱蔽。

善加利用堅固厚實的牆壁，盡量掩蔽身體，利用崩塌處進行射擊。

據槍時勿讓槍管突出建築物，要保持在牆壁內側。確保射界時須注意不要太靠近窗戶。

利用煙囪當作掩蔽物，避免自己的身形突出屋頂。

屋頂不僅可以當作指揮地點，也是絕佳射擊位置，可取得寬廣室外射界。對於敵軍來說，來自上方的射擊也會比較棘手。

自建築物轉角射擊時，切勿採取立射，而是以跪射或臥射為佳。

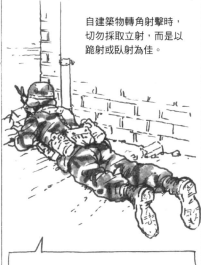

對右撇子射手而言，若掩蔽物位於自己左側，就能隱蔽身體向右射擊。但若掩蔽物位於右側，就得換手持槍，才能隱蔽身體向左射擊。

即便槍口裝有避火罩，敵人還是可以清楚看見射擊火光。若從建築物內部開火射擊，便能使敵難以看見槍口焰。槍口須距離建築物開口處往內1m（最好是能到2m）。

目標建築物裡面不見得沒有人居住。
敵軍可能已經潛伏在內，並在建築物內部設防。
如果貿然靠近，可能會遭遇強力反擊，必須多加注意。
以下列舉的是攻堅之際須留意的處所。

《 有敵軍潛伏的建築物內狀況 》

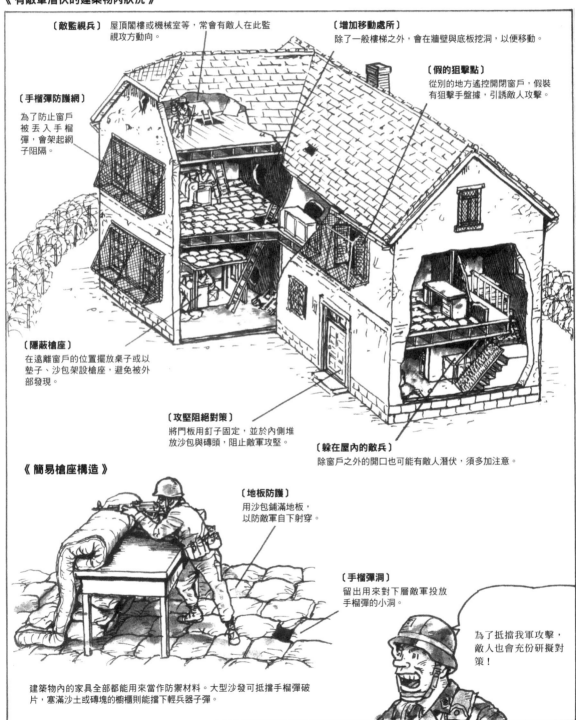

〔敵監視兵〕 屋頂閣樓或機械室等，常會有敵人在此監視攻方動向。

〔增加移動處所〕 除了一般樓梯之外，會在牆壁與底板挖洞，以便移動。

〔假的狙擊點〕 從別的地方遙控開閉窗戶，假裝有狙擊手盤據，引誘敵人攻擊。

〔手榴彈防護網〕 為了防止窗戶被丟入手榴彈，會架起網子阻隔。

〔隱蔽槍座〕 在遠離窗戶的位置擺放桌子或以墊子、沙包架設槍座，避免被外部發現。

〔攻堅阻絕對策〕 將門板用釘子固定，並於內側堆放沙包與磚頭，阻止敵軍攻堅。

〔躲在屋內的敵兵〕 除窗戶之外的開口也可能有敵人潛伏，須多加注意。

《 簡易槍座構造 》

〔地板防護〕 用沙包鋪滿地板，以防敵軍自下射穿。

〔手榴彈洞〕 留出用來對下層敵軍投放手榴彈的小洞。

為了抵擋我軍攻擊，敵人也會充份研擬對策！

建築物內的家具全部都能用作防禦材料。大型沙發可抵擋手榴彈破片，塞滿沙土或磚塊的櫥櫃則能擋下輕兵器子彈。

城鎮戰的步兵戰鬥 Part 2

若要對有敵軍盤據的建築物進行攻堅，最好是能從屋頂進入，突入點盡可能挑選高處。

《自屋頂攻堅》

〔攻擊重點〕
1. 戰鬥以由上往下較為有利。
2. 若自下方進行攻堅，就會把敵軍逼到上層，迫使其激烈抵抗，或從屋頂脫逃。
3. 若自上方進攻，敵軍就會往下移動，並且逃離建築物，此時便能交由外側部隊掃蕩殘餘之敵。另外，控制建築物後也能向外射擊逃竄之敵。

城鎮戰必須盡可能善用建築物，將敵守軍的射線吸引至正面，並依托周圍建築物，確保較高射線。

牽制射擊！
讓敵軍射線集中至下方，給我卯起來打！

先清剿完1棟建築物後，就能靠近目標建築物的屋頂。此時要留意別在實際攻堅之前被敵軍察覺。

若有直升機支援，就能自屋頂機降，發動突襲一口氣完成制壓。

對於位於高處的敵火力點，要以LAW或機槍等強力兵器一舉消滅。

若無直升機支援，則可利用外部管路或梯子、繩索爬上屋頂。
拋擲這種帶鈎子的繩索進行攀登是最快的方法。

盡量使用較粗繩索，會比較容易攀登，每隔30㎝打個結，可以做為踏腳之用。
攀登之前要檢查鈎子是否有確實鈎牢！

攀登途中若遭敵火攻擊則束手無策，因此要選擇避開敵火射線的地點攀登。
此外，攀登之前也要先解決敵方狙擊手。
如果攀登途中會經過窗戶，則要視情況丟入手榴彈。

《繩索垂降》

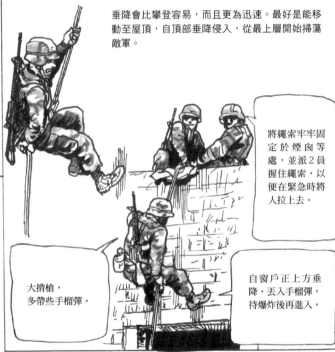

垂降會比攀登容易，而且更為迅速。最好是能移動至屋頂，自頂部垂降侵入，從最上層開始掃蕩敵軍。

將繩索牢牢固定於煙囪等處，並派2員握住繩索，以便在緊急時將人拉上去。

大揹槍，多帶些手榴彈。

自窗戶正上方垂降，丟入手榴彈，待爆炸後再進入。

《自地面入侵的方法（較高窗戶）》

① 靠2人撐起1人，先讓第1人進入。

② 撐起第2人的腳，由先進去的那個人把他拉上去。

③ 已進去的2人將第3人拉上去。

《以繩索繫成垂降套帶的方法》

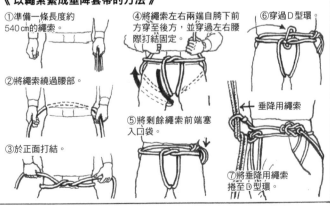

①準備一條長度約540㎝的繩索。

②將繩索繞過腰部。

③於正面打結。

④將繩索左右兩端自胯下前方穿至後方，並穿過左右腰際打結固定。

⑤將剩餘繩索前端塞入口袋。

⑥穿過D型環。

垂降用繩索

⑦將垂降用繩索捲至D型環。

《侵入建築物》

終於要攻入敵軍據點了。
聽好了，就算建築物內沒有
敵人開槍，也不能掉以輕
心。裡面搞不好還有敵軍潛
伏，就算沒人，撤退時也可
能有佈下詭雷，務必當心。
情況要往最壞處想，盡量不
要使用1樓的門與窗，除了
自己炸開的口子，其他都要
抱持疑心。

〔攻堅7原則〕

1. 花點時間選擇攻堅地點。
2. 稍微遠離門窗等待時機。
3. 隨時準備好使用炸藥。
4. 以火箭彈或爆裂物炸開破口。
5. 進入建築物或房間之前要先丟手榴彈。
6. 待手榴彈爆炸後，再迅速行動。
7. 確保行動時皆有火力掩護。

可能有敵潛伏之
處，要先丟入手榴
彈進行制壓。

注意！
點火之後要等2秒再行
投擲，否則敵人可能會
把它丟回來喔。

若目標建築物防護較強，則要使用
炸藥包破壞牆壁。

M72 LAW與龍式飛
彈基本上是反裝甲
用，但還是可以拿來
打穿牆壁開設破口。

BLANG

〔M60引信〕

引信帽蓋

保險銷　　擊針　　雷管　　啟動栓

M60引信是TNT或C4炸藥的
引爆器。拉出保險銷，拉動拉
環後擊針就會前進並點火。

159

城鎮戰的成功祕訣，在於要沿著人類無法步行的地方移動，才能超乎敵人想像！

室內戰鬥

《通過窗戶的方法》

移動時姿勢要比窗戶低。

《進入房間》

以3人為1組行動較為安全。留1人在室外把風，先丟手榴彈，等爆炸後再由2人攻堅進入。

進入室內後，其中1人背靠牆壁搜索敵人並掩護友軍。

《在走廊移動》

盡量避免在走廊移動，但若無法直接從房間移動至其他房間，就要盡可能貼著牆壁前進，以免成為敵軍目標。

以2人為1組行動，視野須交互涵蓋，以應對突發狀況。

〔老鼠洞〕
像右圖這樣炸開牆壁或臨時挖出進入房間的通道，會稱為老鼠洞。
洞穴寬度至少要有60㎝。

《進入危險性較高的房間》

盡量不要穿越可能設置詭雷的門窗，要自行炸開牆壁後進入。

炸開壁面後，也不能立刻進入。要先丟入手榴彈制壓房間內部。

手榴彈爆炸後就要立刻衝進去！不要留空檔讓敵人爬起來。

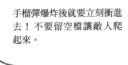

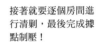

接著就要逐個房間進行清剿，最後完成據點制壓！

《逐一清剿房間》

掃蕩遭敵占領的建築物時，首重時機與團隊合作。盡量善用手榴彈與炸藥，從牆壁或天花板進攻。但別忘記敵人也是英雄所見略同，必定會針對這幾點進行防守。

樓梯與踏板、門檻都要注意！

看到門就要想到詭雷陷阱。

也別忘了敵軍遺留的兵器與裝備常會暗藏詭雷！

敵軍遺留的物品或建築物內的瓦礫皆須注意。

來吧，
給我剿清那棟建築物裡的敵人！

攻堅啦！
你各位都給我上！

若要從門口或開口處進入屋內，一定要先掌握屋內狀況，並配置火力掩護人員。

若必須通過走廊，要盡量緊貼牆壁移動，以免成為敵軍目標。此外，前、後警戒也不能疏忽大意。

161

進入房間時，不能轉動門把。除了可能觸發詭雷，若房內有敵人，也會被他們察覺。

隔著門板開火射擊，再一腳把門踢開。

接著要扔進手榴彈。為了避免敵人撿起手榴彈丟回來，放開保險壓板後要等2秒再行投擲。

切勿站在關起的門板正面。詭雷陷阱與從裡面穿射門板都很危險。

如果牆壁較薄，手榴彈爆炸後的破片可能會穿出來，因此要奮力往裡面扔。

手榴彈爆炸後，立刻讓第1人邊開槍邊衝進去。

首先進入房間的士兵要緊貼牆壁，並採取隨時能夠開火的態勢。

完成房間掃蕩後，要大聲呼喊以令周知。走出房間或上下樓梯時，也同樣要大聲警告。

第2個進入的士兵要負責搜索房間內部，並不斷對夥伴大聲傳達狀況，時常保持聯絡。

然而，若還有殘餘敵軍留在建築物內，就有可能遭到埋伏，因此巡迴房間的順序與行動模式要不斷變換。且不能光只踢門，有時也要以爆破牆壁的方式進行穿越。

總之，不論是在什麼情況下，進入房間之前，一定要先扔手榴彈。

《 摧毀火力點、建築物 》

有敵軍潛伏的建築物內，可能會被做成簡易要塞。除此之外，建築物內也有可能藏匿戰車或裝甲車。對於這種建築物，有時就得使用大型兵器進行攻擊。

比較快的方式包括LAW與RPG，若需要更強破壞力，則可祭出炸藥包或噴火器。如果附近有我軍戰車，直接召喚戰車最是乾淨俐落！

確保占領建築物

趕跑敵兵之後，就要趕快準備構築防禦。別拖拖拉拉，動作快！

〔戰力重新編成〕
1.補給、分配彈藥。
2.通知友軍已完成占領，在建築物上標出明顯記號，代表已經安全。
3.友軍進攻其他建築物時對其提供火力掩護。
4.治療傷員，後送重傷者。
5.若要長期控制建築物，則得構築防禦據點。

好，就從窗戶阻絕物開始弄吧。

為了防止被破片割傷，要把玻璃卸除乾淨。如果窗簾會妨礙視線，也要將之移除。

若有辦法的話最好是能架設手榴彈防護網。

阻絕物的材料可以從建築物內取得，包括剝落的板材等，當然也可以堆沙包。

為了能在多個窗戶之間變換位置，數量最好多弄一點。

若要從2樓射擊，站在桌子等物體上，可以讓射界更廣。

窗戶的左右兩側與下方牆壁也要進行補強。現在的高速彈有時也會射穿磚牆。

開設射擊槍眼時注意不要挖得太工整，以免被敵人發現。

射擊點除了補強左、右、正面牆壁之外，若位在2樓以上，地板也要鋪設沙包。若能以桌子、沙包搭設防護掩蔽物，就更加安全了。

開在屋頂、牆壁上的孔洞，可以當作射界較廣的狙擊點，且不容易被敵軍發現。

163

入侵黎巴嫩時的軍裝

入侵黎巴嫩時的以色列士兵軍裝，使用的是1970年代後半採用的自製個人戰鬥裝備。至於PLO麾下民兵組織的裝備，則多使用蘇聯、中國等共產國家製品。既然是民兵組織，服裝自然也就五花八門，從運動服到迷彩服，每個組織都有不同的服裝。駐紮黎巴嫩的敘利亞軍，制服會依年代與部隊而異，但裝備與PLO一樣，都是以蘇聯、中國製品為主流。

《 以色列軍 空降部隊 冬季裝備機槍手 》

M76頭盔

防寒連身服

FA MAG機槍

RPG-7

防護背心

防寒軍靴

加利爾AR

A10戰術背心

茶色皮革傘兵靴

《 以色列軍 空降部隊士兵 》

蘇造6B2防護背心

中國製胸掛彈匣袋

AK-74搭配GP-25槍榴彈發射器

《 PLO所屬 最大派閥法塔赫狙擊兵 》

希賈布頭巾

迷彩服

中國製胸掛彈匣袋

蘇造SSh-60頭盔

德拉古諾夫狙擊槍

運動鞋

《 敘利亞軍 突擊部隊士兵 》

叢林迷彩服

以色列軍裝甲師史

■以色列建國

1948 年 5 月 14 日，猶太國民議會在特拉維夫宣布以色列建國。由於以色列建國是以排除世居該地阿拉伯人（巴勒斯坦人）的形式成立，因此在新以色列誕生後，埃及、黎巴嫩、敘利亞、伊拉克、外約旦等阿拉伯諸國立刻對其發動攻擊。

這場戰爭稱為「第一次中東戰爭」（以色列稱「獨立戰爭」，阿拉伯陣營則稱「巴勒斯坦戰爭」），開戰時是以裝備較佳的阿拉伯聯軍占優勢，以色列丟失了許多據點與耶路撒冷舊城區。在這種戰況下，聯合國為了避免戰爭加劇而介入仲裁，於 6 月 11 日暫時停戰。以色列於停戰前重新整編部隊，5 月 26 日成立了以色列國防軍。

■以色列軍戰車隊

第一次中東戰爭時期，以色列軍編制有 1 個戰車營，裝備僅有 3 輛 M 4 中戰車、3 輛克倫威爾巡航戰車，以及 10 輛二次大戰前製造的法國哈奇開斯 H 39 輕戰車。裝甲兵大多為曾經待過蘇軍的俄系猶太人，雖然參加過三次戰鬥，但卻沒能取得戰果。

以色列戰車營的 M 4 戰車其實是從英軍偷過來的；5 月 14 日，英國即將結束託管、英軍正準備撤退時，有位猶太美女前去搭訕在海法港附近警戒的 M 4 戰車乘員，邀他們去喝咖啡，而偽裝成英軍士兵的猶太人便趁隙把戰車偷開走。據說這輛 M 4 就是以色列的第 1 輛戰車。

■第二次中東戰爭（蘇伊士危機）

1952 年埃及發生政變後，由納瑟上台掌權。他改為靠向蘇聯陣營，成功取得捷克斯洛伐克援助。1955 年，埃及軍獲得包含 230 輛 T-34 戰車在內的超過 550 輛裝甲車

《以色列最早的戰車部隊裝備》

〔M4A2 雪曼〕
盜取自英軍的車輛。

〔克倫威爾巡航戰車〕
這款戰車也是盜取自英軍。

〔M3 半履帶車 6 磅砲搭載型〕
配備半履帶車與吉普車的機械化步兵營活躍於機動作戰。

〔哈奇開斯 H39〕
以此型戰車為主力，編成由 2 個連構成的戰車營。

《第二次中東戰爭時的以色列軍車輛》

〔M4A1雪曼76mm戰車砲搭載型〕

〔M4A3雪曼〕
戰後閱兵時有像圖中這樣在底盤正面中央漆上第7裝甲旅徽。

〔AMX-13〕
配備沙漠戰用防塵濾網。

〔M3半履帶車〕
加裝20mm戰防砲塔，前方駕駛艙右側配備MG34。

輛。相對於此，以色列則從法國購買AMX-13，以及200輛配備高初速76mm戰車砲的M4雪曼戰車。之所以能買到這些戰車，是因為納瑟宣佈要將蘇伊士運河收歸國有，使英國與法國對蘇伊士運河的經營權與利益受到影響，引起兩國反感。

以色列自法國進口兵器過後3週，便於1956年10月29日發動奇襲，開啟第二次中東戰爭。以色列軍的戰車部隊在這場戰爭大展身手，特別是第7裝甲師不顧參謀

總長戴陽「跟在步兵後面推進」的命令，一口氣突破橫越西奈半島，僅花100小時便擊敗埃及野戰軍。這般活躍也讓以色列軍認識到裝甲部隊的重要性，將戰車部隊與空降部隊並列為精英單位。

11月5日，英國與法國也介入戰鬥，但由於聯合國安理會達成撤軍決議，再加上美國、蘇聯施壓，使得英法於停戰後的12月便撤出西奈半島，以色列也在翌年3月撤退。

《第二次中東戰爭時的埃及軍車輛》

〔T-34-85〕

〔射手式自走戰防砲〕
搭載17磅砲的英造自走砲。
埃及軍配備200輛。

〔SU-100自走砲〕

埃及軍當時也配備不少西方陣營兵器，包括M4、百夫長、AMX-13，各有40輛。到了第二次中東戰爭時期，以色列主要使用西方陣營兵器，埃及則以蘇聯、捷克斯洛伐克等共產陣營兵器作為主力，且大多是二次大戰時期的車型。

《以色列軍裝甲部隊編制》
（1956年）

第7裝甲旅
旅部
─ 戰車營（M4雪曼系列）
─ 輕戰車營（AMX-13）
─ 機械化步兵營（M3半履帶車）
─ 預備摩托車化步兵營（載重車等）
─ 偵察連（M3半履帶車、吉普車）
─ 摩托化野砲營（25磅砲）
─ 其他各隊

第37旅
旅部
─ 戰車營（M4雪曼系列）
─ 輕戰車營（AMX-13）
─ 機械化步兵營（M3半履帶車）
─ 預備摩托化步兵營（載重車等）
─ 偵察連（M3半履帶車、吉普車）
─ 摩托化野砲營（25磅砲）
─ 其他各隊

第27旅
旅部
─ 裝甲營
 ─ 戰車連（M4雪曼系列）
 ─ 機械化步兵連（M3半履帶車）
─ 裝甲營
 ─ 輕戰車連（AMX-13）
 ─ 機械化步兵連（M3半履帶車）
─ 預備摩托化步兵營（載重車等）
─ 偵察連（M3半履帶車、吉普車）
─ 摩托化野砲營（25磅砲）
─ 其他各隊

（依資料而有差異，包含推定）

《埃及軍裝甲師編制》
（1956年）

第4裝甲師
─ 裝甲旅
 ─ 戰車營（T-34-85）
 ─ 機械化步兵營（OT-62）
 ─ 自走砲連（SU-100）
─ 裝甲旅
 ─ 戰車營（T-34-85）
 ─ 機械化步兵營（OT-62）
 ─ 自走砲連（SU-100）
─ 裝甲旅（JS-3）

第三次中東戰爭

■第三次中東戰爭

第二次中東戰爭以來,中東情勢暫時沒有太大變動,但在進入 1960 年代後,阿拉伯諸國與蘇聯陣營的連結卻變得更為強化。特別是埃及、敘利亞、伊拉克等國,由於大量取得蘇造武器,使中東的軍事、政治開始失去平衡。

為了加以因應,以色列也從美國、英國、法國、比利時進口兵器增強軍備。在此時期,巴勒斯坦游擊隊也不斷對以色列進行恐怖活動。1967 年 4 月,以色列對敘利亞境內的游擊隊基地發動攻擊,使兩國緊張情勢一口氣升高。

以此事件為契機,納瑟總統決定派兵進駐西奈半島,並要求聯合國軍撤退。除此之外,他也決定封鎖亞喀巴灣的蒂朗海峽,這是以色列進出紅海的唯一通道。到了 5 月下旬,阿拉伯陣營進一步展現強硬姿勢,埃及的納瑟總統也表明「若阿拉伯聯合與以色列爆發戰鬥,勢必會升級成全面戰爭」。敘利亞與約旦認為這句話明顯是在表明要與以色列開戰,因此便順勢調動軍隊進駐邊境地帶。

以色列眼看阿拉伯陣營如此行動,認為戰爭已無可避免,便從 5 月中旬開始祕密實施動員。1967 年 6 月 5 日,以色列軍先發制人展開閃擊戰,打響第三次中東戰爭。以色列派出空軍發動奇襲,緒戰便殲滅阿拉伯陣營空軍,一舉掌握制空權。將決戰場地設定在西奈半島的以色列軍,投入裝甲部隊作為地面戰鬥主力,

開始向埃及進攻。當時的以色列軍裝甲部隊擁有 250 輛百夫長、M48 與 M4 系列各 200 輛、150 輛 AMX-13,總共有 800 輛戰車。再加上 250 輛自走砲,戰鬥車輛總計 1,050 輛,其中有 650 輛投入西奈半島。相對於此,西奈半島的埃及軍配備約 1,000 輛戰車(350 輛 T-34、450 輛 T-54/T-55、60 輛 JS-3 史達林、30 輛百夫長、20 輛 AMX-13、SU-100 推定 150 輛)。

以色列軍發動攻擊後,埃及軍於第 1 天便被擊潰,以色列軍的裝甲部隊在空軍支援下,繼續追擊敗逃的埃及軍。開戰第 4 天的 6 月 8 日夜晚,以軍戰鬥部隊便抵達蘇伊士運河。

至於在對約旦與敘利亞方面,由於以軍主力部隊投入西奈戰線,因此並未積極發動攻勢。待西奈方面戰局取得優勢後,才投入空降部隊並轉調裝甲部隊,開始打擊阿拉伯軍。由於以色列在各戰線皆展現壓倒性優勢,因此約旦首先於 6 月 7 日停戰,埃及則於 8 日、敘利亞於 10 日接受停戰,第三次中東戰爭僅花 6 天便告結束。有鑑於此,這場由以色列獲得壓倒性勝利的戰爭也稱作「六日戰爭」。

《以色列軍裝甲部隊編制》(1967 年)

以色列軍的裝甲旅由 2 個戰車營與 1 個機械化步兵營編成,兵力為 3 個營。戰車及裝甲車購買自英、美、法,型號參差不齊。搭乘半履帶車的機械化步兵與戰車相比,不僅在沙漠上的機動力較差,開頂式的防護力也比較薄弱。

第 7 旅(裝甲旅)
- 第 82 營(戰車營:百夫長)
- 第 79 營(戰車營:M48)
- 第 9 營(機械化步兵營:M3 半履帶車)

第 37 旅(預備裝甲旅)
- 第 377 營(戰車營:百夫長)
- 第 266 營(戰車營:AMX-13)
- 第 278 營(機械化步兵營:M3 半履帶車)

第 200 旅(預備裝甲旅)
- 第 94 營(戰車營:百夫長)
- 第 125 營(戰車營:百夫長)
- 第 61 營(機械化步兵營:M3 半履帶車)

《以色列軍改造的雪曼族系》

〔M50 155mm 自走榴彈砲〕
法國研製的自走砲。

〔マクマト 160mm 自走迫擊砲〕
射擊時會掀開正面裝甲板。

〔M32 戰車救濟車〕

〔索爾丹姆 L33 155mm 自走榴彈砲〕
1973年開始配賦部隊。

〔雪曼螃蟹排雷車〕

〔M51 超級雪曼〕
搭載法造105mm戰車砲的最強雪曼。

〔M50 超級雪曼〕
搭載法造75mm戰車砲。

《第3次中東戰爭時的阿拉伯聯軍戰車》

第8旅（機械化旅）
第129營（戰車營：M50、M51）
第89營（戰車營：百夫長）
第121營（機械化步兵營：M3半履帶車）

第14旅（機械化旅）
第52營（戰車營：M50、M51、AMX-13）
第58營（機械化步兵營：M3半履帶車）
第83營（機械化步兵營：M3半履帶車）

第45旅（機械化旅）
第39營（戰車營：M50、M51）
第25營（機械化步兵營：M3半履帶車）
第74營（機械化步兵營：M3半履帶車）

〔約旦軍的M48〕

〔約旦軍的M47〕
約旦軍配備美造M47及M48巴頓戰車，
由於在約旦方面作戰的以色列裝甲部隊是
以M4作為主力，因而陷入苦戰。

〔埃及軍的T-54〕
6月8日，埃及第4裝甲師的60輛T-54／
T-55戰車與以色列軍第7裝甲旅的百夫長、
M48、M47發生大規模對戰，埃及軍的戰車
幾乎都遭到擊毀。

〔敘利亞軍的IV號戰車〕
在戈蘭高地當作砲台使用，迎擊以色列軍
戰車。

■第四次中東戰爭

　　1973年10月6日是猶太教的「贖罪日」節，埃及軍在這一天從蘇伊士戰線發起進攻，敘利亞軍則襲擊戈蘭高地戰線，對以色列同時展開攻擊。雖然以色列的情報機關事前已經察覺阿拉伯陣營的軍事活動，但卻無法斷定他們有意開戰，導致應對慢了一步，讓阿拉伯陣營奇襲成功。

　　埃及軍在蘇伊士運河20幾處進行渡河，配備反裝甲武器的突擊部隊也沿著運河展開，防止以色列軍反擊。依據過往戰鬥經驗，以色列軍裝甲部隊必須一口氣把埃及軍趕下運河，因此在得知埃及軍渡河情報後，以軍半小時內便展開反擊。然而，此時埃及軍卻備有蘇造9M14嬰兒式反戰車飛彈與RPG-7，用以對付以色列戰車，趕赴戰線的以軍戰車陸續遭到擊毀。在8

日之前，以色列已損失265輛戰車，這讓他們察覺埃及軍這次相當不好對付，也體認到配備反戰車飛彈的防禦陣地有多麼棘手。在此同時，以色列空軍也被防空飛彈與石勒喀河防空砲車等防空武器打得損失慘重。

　　至於進攻戈蘭高地的敘利亞軍，也挾蘇造反戰車飛彈與防空飛彈發揮威力，讓以色列陷入苦戰。在10月7日早晨之前，敘利亞軍已挺進超過10km。以色列軍裝甲部隊在混戰當中，利用地形對抗三倍以上的敵戰車，甚至連旅長都陣亡。到了7日下午才投入預備戰車旅展開反擊，於

10日成功將敘利亞軍推出戈蘭高地。這場發生在戈蘭高地東北部的戰役，戰後被稱作「眼淚谷之役」，以色列軍的戰車在為期4日的戰鬥中驍勇善戰，讓敘利亞軍留下260輛戰車、超過200輛其他車輛殘骸撤退。然而，戰鬥前擁有約180輛的以色列軍，在戰門第4天竟也打到剩下18輛。

　　在戈蘭高地戰況好轉的同時，埃及軍為了支援敘利亞，開始於西奈半島發動攻勢。8月14日，以色列軍為迎戰埃及軍，雙方爆發埃及戰車1,000輛、以色列戰車700輛規模的戰車對戰。此役在下午分出勝負，埃及軍損失慘重，決定撤退。之

《 以色列軍的百夫長 》

〔以色列軍修改的肖特卡爾〕
搭載105mm戰車砲，動力包件換成高性能、較可靠的美造品。活躍於第四次中東戰爭，並實際證明105mm戰車砲足以對抗T-62戰車。

〔肖特卡爾外套式ERA配備型〕
於砲塔及底盤加裝外套式爆炸反應裝甲的防護性能提升型。投入黎巴嫩進攻行動。

後，以色列軍又逆向渡過蘇伊士運河，掌握有利戰局，迫使埃及與敘利亞在10月25日停戰，結束整場戰事。

■入侵黎巴嫩

1982年6月4日，以色列軍為了剿滅位於黎巴嫩境內的巴勒斯坦解放組織（PLO）據點，發動「加利利和平行動」。當時PLO將活動據點設置於黎巴嫩南部，武裝團體會對以色列進行砲擊與火箭彈攻擊，並從事恐怖活動，對以色列而言是一大威脅。以色列軍越過邊境後，發動閃擊戰直指首都貝魯特。以色列軍與駐黎巴嫩的敘利亞軍在貝卡山谷處交戰，以軍不僅摧毀許多防空飛彈陣地，新型的馳車戰車也擊毀30輛T-72戰車，在戰車對戰取得戰果。最後敘利亞軍開始撤退，於6月25日停戰。

至於原本要剿滅的PLO據點也陸續在各地摧毀、占領，於6月13日包圍貝魯特。之後，PLO於9月自黎巴嫩轉移至突尼西亞等國，以色列軍結束作戰。

《以色列軍裝甲戰鬥車輛》

〔M113裝甲運兵車〕
取代之前的M3半履帶車，配賦機械化步兵部隊。

〔馬戈其3〕
M48的改良型。將主砲從90mm戰車砲換成105mm戰車砲，動力換用柴油引擎的改良型。

〔馬戈其6B〕
M60A1的改良型，底盤、砲塔加裝外套式ERA，投入黎巴嫩進攻作戰。

〔馳車Mk.I〕
以色列的自製戰車，首次上陣便創下擊毀T-72的戰果。

《阿拉伯聯軍的主力戰車》

〔T-62〕
搭載115mm滑膛砲。於第四次中東戰爭首次參戰，不過數量上仍以T-54/T-55作為主力。以色列軍在戰場上繳獲大量T-62與T-54/T-55。

〔T-72〕
以色列入侵黎巴嫩時號稱世界最強戰車，但卻大敗於以色列軍的馳車戰車。

《各國軍隊裝甲戰鬥車輛》

國	車型	數量	備考
以色列	M48	90	搭載90mm砲
	M48	546	搭載105mm砲
	M60	364	
	百夫長	546	
	T-54/T-55	182	換裝105mm砲
	M4	320	搭載105mm砲
	AMX-13	210	
	戰車合計	2258	
	M113	505	
	M3半履帶車	3521	
	APC合計	4026	
埃及	SU-100	144	自走砲
	PT-76	170	
	T-10	30	
	T-54/T-55	1670	
	T-62	470	
	T-34	280	
	戰車合計	2714	
	BTR-152	88	
	BTR-50	1172	
	BTR-60	44	
	BRDM-1	108	
	BRDM-2	280	
	BMP	166	
	APC合計	1858	
敘利亞	SU-100/SU-152	80	自走砲
	PT-76	76	
	T-54/T-55	769	
	T-62	620	
	JS-2/3	80	
	T-34	200	
	戰車合計	1825	
	BTR-60	654	
	BRDM-1	72	
	BRDM-2	218	
	BMP	245	
	APC合計	1187	

中東戰爭
空戰/海戰

中東戰爭的空戰

■第一次中東戰爭

第一次中東戰爭的空戰,有以色列、埃及、敘利亞三個國家參與。然而,除了埃及之外,其他兩國的戰力規模都很小,以色列在開戰時甚至都還沒有空軍,僅能以哈加拿等民兵組織的航空勤務隊為基礎,緊急進行編組(1948年5月28日成立空軍)。

第一次中東戰爭的空戰,始於宣戰翌日1948年5月15日,由埃及空軍派出噴火式空襲特拉維夫。以色列空軍同時也對阿拉伯陣營發動空襲,6月3日,以色列空軍的阿維亞S-119戰鬥機擊落2架埃及空軍的C-47運輸機,是以色列空軍首開紀錄。至於雙方戰鬥機首次對戰則是發生於6月8日,這場空戰由以色列的阿維亞S-119擊落1架埃及的噴火式。

後來雖然空戰一直持續到停戰,但由於飛機數量較少,且妥善率也不高,因此並未爆發大規模航空作戰。

■第二次中東戰爭

第一次中東戰爭結束後,軍用機進入噴射化時代,中東戰爭的航空作戰也改以噴射機作為主流。1955年8月29日,以色列空軍的流星式戰鬥機擊落埃及空軍的吸血鬼式戰鬥機,是噴射戰鬥機在中東的首次擊落戰功。

第二次中東戰爭於1956年10月29日爆發後,以色列空軍便對進攻西奈半島的友軍地面部隊提供空中支援,並且從事制空戰

鬥。從開戰至10月31日,以色列空軍與埃及空軍爆發164場空戰,神祕式Ⅳ擊落埃及空軍3架MiG-15、吸血鬼式4架。

11月1日,英國與法國也參戰,自兩國航艦特遣隊及賽普勒斯出擊的航空部隊對埃及空軍基地發動空襲,奪取制空權。埃及空軍遭受空襲後,為保存剩餘航空部隊戰力,便將飛機轉移至埃及南部的基地。有鑑於此,直到11月7日停戰為止,制空權皆掌握在英國、法國、以色列手中。

■第三次中東戰爭

1967年6月5日,第三次中東戰爭在以色列空軍發動奇襲下爆發。以色列空軍對敵基地實施的「焦點行動」攻擊大獲成功,埃及、敘利亞、約旦、伊拉克空軍的作戰飛機在開戰後數小時內便在地面悉數遭到摧毀,幾乎全軍覆沒。開戰當天,阿拉伯陣營的損失便包括埃及軍309架、敘利亞軍57架、約旦軍30架,相當可觀。

阿拉伯陣營空軍在開戰首日便失去制空權,之後也無法擺脫劣勢,第2天結束時已損失416架。到了敘利亞宣告停戰的6月10日,累計損失達到452架,而以色列軍機在這場戰爭中的損失卻僅有26架。

■第四次中東戰爭

第四次中東戰爭對西奈半島的攻擊始於1973年10月6日,埃及空軍空襲以色列軍的航空基地與防空陣地等,地面部隊則開始

渡過蘇伊士運河。

以色列空軍遭受攻擊後,雖有展開反擊,但由於埃及軍沿著蘇伊士運河佈署防空飛彈等防空武器,構成防空火網,使得以軍在開戰3天內便損失大約50架。

以色列空軍在第四次中東戰爭總共損失102架飛機,但在空戰中被擊落的卻僅有5架,可見埃及軍的防空網有多麼強大。然而,航空作戰卻也並非單方面壓倒性勝利,到了戰爭後半期,以色列軍展開反擊,令埃及空軍與敘利亞空軍損失高達514架。

■入侵黎巴嫩

1982年,以色列軍進攻黎巴嫩,以色列空軍也展開大規模航空作戰。開始進攻後的第3天,以軍於1982年6月9日發動「螻蛄19號行動」,目的是摧毀敘利亞軍佈建於黎巴嫩貝卡山谷的30座防空飛彈陣地。以色列空軍投入90架飛機參與這場作戰,主要由F-4E幽靈Ⅱ式、A-4天鷹式、IAI幼獅式C2空襲飛彈陣地並執行對地攻擊,F-15A鷹式與F-16則負責掩護攻擊部隊。

根據以色列公佈的資料,這場作戰成功摧毀29座防空飛彈陣地,並於空戰擊落敘利亞空軍MiG-21、MiG-23等85架,自軍則無損失(僅喪失1架無人偵察機),可說是大獲成功。

中東戰爭的海戰

■各國海軍的創建

中東戰爭雖然是以地面作戰為主,但還是有發生海戰。海戰主要由以色列海軍與埃及海軍參與,第四次中東戰爭剛結束不久,甚至還有使用當時的最新兵器相互交戰。

以色列以哈加拿的海上部隊為基礎,於1948年5月28日成立海軍,當時的戰力僅有近岸巡邏艇「艾拉特號」與2艘貨船。至於埃及海軍則與該國空軍一樣,是各參戰國中歷史最悠久者,源頭甚至可追溯至古代埃及時代。1800年代,埃及在鄂圖曼帝國統治下建立近代化海軍,二次大戰之後則以英國提供的驅逐艦為核心編成艦隊。

敘利亞海軍成立於1950年8月29日,戰力以舊宗主國法國提供的艦艇為主。此外,黎巴嫩海軍於1950年成立、約旦海軍於1951年成立。除了埃及海軍之外,各國海軍戰力大多是以巡邏艇、砲艦、魚雷艇、掃雷艇等輕型艦艇為主,數量與兵力僅相當於海巡部隊規模。

■第一次中東戰爭

第一次中東戰爭有以色列海軍與埃及海軍實施軍事作戰,內容包括巡邏以色列南部海岸線、支援登陸部隊、艦砲岸轟、護衛運輸船、切斷敵海上運輸等。雖然沒有爆發大規模海戰,但以色列海軍的自爆小艇在1948年10月22日曾於加薩海域攻擊埃及海軍的旗艦法魯克國王號,並將之擊沉。

■第二次中東戰爭

第一次中東戰爭結束後,以色列與埃及持續增強海軍戰力,1950年代中期之前陸續自英國等處取得二次大戰時期建造的驅逐艦、巡防艦、巡邏艦等。

第二次中東戰爭時,埃及海軍除了對上以色列海軍,也曾與法國海軍艦艇交戰。1956年10月31日,埃及海軍的驅逐艦易卜拉欣·阿瓦爾號為了進行海上封鎖,前往以色列海法市的近海,對市區展開岸轟,法國海軍驅逐艦凱爾桑號及以色列海軍艦艇與之交戰。雖然雙方在這場海戰並未出現損失,但易卜拉欣·阿瓦爾號後來遭以色列空軍機擊傷,因而投降以色列軍,該艦被以軍繳獲。

■艾拉特號事件

第二次中東戰爭以降,埃及透過蘇聯軍事援助增強軍備,並引進新型兵器。埃及海軍取得的新型兵器之一,就是蚊級飛彈快艇,這型飛彈快艇可搭載2枚1959年服役的P-15白蟻式反艦飛彈(NATO代號SS-N-2「冥河」)。

第三次中東戰爭時,以色列、埃及海軍皆無大規模作戰行動,戰爭就在1967年6月10宣告停戰。但在該年10月21日,以色列驅逐艦艾拉特號在西奈半島的賽德港近海巡邏時,埃及海軍飛彈快艇發射2枚P-15並命中該艦將之擊沉。這是反艦飛彈創下

的首次戰果,稱為「艾拉特號事件」,除了以色列之外,世界各國海軍相關人員也大為震驚,因而促使艦艇開始發展飛彈防禦系統。

■第四次中東戰爭

第四次中東戰爭有爆發兩場海戰,但皆是小規模的飛彈快艇互戰。第一場海戰發生於1973年10月7日,以色列海軍5艘暴風級飛彈快艇與敘利亞海軍2艘蚊級飛彈快艇、1艘黃蜂級飛彈快艇及魚雷艇、掃雷艇各1艘爆發「拉塔基亞海戰」。以色列海軍基於1967年的「艾拉特號事件」教訓,於這場海戰首次以電子反制手段抵禦反艦飛彈。以色列海軍以天使反艦飛彈發動攻擊,在戰鬥開始後約1個半小時內便將5艘敘利亞海軍艦艇全數擊沉。之後,以色列海軍又在10月10~11日攻擊敘利亞的拉塔基亞、貝達等軍港,擊傷停在港內的敘利亞軍艦艇。

第二場海戰則是10月8~9日凌晨的「達米埃塔海戰(巴提姆海戰)」,這場海戰發生於尼羅河三角洲近岸,由以色列海軍與埃及海軍展開夜戰。海戰主角同樣是飛彈快艇,由6艘以色列的暴風級飛彈快艇對上4艘埃及的黃蜂級飛彈快艇。雙方以艦砲和反艦飛彈互攻,持續大約1個半小時,以色列海軍擊沉3艘埃及海軍飛彈快艇,取得海戰勝利。

中東戰爭早期的以色列/阿拉伯雙方陣營飛機

埃及空軍的航空器

埃及空軍是中東戰爭參戰國中歷史最悠久者，1932年先成立陸軍航空隊，1937年獨立為空軍。第一次中東戰爭開戰時，埃及空軍配備的航空器皆為二次大戰期間至戰後由英國提供的機型。

〔超級馬林 噴火式〕

二次大戰期間及戰後，由英國提供給埃及空軍的主力戰鬥機。1943～1949年供應26架Mk.V，1946年供應約30架Mk.IX，另外還有Mk.22，一直用到1956年。Mk.IX的武裝為20mm機砲×2、12.7mm機槍×2。

〔霍克 颶風式Mk.II〕

二次大戰期間由英國供應，戰後換裝為噴火式，第一次中東戰爭開戰時僅剩4架。

〔馬奇C 205〕

自義大利採購62架。第一次中東戰爭結束前僅交機16架，用於對地攻擊等任務。武裝為12.7mm機槍×2、20mm機砲×2、160kg炸彈×2。

敘利亞空軍

敘利亞空軍於1948年成立，當時僅擁有大約40架飛機，且半數為教練機。

〔阿弗羅 蘭卡斯特B Mk.I〕

1950年自英國取得9架，據說第二次中東戰爭曾投入3架參與實戰。最大炸彈酬載量為10t。

〔北美T-6德州佬式〕

敘利亞空軍配備17架T-6，當作攻擊機使用，曾投入1個中隊執行對地攻擊任務。除了對地之外，也曾留下擊落1架以色列空軍阿維亞S-199戰鬥機的紀錄。

以色列空軍的航空器

以色列空軍是以伊爾貢、哈加拿的航空部隊作為母體，於1948年5月28日成立，第一次中東戰爭使用的機型都是蒐羅自世界各地的二次大戰剩餘飛機。以色列空軍成立後，亟欲取得飛機，雖然曾向多個國家尋求進口，但由於各國武器外銷限制條件不同，因此除了透過正式管道取得，也會利用報廢機名義走私進口。

〔超級馬林 噴火式Mk.IX〕

自捷克斯洛克購入60架。首批6架於1948年9月24日抵達以色列，在戰爭結束前以色列僅取得18架。除進口機體之外，以色列也有繳獲迫降的埃及空軍機，修復後納編使用。

〔阿維亞S-199〕

二次大戰過後，捷克斯洛伐克的阿維亞公司利用梅塞施密特Bf109G的生產設備與零件繼續生產的戰鬥機。第一次中東戰爭使用23架，於6月3日擊落2架埃及空軍的C-47運輸機，創下以色列空軍首次戰果。武裝為13mm機槍×2、20架砲×2。

〔迪哈維蘭 D.H.89 迅龍式〕
英國迪哈維蘭公司於 1934 年研製的客機。英國託管時代，哈加拿擁有 1 架，後來編入空軍。此外，第一次中東戰爭時期也從英國購買 3 架。

〔畢琪 富豪式〕
空軍成立時由哈加拿移交 1 架，並另行購入 2 架。原本是民用輕型機，但以軍在機腹加裝炸彈掛架，用於對地攻擊。

〔北美 T-6 德州佬式（哈佛式）〕
原本是教練機，但以色列空軍成立後也將其當成攻擊機使用。

〔波音 B-17G〕
由於美國設有武器外銷限制，因此是改造成貨機出口，以商用機名義於 1948 年 6 月取得 3 架。後來以軍對其施加武裝，用以轟炸阿拉伯軍。炸彈酬載量最大約 5.8t。

〔北美 P-51D 野馬式〕
以色列配備的第 3 款戰鬥機。比照 B-17，於 1948 年 9 月自美國走私進口，取得 4 架。後來又於 1951 年自瑞典購買 25 架，第二次中東戰爭時利用其航程優勢從事對地攻擊等任務。武裝為 12.7mm 機槍×6、炸彈最大酬載量 907kg 或火箭彈×10。

〔道格拉斯 C-47 空中列車式（達柯塔式）〕
第一次中東戰爭時除了運輸之外，也會利用機身側面的貨物艙門投放炸彈，從事轟炸任務。

〔布里斯托 標致鬥士式 TF Mk.X〕
購買 7 架報廢機後，於 1948 年 8 月以拍攝電影為名義欺騙英國空軍，假借拍攝飛行鏡頭取得 4 架。武裝為 20mm 機砲×4、7.7mm 機槍×2、113kg 炸彈×2 或火箭彈×8。

〔迪哈維蘭 蚊式〕
1951 年自英國購買戰鬥攻擊機型的 FB.6 及照相偵察型的 PR.16，至 1956 年的第二次中東戰爭為止，用於對地面部隊密接支援。武裝為 7.7mm 機槍×4、20mm 機砲×4、炸彈最大酬載量 920kg。

中東戰爭使用的噴射機

阿拉伯諸國空軍的早期噴射機

中東戰爭剛爆發時,阿拉伯諸國空軍與以色列空軍使用的皆是二次大戰剩餘螺旋槳機。第一次中東戰爭結束後,雙方開始取得當時成為主流的噴射機,強化空軍戰力,讓中東空戰邁入新時代。

〔格羅斯特 流星式〕

二次大戰期間,英國投入實用的噴射戰鬥機,阿拉伯陣營有埃及空軍和敘利亞空軍配備。埃及空軍使用F.4、T.7、F.8與夜間戰鬥機型的NF.13,敘利亞空軍則使用T.7、F.8、FR.9、NF.13各型。F.8的最大速度約為1,000 km/h。武裝為20 mm機砲×4、火箭彈最大×16或454 kg炸彈×2。

〔迪哈維蘭 吸血鬼式FB.52〕

英國繼流星式後推出的噴射戰鬥機,為英國空軍與海軍採用。阿拉伯陣營有埃及、敘利亞、約旦、伊拉克各國空軍配備。最大速度882 km/h。武裝為20 mm機砲×4、225 kg炸彈×2或火箭彈×8。

〔霍克 獵人式〕

為取代流星式而研製的戰鬥機,是1950年代的最新機型,黎巴嫩、伊拉克、約旦空軍有配備,黎巴嫩空軍使用本型機至2014年。最大速度1,150 km/h。武裝為30 mm機砲×4,可掛載炸彈或火箭彈莢艙等最大3.4 t。

〔MiG-15柴把式〕

於韓戰一戰成名的蘇聯戰鬥機,埃及軍於1955年自捷克斯洛伐克進口150架,敘利亞空軍、伊拉克空軍也有配備。最大速度1,076 km/h。武裝為37 mm機砲×1、23 mm機砲×2、50 kg或100 kg炸彈×2。

〔MiG-17壁畫式〕

MiG-15的改良型,埃及空軍於1956年開始配備,使用至第四次中東戰爭。最大速度1,145 km/h。武裝為23 mm機砲×2、37 mm機砲×1、火箭彈莢艙×2或250 kg炸彈×2。

〔MiG-19農夫式〕

蘇聯研製的超音速噴射戰鬥機,埃及、伊拉克、敘利亞空軍有配備。最大速度1.35馬赫。武裝為30 mm機砲×3、火箭彈莢艙×2或250 kg炸彈×2。

〔伊留申Il-28小獵犬式〕

1949年蘇軍採用的雙發噴射轟炸機,埃及空軍於1956年取得捷克斯洛伐克授權生產的70架B-228,第二次中東戰爭曾對以色列軍進行夜間轟炸。與其他蘇製航空器一樣,敘利亞空軍與伊朗空軍也有配備本型機。最大速度902 km/h。武裝為23 mm機砲×2~3、炸彈酬載量最大3 t。

以色列空軍早期的噴射機

〔達梭 MD.450 颶風式〕
以色列軍為取代流星式戰鬥機而採用的法國達梭公司戰鬥機。由於性能不如 MiG-15，因此主要用於對地攻擊任務。最大速度 940 km/h。武裝為 20 mm機砲×4、炸彈、火箭彈等最大酬載量 2,270 kg。

〔格羅斯特 流星式〕
以色列空軍於 1953～1957 年自英國與比利時進口，使用型號包括 T.7、T.7.5、F.8、FR.9、NF.13。1955 年 9 月 1 日，以色列空軍的流星式擊落入侵以色列領空的埃及空軍吸血鬼式，使該架吸血鬼式成為中東空戰首架遭到擊落的噴射戰鬥機。

〔達梭 神祕式 IVA〕
法國達梭公司繼颶風式之後研製的超音速戰鬥機，以色列空軍於 1956 年 4～8 月接收 60 架。第二次中東戰爭曾擊落 8 架埃及空軍機，第三次中東戰爭則用於對地攻擊。最大速度 1.12 馬赫。武裝為 30 mm機砲×2、炸彈、火箭彈等最大酬載量 1,000 kg。

〔達梭 超級神祕式 B.2〕
達梭公司製造的戰鬥機，以色列空軍擁有 36 架，於第三次中東戰爭創下擊落伊拉克空軍機等 16 架的戰功。最大速度 1,195 km/h。武裝為 30 mm機砲×2、炸彈、火箭彈等最大酬載量 2,680 kg。

〔S.O.4050 禿鷹 II 式〕
法國南方飛機公司研製的戰鬥轟炸機，以色列空軍於 1958 年引進 31 架，使用 A 型（單座戰鬥轟炸機）、B 型（雙座戰鬥轟炸機）、N 型（雙座全天候攔截機）3 種構型。1967 年於第三次中東戰爭首次上陣，開戰翌日的 6 月 7 日便擊落 1 架伊拉克空軍的霍克獵人式。A 型的最大速度為 951 km/h，武裝為 30 mm機砲×4、炸彈、火箭彈等最大酬載量 2,725 kg。

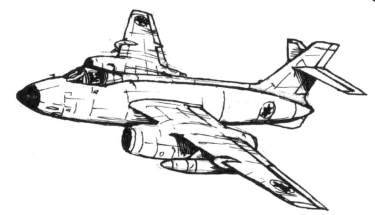

法國達梭飛機公司推出的三角翼超音速戰鬥機,1952年開始研製,1958年10月24日在試飛時達成速度2馬赫。幻象式有發展出一系列機型,並且外銷他國,參與中東戰爭的以色列、埃及、敘利亞各國空軍皆有配備幻象戰機。

〔幻象IIICJ〕
以色列空軍於1962年4月～1964年7月自法國購買70架,第三次中東戰爭主要從事轟炸任務,第四次中東戰爭則擔任制空戰鬥任務,據說擊落106架埃及空軍機與敘利亞空軍機。

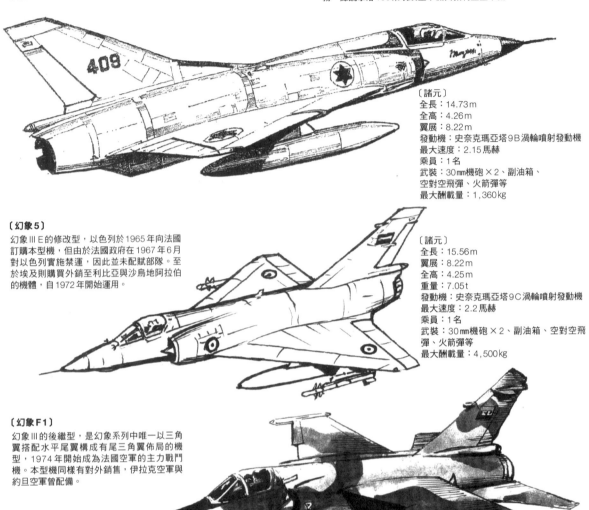

〔諸元〕
全長:14.73m
全高:4.26m
翼展:8.22m
發動機:史奈克瑪亞塔9B渦輪噴射發動機
最大速度:2.15馬赫
乘員:1名
武裝:30mm機砲×2、副油箱、空對空飛彈、火箭彈等
最大酬載量:1,360kg

〔幻象5〕
幻象IIIE的修改型,以色列於1965年向法國訂購本型機,但由於法國政府在1967年6月對以色列實施禁運,因此並未配賦部隊。至於埃及則購買外銷至利比亞與沙烏地阿拉伯的機體,自1972年開始運用。

〔諸元〕
全長:15.56m
翼展:8.22m
全高:4.25m
重量:7.05t
發動機:史奈克瑪亞塔9C渦輪噴射發動機
最大速度:2.2馬赫
乘員:1名
武裝:30mm機砲×2、副油箱、空對空飛彈、火箭彈等
最大酬載量:4,500kg

〔幻象F1〕
幻象III的後繼型,是幻象系列中唯一以三角翼搭配水平尾翼構成有尾三角翼佈局的機型,1974年開始成為法國空軍的主力戰鬥機。本型機同樣有對外銷售,伊拉克空軍與約旦空軍曾配備。

〔諸元〕
翼展:8.4m
全長:15.3m
全高:4.5m
發動機:史奈克瑪亞塔9K-50渦輪噴射發動機
最大速度:2.2馬赫
乘員:1名
武裝:30mm機砲×2、副油箱、空對空飛彈、火箭彈等
實用酬載量:4,000kg

〔幻象2000〕
幻象系列的最新型。採用線傳飛控駕駛系統等設計,屬於第4代噴射戰鬥機,1984年開始配賦法國空軍。埃及於1981年12月訂購本型機,1986年6月至1988年1月交付20架。

〔諸元〕
全長:14.4m
翼展:9.1m
全高:5.2m
空重:7,500kg
發動機:斯奈克瑪M53-P2渦扇發動機
最大速度:2.2馬赫
乘員:1名
武裝:30mm機砲×2、副油箱、空對空飛彈、火箭彈、反艦飛彈等
最大酬載量:6,300kg

以色列自製戰鬥機幼獅式C2

以色列參考幻象 III、幻象5研製而成的首款自製全天候多用途戰鬥機，1975年開始生產並配賦空軍部隊。1977年11月9日首次上陣空襲黎巴嫩境內的PLO訓練營，1979年6月27日首次擊落敘利亞軍的MiG-21。

〔諸元〕
全長：15.65m
翼展：8.22m
全高：4.55m
重量：7,414kg
發動機：J79-J1E渦輪噴射發動機
最大速度：2.3馬赫
乘員：1名
武裝：30mm機砲×2、空對空飛彈、炸彈等
最大酬載量：9,390kg

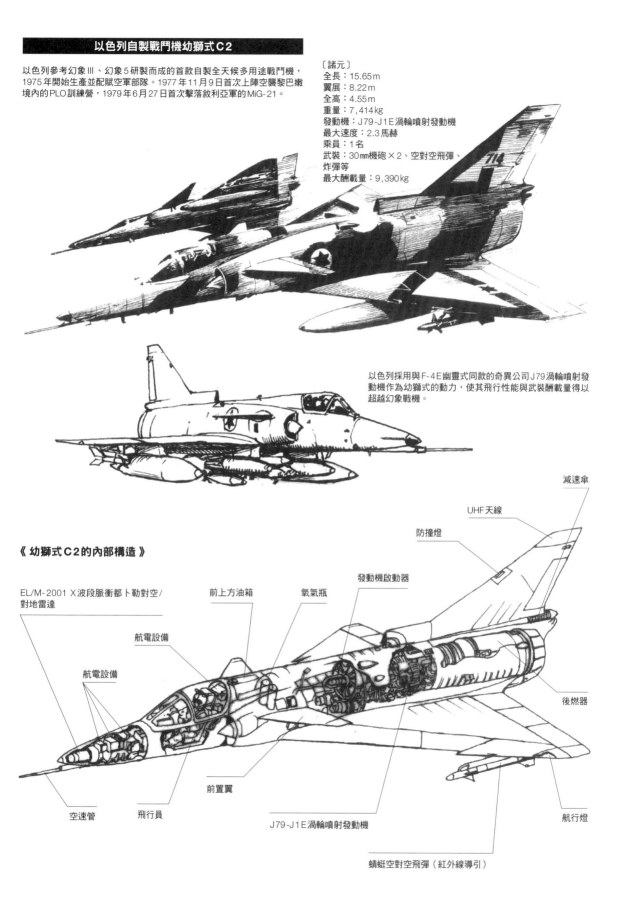

以色列採用與F-4E幽靈式同款的奇異公司J79渦輪噴射發動機作為幼獅式的動力，使其飛行性能與武裝酬載量得以超越幻象戰機。

《 幼獅式C2的內部構造 》

減速傘

UHF天線

防撞燈

發動機啟動器

EL/M-2001 X波段脈衝都卜勒對空/對地雷達

前上方油箱

氧氣瓶

航電設備

航電設備

後燃器

空速管

飛行員

前置翼

J79-J1E渦輪噴射發動機

航行燈

蜻蜓空對空飛彈（紅外線導引）

美製萬能戰鬥機F-4E幽靈II式

以色列空軍無法繼續從法國取得幻象戰機後，於1969年改由美國有償提供F-4E。F-4E於第四次中東戰爭作為戰鬥轟炸機使用，活躍於空戰及對地攻擊任務。

〔諸元〕
全長：19.2m
翼展：11.7m
全高：5m
重量：13,757kg
發動機：J79-GE-17A附後燃器渦輪噴射發動機×2
最大速度：2.23馬赫
乘員：2名
武裝：20mm火神砲×1、副油箱、空對空飛彈、火箭彈等
最大酬載量：8,480kg

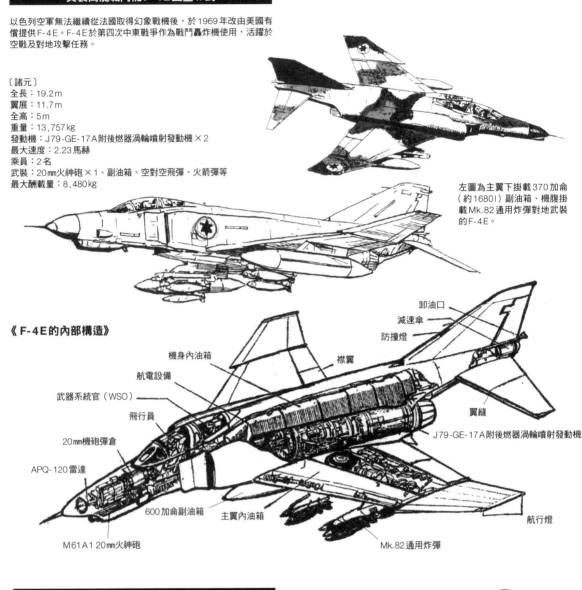

左圖為主翼下掛載370加侖（約1680l）副油箱、機腹掛載Mk.82通用炸彈對地武裝的F-4E。

《F-4E的內部構造》

卸油口
減速傘
防撞燈
機身內油箱
航電設備
襟翼
武器系統官（WSO）
飛行員
翼縫
20mm機砲彈倉
J79-GE-17A附後燃器渦輪噴射發動機
APQ-120雷達
600加侖副油箱
主翼內油箱
航行燈
M61A1 20mm火神砲
Mk.82通用炸彈

美製輕型攻擊機A-4天鷹式

以色列於1966年6月自美國購買首批48架，在第四次中東戰爭之前總共採購217架。A-4天鷹式曾外銷10個國家，其中最大的客戶就是以色列空軍。第四次中東戰爭因埃及軍與敘利亞軍的防空飛彈與空戰損失53架。

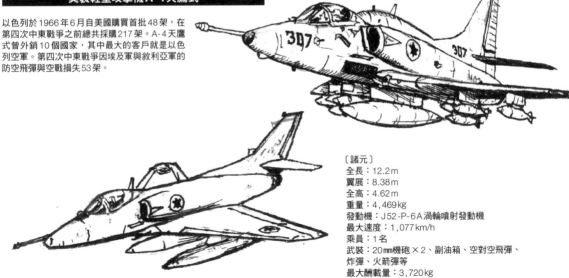

〔諸元〕
全長：12.2m
翼展：8.38m
全高：4.62m
重量：4,469kg
發動機：J52-P-6A渦輪噴射發動機
最大速度：1,077km/h
乘員：1名
武裝：20mm機砲×2、副油箱、空對空飛彈、炸彈、火箭彈等
最大酬載量：3,720kg

《F-4E的武器酬載》

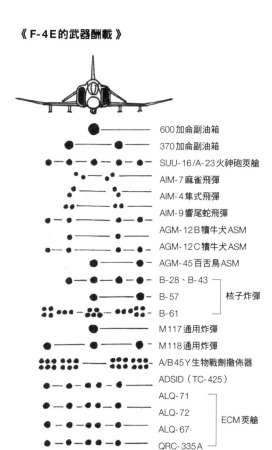

	600加侖副油箱
	370加侖副油箱
	SUU-16/A-23火神砲莢艙
	AIM-7麻雀飛彈
	AIM-4隼式飛彈
	AIM-9響尾蛇飛彈
	AGM-12B犢牛犬ASM
	AGM-12C犢牛犬ASM
	AGM-45百舌鳥ASM
	B-28、B-43 核子炸彈
	B-57
	B-61
	M117通用炸彈
	M118通用炸彈
	A/B45Y生物戰劑撒佈器
	ADSID（TC-425）
	ALQ-71
	ALQ-72 ECM莢艙
	ALQ-67
	QRC-335A

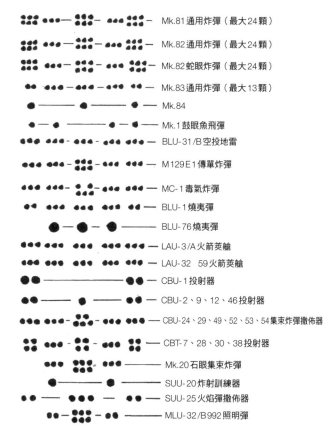

	Mk.81通用炸彈（最大24顆）
	Mk.82通用炸彈（最大24顆）
	Mk.82蛇眼炸彈（最大24顆）
	Mk.83通用炸彈（最大13顆）
	Mk.84
	Mk.1鼓眼魚飛彈
	BLU-31/B空投地雷
	M129E1傳單炸彈
	MC-1毒氣炸彈
	BLU-1燒夷彈
	BLU-76燒夷彈
	LAU-3/A火箭莢艙
	LAU-32 59火箭莢艙
	CBU-1投射器
	CBU-2、9、12、46投射器
	CBU-24、29、49、52、53、54集束炸彈撒佈器
	CBT-7、28、30、38投射器
	Mk.20石眼集束炸彈
	SUU-20炸射訓練器
	SUU-25火焰彈撒佈器
	MLU-32/B992照明彈

《F-4E的武器投射模式》

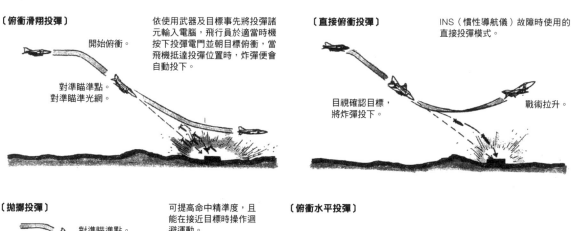

〔俯衝滑翔投彈〕

開始俯衝。

對準瞄準點。
對準瞄準光網。

依使用武器及目標事先將投彈諸元輸入電腦，飛行員於適當時機按下投彈電門並朝目標俯衝，當飛機抵達投彈位置時，炸彈便會自動投下。

〔直接俯衝投彈〕

INS（慣性導航儀）故障時使用的直接投彈模式。

目視確認目標，將炸彈投下。

戰術拉升。

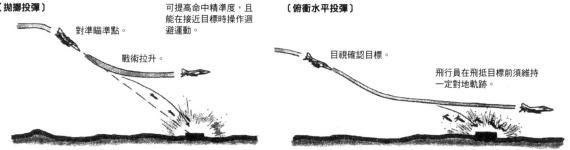

〔拋擲投彈〕

對準瞄準點。

戰術拉升。

可提高命中精準度，且能在接近目標時操作迴避運動。

〔俯衝水平投彈〕

目視確認目標。

飛行員在飛抵目標前須維持一定對地軌跡。

《 FF-16戰隼式 》

美國空軍於1978年開始使用的多用途戰鬥機,以色列也於
1978年8月向美國政府訂購,1980年4月接收首批F-16A/
B。以色列空軍於1981年6月7日的「歌劇院行動」出動8架
F-16空襲伊拉克的奧斯拉克核反應爐。圖為改良型的C型,
1986年開始引進。

〔諸元 F16C〕
全長:15.1m
翼展:9.96m
全高:4.9m
重量:12,020kg
發動機:F100-PW-200
最大速度:2.02馬赫
乘員:1名
武裝:20mm火神砲×1、空對空飛彈、空對地飛彈、炸彈等
最大酬載量:7,700kg

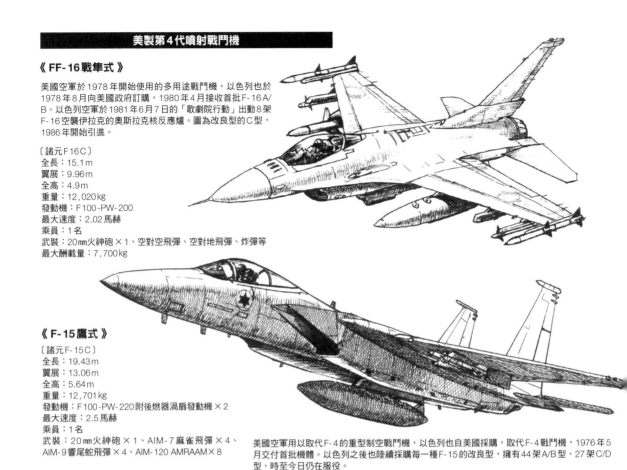

《 F-15鷹式 》

〔諸元 F-15C〕
全長:19.43m
翼展:13.06m
全高:5.64m
重量:12,701kg
發動機:F100-PW-220附後燃器渦扇發動機×2
最大速度:2.5馬赫
乘員:1名
武裝:20mm火神砲×1、AIM-7麻雀飛彈×4、
AIM-9響尾蛇飛彈×4、AIM-120 AMRAAM×8

美國空軍用以取代F-4的重型制空戰鬥機,以色列也自美國採購,取代F-4戰鬥機,1976年5
月交付首批機體。以色列之後也陸續採購每一種F-15的改良型,擁有44架A/B型、27架C/D
型,時至今日仍在服役。

《 以色列空軍機 vs 敘利亞空軍機 雷達 / 空對空飛彈的有效射程 》

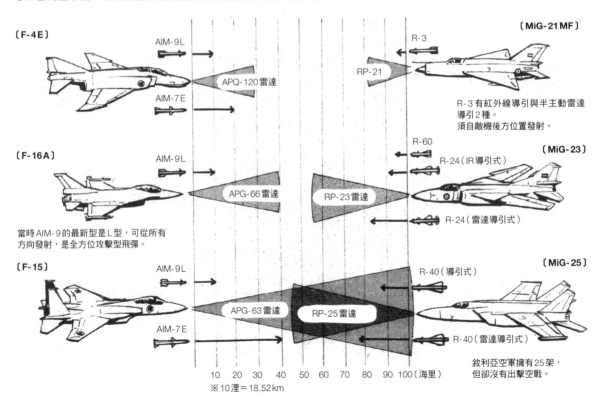

《空戰機動》

現代空戰除了戰鬥機性能之外，雷達與空對空飛彈也有長足發展，即便不用目視確認也能識別敵我，並以單機擊落複數敵機。然而，若無法避免近距離空戰，纏鬥機動還是相當重要，以下擇要簡介。

〔急轉彎脫離〕

針對已經咬尾占位準備射擊的敵機操作急轉彎，使攻方失去準頭。

為避免遭敵機攻擊，往對手方向急轉彎。

我機

敵機

〔剪式〕

敵機

我機

連續進行橫向轉彎，讓攻方失去準頭。

我機急轉彎。

敵機失去準頭。

依據情況重複操作反轉。

剪式飛行對於運動性能較佳的機型比較有利。

被逮到啦～。

〔高速溜溜球〕

對付速度低於我機，且轉彎性能較佳之敵機的攻擊方法。

拉升以降低速度，縮小轉彎半徑。

我機

敵機操作急轉彎。

若判斷無法跟上對手轉彎時，要帶起飛機並且反轉，咬住敵機尾巴。

〔低速溜溜球〕

敵機　　我機

急轉彎

將機首向下壓至轉彎圈內。

追擊敵機時，若我機速度低於敵機，就要推頭加速，待速度補上來後，再拉升回到敵機高度，咬住敵機尾巴。

橫切進入敵機轉彎圈內咬住尾巴。

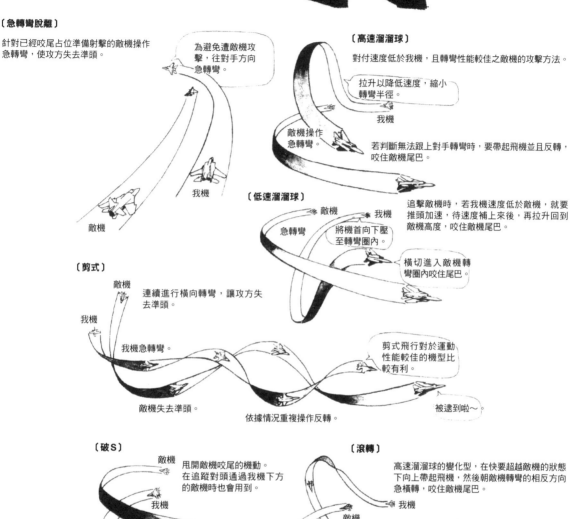

〔破S〕

敵機

我機

甩開敵機咬尾的機動。在追蹤對頭通過我機下方的敵機時也會用到。

自平飛狀態反轉180°進入倒飛，並將飛機直接往下帶，飛出一個垂直方向的U字形。

糟糕，被他跑掉了。

〔滾轉〕

高速溜溜球的變化型，在快要超越敵機的狀態下向上帶起飛機，然後朝敵機轉彎的相反方向急橫轉，咬住敵機尾巴。

我機

敵機

〔螺旋俯衝〕

敵機

我機

讓敵機飛過頭，橫向轉彎後咬住敵機尾巴。

以螺旋俯衝的方式讓追尾敵機飛過頭的機動。

〔偏移對頭通過〕

敵機

運動性能優於敵機的機型在遭遇正面攻擊時採取的機動。

我機

往敵機轉彎的反方向轉彎，繞至敵機背後咬尾。

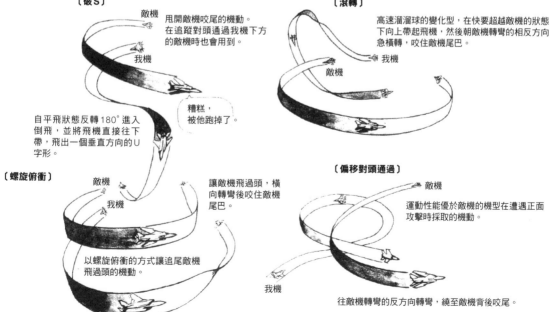

阿拉伯陣營主力戰鬥機MiG-21

阿拉伯各國雖然都有空軍，但與地面戰力一樣，主力還是埃及空軍與敘利亞空軍。1960年代以降運用的航空器是以蘇聯製品為主，主力戰鬥機MiG-21不斷與以色列空軍機激烈交戰。

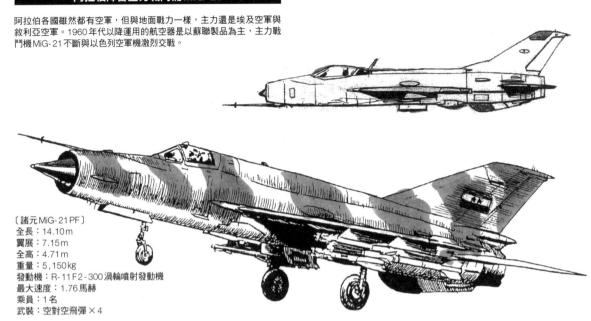

〔諸元 MiG-21 PF〕
全長：14.10m
翼展：7.15m
全高：4.71m
重量：5,150kg
發動機：R-11F2-300渦輪噴射發動機
最大速度：1.76馬赫
乘員：1名
武裝：空對空飛彈×4

蘇聯的米高揚-格林維奇設計局繼MiG-15至MiG-19之後，於1959年研製的超音速戰鬥機。它是冷戰時期蘇軍最具代表性的戰鬥機，並有外銷同盟國，NATO代號「魚床」。中東戰爭由埃及、敘利亞、伊拉克空軍運用，MiG-21首次空戰發生於1967年7月14日，4架敘利亞空軍機與4架以色列空軍的幻象戰機交戰，MiG-21遭擊落1架。

掛載空對空飛彈的埃及空軍MiG-21 PF。第三次中東戰爭時，阿拉伯陣營空軍戰力因遭以色列軍奇襲而大受打擊，埃及軍也損失100架MiG-21。

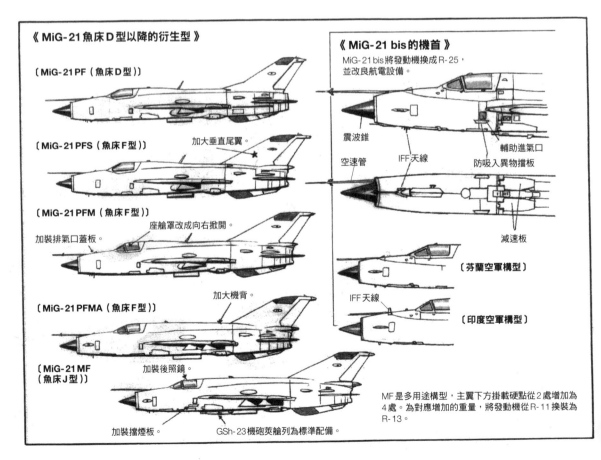

《 MiG-21魚床D型以降的衍生型 》

〔MiG-21 PF（魚床D型）〕

〔MiG-21 PFS（魚床F型）〕
加大垂直尾翼。

〔MiG-21 PFM（魚床F型）〕
座艙罩改成向右掀開。
加裝排氣口蓋板。

〔MiG-21 PFMA（魚床F型）〕
加大機背。

〔MiG-21 MF
（魚床J型）〕
加裝後照鏡。
加裝擋煙板。
GSh-23機砲莢艙列為標準配備。

《 MiG-21 bis 的機首 》
MiG-21 bis將發動機換成R-25，並改良航電設備。

震波錐
空速管
IFF天線
輔助進氣口
防吸入異物擋板

減速板

〔芬蘭空軍構型〕

IFF天線

〔印度空軍構型〕

MF是多用途構型，主翼下方掛載硬點從2處增加為4處。為對應增加的重量，將發動機從R-11換裝為R-13。

MiG-21原本是設計成攔截機，蘇聯空軍採用後，首先將之改良成全天候機型，後來又經過3次大幅改良，進化成制空戰鬥機與戰鬥轟炸機，陸續推出多款衍生型。

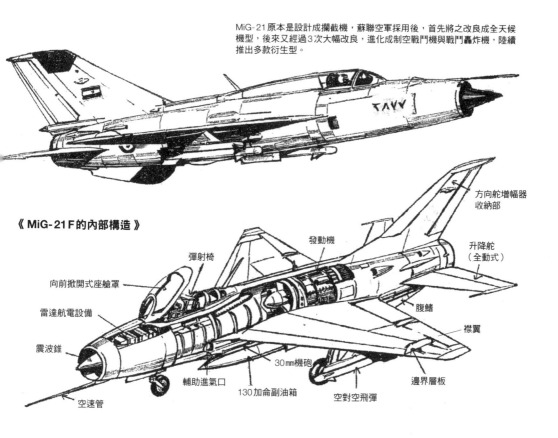

《 MiG-21F 的內部構造 》

彈射椅
向前掀開式座艙罩
雷達航電設備
震波錐
空速管
輔助進氣口
30mm機砲
130加侖副油箱
發動機
方向舵增幅器收納部
升降舵（全動式）
腹鰭
襟翼
邊界層板
空對空飛彈

《 MiG-21 的機載武裝 》

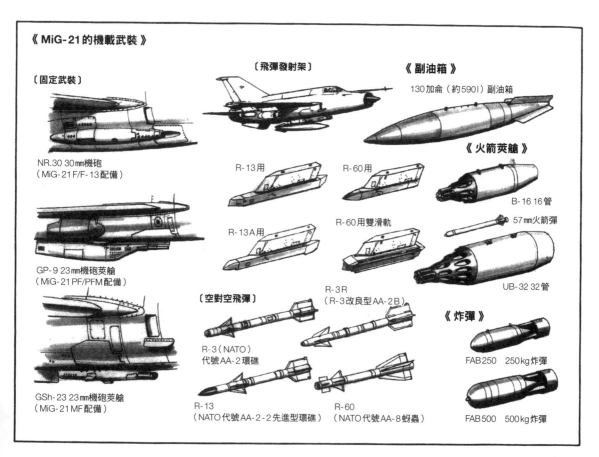

〔固定武裝〕

NR.30 30mm機砲
（ MiG-21F/F-13 配備 ）

GP-9 23mm機砲莢艙
（ MiG-21 PF/PFM 配備 ）

GSh-23 23mm機砲莢艙
（ MiG-21 MF 配備 ）

〔飛彈發射架〕

R-13用
R-13A用

R-60用
R-60用雙滑軌

〔空對空飛彈〕

R-3（NATO）
代號AA-2 環礁

R-13
（ NATO 代號 AA-2-2 先進型環礁 ）

R-3R
（ R-3 改良型 AA-2B ）

R-60
（ NATO 代號 AA-8 蚜蟲 ）

《 副油箱 》

130 加侖（約590ℓ）副油箱

《 火箭莢艙 》

B-16 16管

57mm火箭彈

UB-32 32管

《 炸彈 》

FAB250　250kg炸彈

FAB500　500kg炸彈

〔MiG-23 鞭撻者式〕
MiG-21的後繼戰鬥機，1965年研製。具有可變翼功能，NATO代號「鞭撻者」，衍生構型包括戰鬥機的M型與戰鬥轟炸機的B型等。埃及、敘利亞、伊拉克於1974年開始引進，配備數量最多的是敘利亞空軍。該國空軍總共擁有90架，在以色列軍入侵黎巴嫩（1982年）之際，曾與以色列空軍機交戰。

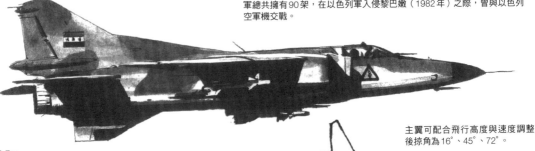

主翼可配合飛行高度與速度調整
後掠角為16°、45°、72°。

〔諸元〕
全長：16.7m
翼展：13.97m（後掠角72°）、7.78m（後掠角16°）
全高：4.82m
重量：14,840kg
發動機：R-29-300渦輪噴射發動機
乘員：1名
最大速度：2.04馬赫
武裝：23mm雙管機砲×1、空對空飛彈、炸彈等
最大酬載量：2,000kg

〔諸元〕
全長：17.08m
翼展：13.97m（後掠角72°）、
7.78m（後掠角16°）
全高：5.0m
重量：20,300kg
最大速度：1.7馬赫
發動機：R-29-B-300附後燃器渦輪噴射發動機
乘員：1名
武裝：30mm加特林機砲×1或23mm機砲×1、
空對空飛彈、火箭彈、炸彈等
最大酬載量：4,000kg

〔MiG-27 鞭撻者式〕
研改自MiG-23的戰鬥轟炸機，原本稱為MiG-23BM，1973年開始生產，1975年2月改稱MiG-27。

〔MiG-25 狐蝠式〕
為對付美軍轟炸機與偵察機，講求高空、高速性能的超音速攔截戰鬥機，1959開始研製（也同時發展偵察型），原型機首飛後，於1970年配賦空軍服役。NATO代號「狐蝠」。埃及、敘利亞、伊拉克於1970年代前半引進，埃及空軍於第四次中東戰爭投入實戰，敘利亞空軍也在以色列入侵黎巴嫩時派出本型機參戰。

〔諸元〕
全長：23.82m
翼展：14.01m
全高：6.1m
重量：20,000kg
發動機：R-15B-300附後燃器渦輪噴射發動機×2
最大速度：3.2馬赫
乘員：1名
武裝：空對空飛彈×4～6

〔諸元〕
全長：17.32m
翼展：11.36m
全高：4.73m
重量：11,000kg
發動機：RD-33附後燃器渦扇發動機×2
最大速度：2.3馬赫以上
乘員：1名
武裝：30mm機砲×1、空對空飛彈、火箭彈、炸彈等
最大酬載量：4,000kg

〔MiG-29 支點式〕
蘇聯為了對抗美軍的F-14與F-15，於1983年採用的戰鬥機。當初是設計成制空戰鬥機，但除了空戰以外，後來也加入對地攻擊等能力，讓其成為多用途戰鬥機。NATO代號「支點」。敘利亞空軍與伊拉克空軍於1980年代引進。

〔蘇霍伊Su-7裝配匠式〕
蘇聯於1955年研製的超音速戰鬥機，特化低空高速飛行能力，但由於性能不足的關係，後來被當成戰鬥轟炸機運用，NATO代號「裝配匠」。埃及空軍投入第三次/第四次中東戰爭運用，敘利亞空軍則用於第四次中東戰爭。

〔諸元〕
全長：16.8m
翼展：9.31m
全高：4.99m
重量：8,940kg
發動機：AL-7F1-100渦輪噴射發動機
最大速度：1.74馬赫
乘員：1名
武裝：30mm機砲×2、通用炸彈、火箭彈等
最大酬載量：2,000kg

〔蘇霍伊Su-20/Su-22裝配匠式〕
Su-20/Su-22是Su-7的後繼機Su-17戰鬥轟炸機的外銷型，NATO代號與Su-7同為「裝配匠」。它與MiG-23同時期研製，主翼也採用可變翼。埃及空軍（Su-17/Su-20）投入第四次中東戰爭，敘利亞空軍（Su-20/Su-22）則在第四次中東戰爭與以色列入侵黎巴嫩時使用本型機空襲以色列軍。

〔諸元〕
全長：19.02m
翼展：10.02m（後掠角30°）、13.68m（後掠角63°）
全高：5.12m
重量：12,160kg
發動機：留里卡AL-21F-3
乘員：1名
最大速度：1.7馬赫
武裝：30mm機砲×2、空對空飛彈、反輻射飛彈等
最大酬載量：4,000kg

〔圖波列夫Tu-16獾式〕
1954年服役的蘇軍首款噴射轟炸機，NATO代號「獾」。除通用炸彈或核子炸彈之外，也有推出可以運用反艦飛彈的飛彈轟炸機型。埃及空軍在第三次中東戰爭爆發前擁有25架Tu-16，但開戰後因以色列空襲基地損失23架。後來自蘇聯獲得補充，第四次中東戰爭時擁有32架，Tu-16部隊會以一般轟炸或巡弋飛彈等武器攻擊以色列軍據點。

〔諸元〕
全長：34.8m
翼展：32.98m
全高：10.35m
重量：37,200kg
發動機：TRDAM-3、RD-3M或RD-3M-500×2
乘員：6~7名
最大速度：1,050km/h
武裝：23mm機砲×6~7、通用炸彈、空射型反艦飛彈等
最大酬載量：9,000kg（推定）

〔諾斯洛普F-5E虎Ⅱ式〕
美國諾斯洛普公司研製的外銷用輕型噴射戰鬥機F-5A/B的改良型，有供應給約旦空軍。

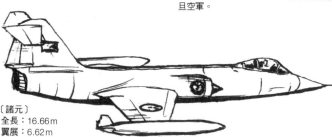

〔諸元〕
全長：16.66m
翼展：6.62m
全高：4.11
重量：11,720kg
最大速度：2馬赫
發動機：J79渦輪噴射發動機
乘員：1名
武裝：20mm火神砲×1、空對空飛彈、火箭彈等
最大酬載量：1,800kg

〔洛克希德F-104A星式〕
洛克希德公司研製的全天候超音速戰鬥機，最大速度達到2馬赫級。美國於1967年提供約旦29架單座戰鬥機型的F-104A與4架雙座教練機型的F-104B。

〔諸元〕
全長：14.68m
翼展：8.13m
全高：4.077m
重量：4,347kg
發動機：J85-GE-21渦輪噴射發動機×2
乘員：1名
最大速度：1.63馬赫
武裝：20mm機砲×2、空對空飛彈、空對地飛彈等
最大酬載量：3,200kg

運輸機

《以色列軍》

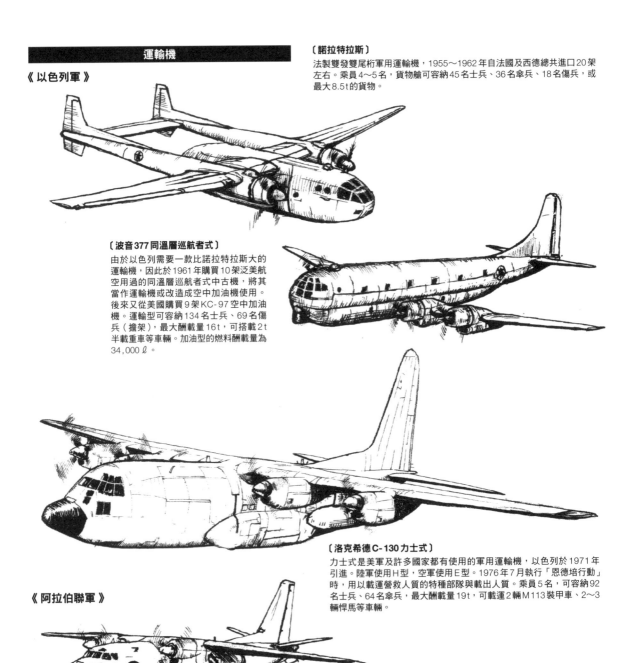

〔諾拉特拉斯〕
法製雙發雙尾桁軍用運輸機，1955～1962年自法國及西德總共進口20架左右。乘員4～5名，貨物艙可容納45名士兵、36名傘兵、18名傷兵，或最大8.5t的貨物。

〔波音377同溫層巡航者式〕
由於以色列需要一款比諾拉特拉斯大的運輸機，因此於1961年購買10架泛美航空用過的同溫層巡航者式中古機，將其當作運輸機或改造成空中加油機使用。後來又從美國購買9架KC-97空中加油機。運輸型可容納134名士兵、69名傷兵（擔架），最大酬載量16t，可搭載2t半載重車等車輛。加油型的燃料酬載量為34,000ℓ。

〔洛克希德C-130力士式〕
力士式是美軍及許多國家都有使用的軍用運輸機，以色列於1971年引進。陸軍使用H型，空軍使用E型。1976年7月執行「恩德培行動」時，用以載運營救人質的特種部隊與載出人質。乘員5名，可容納92名士兵、64名傘兵，最大酬載量19t，可載運2輛M113裝甲車、2～3輛悍馬等車輛。

《阿拉伯聯軍》

〔安托諾夫An-26〕
1969年開始生產的蘇製雙發軍用運輸機。機尾設有貨物艙門，可載運輕型車輛。敘利亞、伊拉克、葉門各軍與巴勒斯坦自治政府有使用。除5名乘員之外，可搭乘39名士兵、30名傘兵，最大酬載量5.5t。

〔安托諾夫An-12〕
改良自An-10客機的軍用運輸機，1959年配賦蘇軍，生產至1972年。特色是機尾可裝設2門23mm機砲。以色列周邊國家有埃及、敘利亞、約旦使用。乘員5名，最大酬載量20t，可搭乘90名士兵、60名傘兵。

〔派柏L-4〕
美國派柏飛機公司J-3幼獸式的軍用型。本型機從
哈加拿航空勤務隊一直沿用至以色列空軍,用於砲
兵觀測與聯絡。

〔都尼爾Do 28〕
西德於1959年研製的雙發多用途機,以色列空軍從
1971年開始用於運輸機中隊。

〔富加CM.170教師式〕
1950年後半研製的法製噴射教練機,以色列在1959～1964年
有授權生產,用以培訓飛行員。第三次中東戰爭時有掛載火箭
彈與炸彈,用於密接支援攻擊。

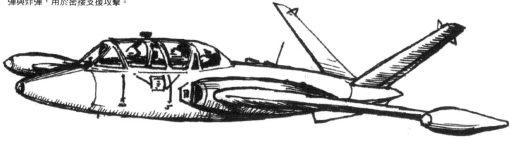

〔麥克唐納‧道格拉斯RF-4E〕
於F-4E加裝KS-87偵照相機、ASS-18A
紅外線偵察設備、ALQ-125戰術電子偵察
設備等的偵察機型。

〔格魯曼E-2C鷹眼式〕
以色列於1981年引進4架戰術空中
預警機,1982年入侵黎巴嫩時,於
敘利亞戰線的貝卡山谷航空作戰中
用於情報蒐集,並執行攻擊隊的空
中管制。埃及軍也於1985年自美國
採購,目前仍持續使用改良型。

〔塞考斯基 S-58〕
以色列軍於 1958 年引進的多用途運輸直升機。1967 年第三次
中東戰爭時曾載運空降部隊至敵後實施機降作戰。
乘員：2 名、士兵：18 名，最大酬載量：1700kg。

直升機

《 以色列軍 》

以色列軍運用的直升機於 1951 年 5 月自美國進口的 2 架希勒 360，由於製
造直升機的廠商相當有限，因此早期多為美製品。

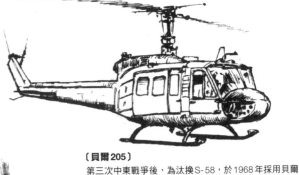

〔貝爾 205〕
第三次中東戰爭後，為汰換 S-58，於 1968 年採用貝爾
205（UH-1）。由於當時美國限制出口武器至以色列，
因此取得的並非軍規版 UH-1，而是商規版的貝爾 205。
乘員：2～4 名、士兵：11～14 名，最大酬載量：
1,760kg。

〔貝爾 212〕
1975 年 6 月引進，用以取代貝爾 205，至翌年為止取得 64
架。本型機也非軍規版 UH-1N，而是購買商規版之後，再
由以色列將之修改成軍用規格。
乘員：2～4 名、士兵：6～8 名，最大酬載量：2,268kg。

〔SA 342M 瞪羚式〕
法國南方飛機公司（後來的法國航太）依法軍要求研製的輕型通用直升機。
以色列軍於 1982 年入侵黎巴嫩時自敘利亞軍繳獲本型機，修復之後曾測試運
用。乘員：2 名。

〔塞考斯基 CH-53 海種馬式〕
美國塞考斯基公司研製的重型運輸直升機，以色列軍於
1969 年開始引進。第四次中東戰爭時，曾出動本型機載
運空降部隊，參與 1973 年 10 月 22 日攻占黑門山敘利亞
軍前哨基地的作戰。
乘員：2～4 名、士兵：55 名，最大酬載量：3,630kg。

〔貝爾206噴射突擊兵〕
以色列軍於1971～1973年購買義大利奧古斯塔公司授
權生產的AB206A，用以訓練飛行員，並行觀測、
聯絡等任務。
乘員：1～2名、士兵：4名。

〔SA-321K超級黃蜂式〕
法國於1960年代早期研製的重型運輸直升機，以色列軍於1966年引
進，用於第三次/第四次中東戰爭。
乘員：3名、士兵：27名，最大酬載量：3,630kg。

〔休斯500M防衛者式〕
以活躍於越戰的美國陸軍OH-6觀測直升機
為基礎研改而成的輕型多用途直升機。以
色列軍為了彌補AH-1數量不足，於1979
年採購加裝TOW反戰車飛彈發射器的30
架。
乘員：2名，武裝：TOW反戰車飛彈×4。

〔AH-1S休伊眼鏡蛇式〕
以色列軍基於第四次中東戰
爭的經驗，認識到反戰車直
升機的重要性，因而決定引
進在越戰頗有成績的美國
陸軍AH-1反戰車直升機，
1977年開始服役。1982年
入侵黎巴嫩時，曾以機載
TOW反戰車飛彈摧毀29輛
T-72戰車等。
乘員：2人，武裝：20mm加
特林機砲×1、反戰車飛彈
×8枚等。

《埃及軍》

〔CH-47C契努克式〕
波音直升機公司研製的重型運輸直升機，1962年8月開始量
產，除美國使用之外，也有外銷許多國家。CH-47C是義大利
的南部直升機授權生產型，埃及空軍購買15架義大利製
CH-47C加以運用。
乘員：3名、士兵：33～55名。　員：3名、兵員：33～55名。

〔S-61海王式〕
塞考斯基飛機公司研製的重型直升機，埃及軍於1970年代引進美製的
S-61與英國偉士蘭公司授權生產的海上巡邏機型海王式Mk.7及運輸機型
的突擊式Mk.1/Mk.2，總共擁有約55架。
乘員：2名、士兵：30名。

《米爾Mi-24雌鹿式的衍生型》

蘇軍於1972年採用的重型攻擊直升機,以NATO代號「雌鹿」廣為人知。為從事對地/反戰車攻擊,座艙罩與座艙具有防彈功能。雌鹿式除了重武裝之外,還兼具運輸能力,機身後艙可容納8名人員或最大2.4t的貨物。目前中東地區有埃及軍、敘利亞軍、伊朗軍、黎巴嫩軍等配備。

〔Mi-24A(雌鹿A型)〕
發動機利用Mi-8的驅動系研製而成。

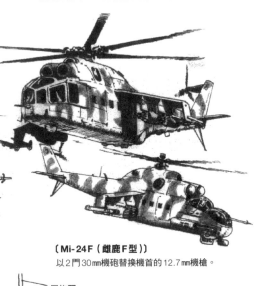

〔Mi-24D(雌鹿D型)〕
改良自A型,大幅變更機首外形,座艙改成縱列雙座構型,尾旋翼移至左側。

〔Mi-24F(雌鹿F型)〕
以2門30mm機砲替換機首的12.7mm機槍。

《Mi-24D的武裝掛載》

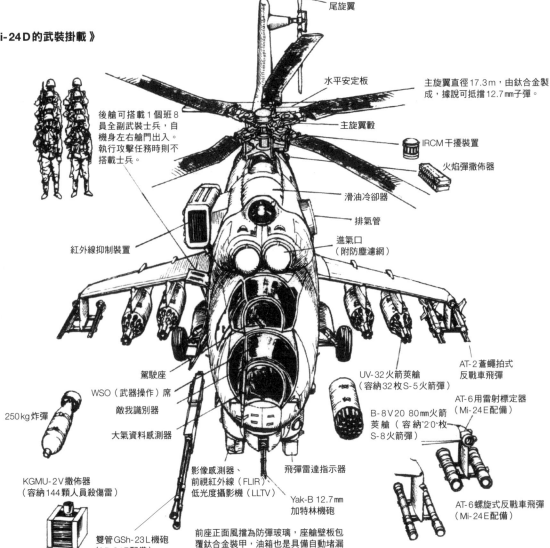

尾旋翼

後艙可搭載1個班8員全副武裝士兵,自機身左右艙門出入。執行攻擊任務時則不搭載士兵。

水平安定板

主旋翼直徑17.3m,由鈦合金製成,據說可抵擋12.7mm子彈。

主旋翼轂

IRCM干擾裝置

火焰彈撒佈器

滑油冷卻器

排氣管

進氣口(附防塵濾網)

紅外線抑制裝置

駕駛座
WSO(武器操作)席
敵我識別器
大氣資料感測器

250kg炸彈

UV-32火箭莢艙(容納32枚S-5火箭彈)

AT-2蒼蠅拍式反戰車飛彈

B-8V20 80mm火箭莢艙(容納20枚S-8火箭彈)

AT-6用雷射標定器(Mi-24E配備)

KGMU-2V撒佈器(容納144顆人員殺傷雷)

影像感測器、前視紅外線(FLIR)低光度攝影機(LLTV)

飛彈雷達指示器

Yak-B 12.7mm加特林機砲

雙管GSh-23L機砲(Mi-24F配備)

前座正面風擋為防彈玻璃,座艙壁板包覆鈦合金裝甲,油箱也是具備自動堵漏功能的防彈設計。

AT-6螺旋式反戰車飛彈(Mi-24E配備)

SA-7聖杯式空對空飛彈(Mi-24E配備)

《米爾Mi-8河馬式的衍生型》

蘇軍的主力多用途直升機,有多種衍生型,包括進攻運輸型、攻擊型等,埃及軍從1968年一直用到現在。

〔Mi-8河馬B型〕
原型機,A型為單發動機。

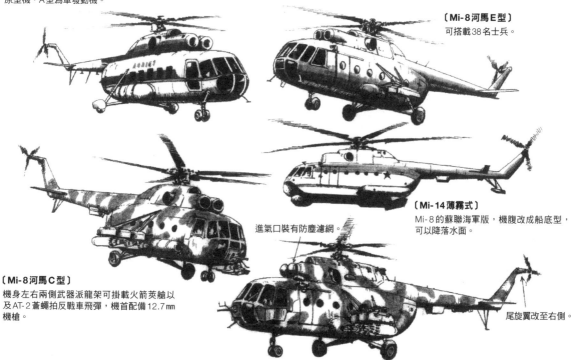

〔Mi-8河馬E型〕
可搭載38名士兵。

〔Mi-14薄霧式〕
Mi-8的蘇聯海軍版,機腹改成船底型,可以降落水面。

進氣口裝有防塵濾網。

〔Mi-8河馬C型〕
機身左右兩側武器派龍架可掛載火箭莢艙以及AT-2蒼蠅拍反戰車飛彈,機首配備12.7mm機槍。

尾旋翼改至右側。

〔Mi-17河馬H型〕
Mi-8的發展改良型,換裝發動機以提升馬力,機首配備12.7mm機槍。

〔Mi-4獵犬式〕
蘇軍於1952年採用的中型運輸直升機,可載運8~12名士兵。圖為攻擊型的Mi-4AV,機腹加裝12.7mm機槍莢艙。

《其他運輸直升機》

Mi-2輕巧靈活,也可用於聯絡等任務。

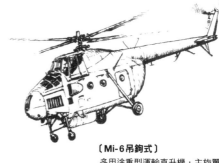

〔Mi-6吊鉤式〕
多用途重型運輸直升機,主旋翼直徑達35m,可載運61名人員或最大12t貨物。

〔Mi-2甲兵式〕
蘇聯設計、波蘭製造的輕型通用直升機。
除1名飛行員之外,可搭載8名人員或700kg貨物。

埃及軍的防空武器

1973年的第四次中東戰爭,埃及軍為了對抗以色列軍的航空戰力,除了航空器之外,也努力強化防空武器。埃及利用蘇聯提供的最新式防空飛彈與機砲組成火力強大的防空網,令以色列軍損失慘重。

以色列軍航空器為了閃避防空飛彈,採低空方式飛行,埃及軍則以防空機砲阻止對地攻擊。

埃及軍的防空網

以不同射程的防空武器組合構成防空火網。

〔S-75〕
中/高高度用,
有效射高:1,500～24,000m

〔S-125〕
低/中高度用,
有效射高:300
～15000m

〔2K12〕
低高度用,
有效射高:
200～13000m

〔ZSU-23〕
近距離用,
有效射高:2000m

〔9K32攜行式防空飛彈〕
近距離用,有效射高:3600m

埃及軍的防空武器

〔諸元〕
口徑:23mm
彈藥:23×152mmB彈
裝彈數:50發彈鏈
重量:1.8t
有效射程:2,000m(對地)、
1,400m(對空)
發射速度:400發/分

〔ZU-23-2 23mm 雙管機砲〕
蘇軍於1960年制式採用的23mm雙管防空機砲,埃及有授權生產。

《牽引式防空機砲》

用以對付針對飛彈陣地與防空雷達低空來襲的敵機。

〔諸元〕
口徑:57mm
彈藥:57×348mmSR彈
裝彈數:4發橋夾
重量:4.66t
有效射程:4,000m
(光學瞄準)、6,000m
(雷達瞄準)
發射速度:120發/分

〔AZP S-60 57mm 防空機砲〕
能搭配射擊指揮儀和防空雷達系統運用的低/中高度用防空機砲,藉由雷達射控管制,最大可讓8門針對同一目標開火射擊。

《 防空飛彈 》

〔9K32箭2式〕
蘇製單兵携行式肩射防空飛彈，NATO代號
SA-7「聖杯」，採用捕捉航空器熱源的被動式
紅外線導引。

〔諸元〕
全長：1.49m
彈頭重量：1.5kg
射程：550～5,500m
速度：430/s

〔S-125涅瓦河式〕
中/高高度用防空飛彈。NATO代號SA-3「藏原羚」。搭
載於ZIL-131載重車上移動，固定式發射器有2聯裝、3
聯裝、4聯裝三種。

〔諸元〕
全長：6.1m
彈頭重量：60kg
射程：6,000～22,000m
速度：3.5馬赫

〔諸元〕
全長：10.6m
彈頭重量：59kg
射程：100～7,000m
速度：1.75馬赫

〔2K12立方體式〕
低/中高度用防空飛彈車。NATO代號SA-6「根
弗」。底盤為研改自ASU-85空降戰車的2P25，搭
載3聯裝發射器。

〔諸元〕
全長：10.6m
彈頭重量：195kg
射程：8,000～30,000m
速度：3.5馬赫

〔S-75德維納河式〕
高高度用防空飛彈。NATO代號SA-2「指引」。
埃及軍與敘利亞軍有配備，在第四次中東戰爭
發揮威力。

《 防空砲車 》

〔諸元〕
全長：6.95m
全寬：3.07m
全高：2.64m、3.76m
（雷達展開時）
重量：20.5t
乘員：4名

〔諸元〕
全長：8.46m（含砲管）
全寬：3.27m
全高：2.71m
重量：28.1t
乘員：6名

〔ZSU-23-4石勒喀河式〕
蘇聯為了對付高速化的噴射機，繼ZSU-57之後，於1957年研製的
防空砲車。配備AZP-85 23mm4管機砲以及1具NATO代號B-76「砲
碟」的搜索追蹤雷達。

〔ZSU-57〕
於開頂式砲塔搭載57mm雙管機砲的防空砲車，底盤研改自T-54戰
車，埃及軍於1962～1963年自蘇聯進口100輛。雖然57mm機砲威
力強大，但由於並未配備雷達，且射速較慢，對噴射機射擊時命中
精準度很差。

以色列空軍的對地攻擊

參與1982年6月9日的「螻蛄19號行動」，投入貝卡山谷制壓敘利亞軍防空網的以色列空軍機。

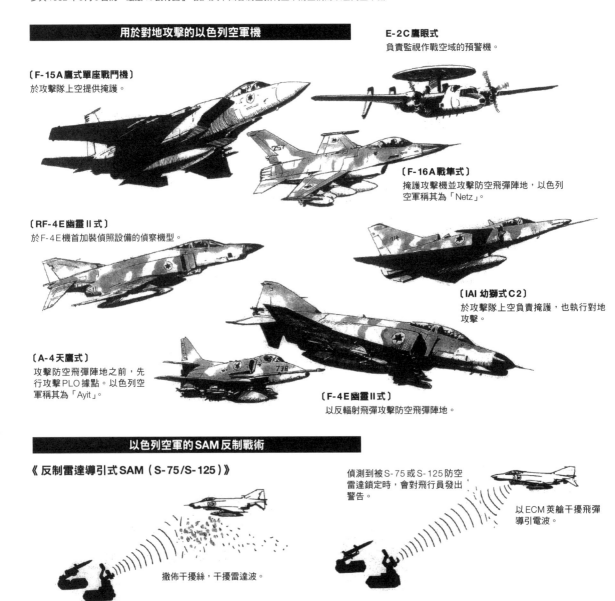

用於對地攻擊的以色列空軍機

E-2C 鷹眼式
負責監視作戰空域的預警機。

〔F-15A 鷹式單座戰鬥機〕
於攻擊隊上空提供掩護。

〔F-16A 戰隼式〕
掩護攻擊機並攻擊防空飛彈陣地，以色列空軍稱其為「Netz」。

〔RF-4E 幽靈II式〕
於F-4E機首加裝偵照設備的偵察機型。

〔IAI 幼獅式C2〕
於攻擊隊上空負責掩護，也執行對地攻擊。

〔A-4 天鷹式〕
攻擊防空飛彈陣地之前，先行攻擊PLO據點。以色列空軍稱其為「Ayit」。

〔F-4E 幽靈II式〕
以反輻射飛彈攻擊防空飛彈陣地。

以色列空軍的SAM反制戰術

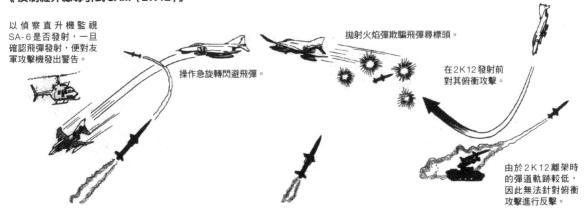

《反制雷達導引式SAM（S-75/S-125）》

偵測到被S-75或S-125防空雷達鎖定時，會對飛行員發出警告。

以ECM莢艙干擾飛彈導引電波。

撒佈干擾絲，干擾雷達波。

《反制紅外線導引式SAM（2K12）》

以偵察直升機監視SA-6是否發射，一旦確認飛彈發射，便對友軍攻擊機發出警告。

拋射火焰彈欺騙飛彈尋標頭。

操作急旋轉閃避飛彈。

在2K12發射前對其俯衝攻擊。

由於2K12離架時的彈道軌跡較低，因此無法針對俯衝攻擊進行反擊。

以色列空軍的SAM殲滅作戰

《以F-4E攻擊SAM陣地》

攻擊SAM陣地時，出動的是掛載AGM-65小牛飛彈與AGM-45百舌鳥反輻射飛彈的F-4E幽靈II式。

對敘利亞軍防空飛彈（SAM）陣地的攻擊，會依以下程序進行。
①以無人偵察機或E-2C監視目標，將最新情報傳達給攻擊部隊。
②發動航空攻擊之前，先以長程火砲與地對地飛彈攻擊飛彈陣地。
③以ECM干擾敘利亞軍雷達。
④同時讓航空部隊直接以飛彈攻擊。
這次作戰共針對19座陣地發動攻擊，成功摧毀17座。

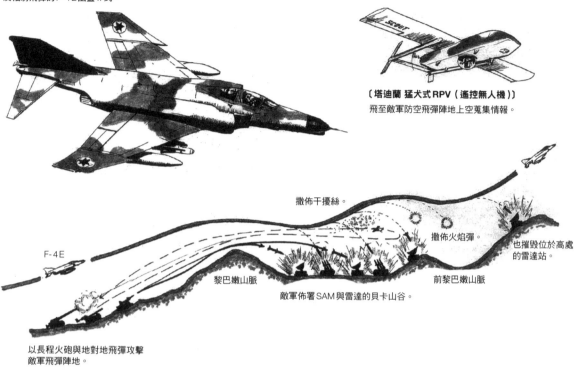

〔塔迪蘭 猛犬式RPV（遙控無人機）〕
飛至敵軍防空飛彈陣地上空蒐集情報。

撒佈干擾絲。

撒佈火焰彈。

也摧毀位於高處的雷達站。

F-4E

黎巴嫩山脈

前黎巴嫩山脈

敵軍佈署SAM與雷達的貝卡山谷。

以長程火砲與地對地飛彈攻擊
敵軍飛彈陣地。

《以幼獅式C2攻擊SAM陣地》

上空有E-2C鷹眼式負責警戒、指揮導引。

F-15在上空掩護。

飛往別處SAM陣地的F-4E編隊。

從不同方向迅速發動
連續攻擊。

沿著斷崖低空進攻的
另支編隊。

〔敵軍SAM陣地〕

自沙漠上空低空進攻的
SAM攻擊隊。

〔幼獅式C2〕
原本是設計成戰鬥機，但由於配備高檔航電設備，且酬載量也很大，因此常會用於對地攻擊，可運用反輻射飛彈與雷射導引炸彈。

反艦飛彈大顯身手

埃及海軍的大戰果

中東戰爭的海戰雖然規模都很小，但反艦飛彈的活躍卻搏得世界矚目。有導引的反艦炸彈，其實早在二次大戰的德國便已實用化，Hs293、弗里茨X等空投導引滑翔炸彈都曾攻擊、擊沉過敵艦，不過反艦飛彈投入實戰並擊沉敵艦，卻要等到中東戰爭才首次實現。第3次中東戰爭（六日戰爭）過後數個月，埃及海軍的2艘飛彈快艇擊沉了以色列海軍的驅逐艦，讓在陸戰連續慘敗的埃及軍士氣大振。這場戰鬥是反艦飛彈首次用於實戰並且擊沉敵艦，是刻劃在海戰史上的一大戰果。

《 SS-N-2冥河反艦飛彈 》

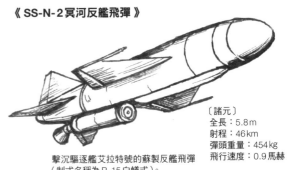

〔諸元〕
全長：5.8m
射程：46km
彈頭重量：454kg
飛行速度：0.9馬赫

擊沉驅逐艦艾拉特號的蘇製反艦飛彈（制式名稱為P-15白蟻式）。

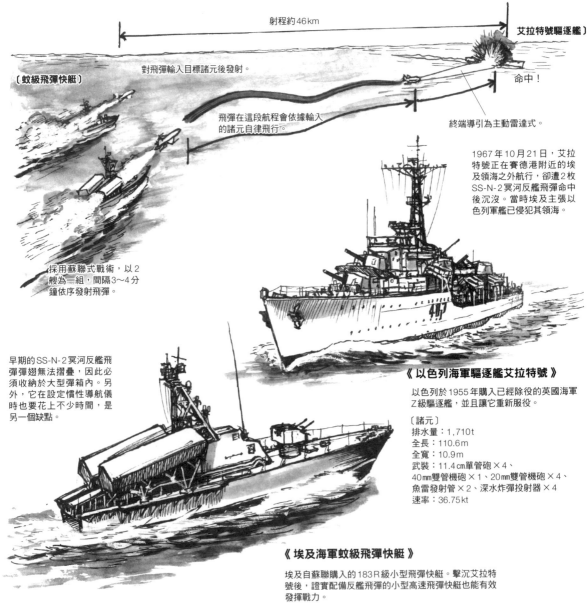

射程約46km

艾拉特號驅逐艦

對飛彈輸入目標諸元後發射。

命中！

〔蚊級飛彈快艇〕

飛彈在這段航程會依據輸入的諸元自律飛行。

終端導引為主動雷達式。

採用蘇聯式戰術，以2艘為一組，間隔3〜4分鐘依序發射飛彈。

1967年10月21日，艾拉特號正在賽德港附近的埃及領海之外航行，卻遭2枚SS-N-2冥河反艦飛彈命中後沉沒。當時埃及主張以色列軍艦已侵犯其領海。

早期的SS-N-2冥河反艦飛彈彈翅無法摺疊，因此必須收納於大型彈箱內。另外，它在設定慣性導航儀時也要花上不少時間，是另一個缺點。

《 以色列海軍驅逐艦艾拉特號 》

以色列於1955年購入已經除役的英國海軍Z級驅逐艦，並且讓它重新服役。

〔諸元〕
排水量：1,710t
全長：110.6m
全寬：10.9m
武裝：11.4cm單管砲×4、
40mm雙管機砲×1、20mm雙管機砲×4、
魚雷發射管×2、深水炸彈投射器×4
速率：36.75kt

《 埃及海軍蚊級飛彈快艇 》

埃及自蘇聯購入的183R級小型飛彈快艇。擊沉艾拉特號後，證實配備反艦飛彈的小型高速飛彈快艇也能有效發揮戰力。

〔諸元〕
滿載排水量：66.5t
全長：25.4m
全寬：6.24m
武裝：25mm雙管機砲×1、12.7mm機槍×1、SS-N-2反艦飛彈×2
速率：44kt